5/9/09

4/6/09

W9-BYA-794

AMÉRICA PRECOLOMBINA

AMÉRICA PRECOLOMBINA

DONALD A. MACKENZIE

EDIMAT LIBROS

Ediciones y Distribuciones Mateos

Calle Primavera, 35
Polígono Industrial El Malvar
28500 Arganda del Rey
MADRID - ESPAÑA

ISBN: 84-8403-272-8
Depósito legal: M-2520-2000

Título original: *PRE-COLUMBIAN AMERICA*
Primera edición: *GRESHAM PUBLISHING COMPANY LTD, LONDON*
Autor: *DONALD A. MACKENZIE*
Traducción: *MARÍA JESUS SEVILLANO URETA*
Diseño de cubierta: *equipo editorial EDIMAT*
Impreso en GRÁFICAS COFAS, S.A. Móstoles (Madrid)
Traducido del idioma inglés,de una edición publicada por SENATE, perteneciente a
RAMDOM HOUSE U.K. Ltd.

EDMMITAPRE
AMÉRICA PRECOLOMBINA

IMPRESO EN ESPAÑA- PRINTED IN SPAIN

TLALOC, DIOS DE LA LLUVIA

(Del Codex Vaticanus A)

PREFACIO

En este volumen, que trata de los mitos y prácticas religiosas de la América precolombina relacionados con los hábitos de vida y el crecimiento de la civilización, la cuestión a la que se hace frente con toda franqueza es si estas manifestaciones de cultura antigua fueron de origen independiente o se habían importado del Viejo Mundo. Algunos escritores han preferido la opinión de que América permaneció aislada del resto del mundo desde los primeros tiempos del Pleistoceno hasta que fue descubierta por Colón y conquistada por los españoles, y que explicaríamos la existencia allí de hábitos de vida, hábitos de pensamiento, mitos, cuentos populares, etc., parecidos a aquellos encontrados en Asia y en otros lugares, aceptándolos como pruebas de la «unidad psíquica» del género humano. «Necesidades — parecidas nos informan— producen resultados parecidos.» Sin embargo hasta relativamente tarde en la historia del hombre, no se revelaron signos de progreso en el Nuevo Mundo. No hay nada de importancia más antiguo en América, ya que los americanistas nos informan del año 200 a.C. como fecha que se presenta hoy en día normalmente para el comienzo de lo que se llama «período arcaico». Todas las grandes civilizaciones precolombinas, la maya de América Central, la peruana de Sudamérica y la azteca de Méjico, entran dentro de la era cristiana. De hecho, la azteca fue medieval y sus comienzos son oscuros, porque parece haber sido superpuesta a una civilización más antigua que podría haber sido tan antigua como la maya. Así hallamos que en América el primer crecimiento y primeras fusiones de cultura tuvieron lugar después de que China se hubiera unificado en un imperio bajo las dinastías Han, y después las comunidades mixtas de China y las de Camboya e Indonesia se habrían convertido en navegantes del Pacífico. Mucha importancia se ha dado al hecho de que incluso la civilización mejicana estaba todavía en la llamada Era o Edad de Piedra, o apenas había salido de ella, cuando tuvieron lugar las conquistas españolas, habiéndose utilizado los metales principalmente para propósitos ornamentales o religiosos. Los Su-shen, o pueblo del noreste de Siberia, a los que se había llamado «vikingos del Este», eran sin embargo, como se muestra en este volumen, un pueblo de la «Edad de Piedra» de la misma manera, aunque los chinos los conocieron durante muchos siglos como navegantes y comerciantes. Los indonesios, otro pueblo que usaba instrumentos y armas de piedra, penetró en el Pacífico norte y afectó a los asentamientos de Japón a principios de la era cristiana, y también descubrieron y colonizaron las islas de Polinesia. En relación a este «desplazamiento», Percy Smith se refiere después en su *Hawaiki* al testimonio que tiende a mostrar que los primeros viajeros polinesios habían abandonado la India, tierra natal antigua, ya en el siglo IV a.C. No eran solamente marineros osados, sino expertos, e incluso después de asentarse sobre las islas coralinas de Oceanía continuaron poniéndose en camino en largos e intrépidos viajes de exploración. Smith ha hecho constar, a este respecto, la historia nativa de las experiencias de un gran navegante polinesio que alcanzó el Antártico. «El océano helado —al que se refiere la versión tradicional del viaje— se expresa —dice Smith— con el término *Te tai-uka-a-pia*, en el que *tai* es mar, *uka* (Maori) es hielo, *a-pia* significa: *a*,igual que, como, al estilo de, y *pia,* arrurruz, que, cuando se raspa, es exactamente igual que la nieve.» Otra indicación de las distancias atravesadas por los antiguos marineros polinesios se obtiene por medio de los *maraki-hau*, mitad humano, mitad monstruo de antiguas tallas maoríes, que tienen dos colmillos largos que sobresalen de la boca. Smith ha identificado esta «bestia asombrosa» , o como la hubieran llamado los hindúes, esta *makara,* con la morsa o león marino, que se ve solamente en latitudes altas. Tradiciones tonganas se refieren a viajes de 2.400 millas e incluso de 4.200. «Con más frecuencia que no, —escribió Percy Smith—, ellos (los polinesios) hicieron estos viajes de aventuras con el objetivo de fundar nuevas colonias en las que asentarse.» Sus canoas no eran parecidas exactamente a las que se usan ahora. «Se emplearon antes embarcaciones mucho más grandes y de más altura», nos recuerda Ellis, el misionero, que hace un siglo destacó el parecido entre las embarcaciones polinesias más grandes y aquellas que utilizaban los antiguos griegos y los héroes de Homero.

Las distancias entre las diferentes islas pequeñas de Oceanía, que fueron visitadas y colonizadas por los viajeros polinesios, eran más grandes de la existente entre América y Oceanía. Un pueblo que alcanzaba la isla de Pascua no podía, se cree, haber evitado un gran continente. Es posible que se alcanzara América. El cocotero crecía allí en tiempos antiguos y fue introducido en las islas de Oceanía por los polinesios. Según las tradiciones de los isleños de las Marquesas, ellos consiguieron sus primeros cocoteros del noreste, la dirección en la cual está situada América. El cocotero crecía en la antigüedad en Indonesia y la India. Si es natural de Indonesia o de América no es seguro, todavía. El punto importante es que el cocotero lo llevaron cruzando el Pacífico antiguos marineros.

Pero los polinesios, como se ha indicado, no fueron los únicos exploradores del océano Pacífico. Pueblos navegantes del Este mantuvieron movimientos grandes y extendidos antes y después del nacimiento de Cristo. Las migraciones polinesias estuvieron relacionadas con estos movimientos, que provenían principalmente de Camboya, donde existía una compleja civilización que se remontaba ya al siglo VIII a.C.

No es precipitado asumir que había un motivo psicológico para estos antiguos movimientos de razas. Un gran número de pueblos no iban a moverse probablemente para enfrentarse a los peligros de un mar inexplorado simplemente por amor a la aventura y a su deseo de cambiar. Es más probable que los marineros osados no estuvieran buscando simplemente «maderas frescas y pastos nuevos», por costas deshabitadas solitarias e islas seductoras y pacíficas, sino algo que ellos necesitaban, algo que desearan obtener no importa a costa de qué trabajo y aguante. En otras palabras, estaban prospectando el terreno claramente en busca de metales y piedras preciosos, perlas, etc., por las cuales había crecido una gran demanda en el centro de la antigua civilización. Esta opinión explica por qué los movimientos de estos antiguos desplazamientos siguieron, como W. J. Perry fue el primero en señalar, la distribución de los viveros de perlas del mundo, y por qué, en cualquier parte que se encontraban perlas, encontramos también mitos, creencias y prácticas religiosas complejos. Oro, plata, piedras preciosas, jade y jadeita, obsidiana, hierbas curativas (y aquellas que se suponían curativas y que alargaban la vida) también se buscaban y encontraban de forma similar. A este respecto es de especial interés e importancia hallar que la civilización precolombina de América estaba profundamente impregnada de creencias y prácticas religiosas y hábitos de vida que se obtienen entre los buscadores de tesoros del Viejo Mundo. El pueblo maya se asentó en las partes más poco saludables de América Central, y seguramente no es mera coincidencia que sea en estas zonas donde se encontraran y todavía se encuentran metales preciosos. Si no hubiera sido el oro el principal atractivo, los primeros colonizadores, ¿no hubieran buscado o se hubieran asentado en un país que exigiera una cuota más pequeña a la vida humana? Como se muestra en el capítulo I, el oro no era considerado por los americanos precolombinos sólo como una sustancia preciosa, sino sagrada. Era, como lo llamaban los aztecas, «una emanación» o «excreción de los dioses», y se usaba en el Nuevo Mundo de la misma manera y para los mismos propósitos que se usaba en el Viejo Mundo. Ese es un hecho muy destacado al que se tiene que dar todo el reconocimiento y consideración. No se puede encontrar más explicación por la teoría de la «unidad psíquica».

En la India el oro era, como afirman los textos antiguos claramente, «una forma de los dioses». En estos textos se nos informa explícitamente de que el «oro tiene vida inmortal... el oro es, en realidad, fuego, luz e inmortalidad». Los antiguos egipcios consideraban el oro como «la carne de los dioses», y en el período del Imperio las inscripciones del templo de Wady Abbad, que se refieren el oro como tal, se hace que la diosa Isis diga al faraón, Seti I: «Te he dado los campos de oro,... oro fino, lapislázuli y turquesa.» Esta diosa también estaba relacionada y era dadora de la hierba *Artemisa* que curaba, como se creía, al ser impregnada con su «sustancia de vida» como jaspe rojo llamado «Sangre de Isis».

Se creía que el dios sol Ra tenía huesos de plata, carne de oro y pelo de lapislázuli, y en Asia se suponía que el lapislázuli era «la esencia de los dioses».

Como los budistas de la India, China y Japón, y como los antiguos galos, los aztecas de Méjico acumulaban metales preciosos y piedras preciosas y adornos hechos con ellos con formas simbólicas, para incrementar su reserva de influencia o «mérito» religioso. En resumen, no hay vestigios de originalidad en el simbolismo mejicano del oro, plata y piedras preciosas. El caso de «origen independiente» se debilita por tanto enormemente por este examen.

Sin embargo, es cuando llegamos a tratar del simbolismo de la leche cuando la teoría de la «unidad psíquica» está sometida a una fuerte tensión en particular. En el capítulo XI, que trata de la diosa de la leche, y con las ideas complejas relacionadas con la planta agave que son fundamentales en la religión mejicana, se demuestra que estas ideas y las prácticas asociadas son similares a las ideas relacionadas con varias plantas productoras de leche de la India y Europa, y que tenemos que ir al Antiguo Egipto para analizar la historia de conexiones arbitrarias como las de los animales domésticos productores de leche con ciertas plantas que también la producen, de conchas marinas con leche y de una diosa madre productora de leche con un pez. La diosa mejicana Mayauel, que amamantó a un pez y es la personificación de la planta que produce un jugo lechoso que fermenta e intoxica, tenía una larga historia que se remontaba a más allá del principio de la civilización en América, y cruza el mundo hasta la cuna de la antigua civilización del valle del Nilo.

En todo este volumen se detallan muchos vínculos entre el Viejo y el Nuevo Mundo, pero ninguno es más destacado que el que ofrece la historia americana de Yappan (cap. XIII) que tanto se parece, en todas las características esenciales, a un mito hindú característico hallado en el *Mahabharata*. Sólo con ese testimonio, se distingue un buen caso circunstancial por la transferencia a la América precolombina de modos de pensamiento hindúes, mitos y deidades hindúes y prácticas religiosas hindúes, algo coloreadas por influencias a las que ellos habían estado sometidos por el camino entre la India y América, y localizándose después en el Nuevo Mundo. También nos prepara para el hallazgo de los pueblos adoradores de serpientes del Nuevo Mundo, y, asimismo, por hallar, como hallamos nosotros, ascetas que se dedican a ejercicios penitenciales y piden alimento como limosna, con cuencos en sus manos, como los mendicantes religiosos brahamánicos y budistas. Nos prepara además para identificar las figuras de elefante sobre piedras esculpidas mayas, sobre las que algunos declaran que son como pájaros mal dibujados (ver ilustración de pág. 47), y también para encontrar que estos elefantes están representados con adornos convencionales de carácter simbólico idénticos al adorno de las figuras de elefantes sobre piedras sagradas camboyanas. Que la influencia budista alcanzó América lo indican claramente las figuras de Quetzalcoatl reproducidas en la ilustración de la página 256. Como es bien sabido, los budistas mezclaban con su fe compleja los mitos y prácticas religiosas de varios pueblos entre los cuales se asentaron.

En todo este volumen se muestra que hay abundantes citas que apuntan a fusiones de mitos y creencias en América, similares a fusiones del Viejo Mundo. La tradición Tlaloc se vincula con la tradición Dragón de China y Japón y con la tradición Naga de la India. Cuando llegamos a tratar de las diosas, y especialmente de la diosa de jade o jadeíta, agua y hierbas (su hierba es la de Isis) de nuevo nos encontramos con complejidades que no tienen historia en el Nuevo Mundo, pero son parecidas a aquellas cuya historia se puede localizar en el Viejo Mundo (caps. VII y XII).

Los antropólogos que están a favor de la opinión de que la religión y civilización americana precolombina eran de origen independiente tienen que explicar necesariamente por qué los mitos y prácticas del Nuevo Mundo asumieron en el mismo comienzo aquellas características complejas que, en el Viejo Mundo, resultaban de fusiones y movimientos de muchos pueblos de diferentes tipos raciales, después de un período de tiempo mucho mayor que aquel cubierto por la civilización del Nuevo Mundo de principio a fin. Varios americanistas han insistido en la homogeneidad de los pueblos del Nuevo Mundo y en su aislamiento de un período remoto (algunos insisten en que el aislamiento se remon-

ta a la época glacial. Han fracasado, sin embargo, al explicar por
qué las razas americanas habrían sido las últimas en salir de un
estado de salvajismo, y por qué, una vez que salieron, su progreso habría sido tan increíblemente rápido.

Suponiendo que América recibiera su población a principios
de la era del Pleistoceno (una opinión que todavía hay que demostrar), ¿es posible que un pueblo que había permanecido durante
tanto tiempo en un estado de estancamiento, hubiera sobrepasa-
do, una vez sembradas las semillas de la civilización, incluso al
Antiguo Egipto y a los pueblos mesopotámicos con la rapidez de
su progreso? ¿Podrían haber alcanzado en pocas generaciones lo
que los antiguos pueblos civilizados del mundo lograron solamen-
mente después de un período de muchos siglos? Cuando se pre-
guntan cuestiones como éstas, se hace difícil rechazar la opinión
de que el crecimiento repentino de la civilización en América resul-
tó de intrusiones de minorías procedentes de centros de cultura
del Viejo Mundo. Cuando, además, se descubre que tantos mitos,
deidades, creencias, etc., comunes al Viejo Mundo se encuentran
en el Nuevo, la opinión parece ser que el peso de la prueba de su
fe tiene que estar situado en aquellos que están a favor de la teoría de origen independiente.

DONALD A. MACKENZIE

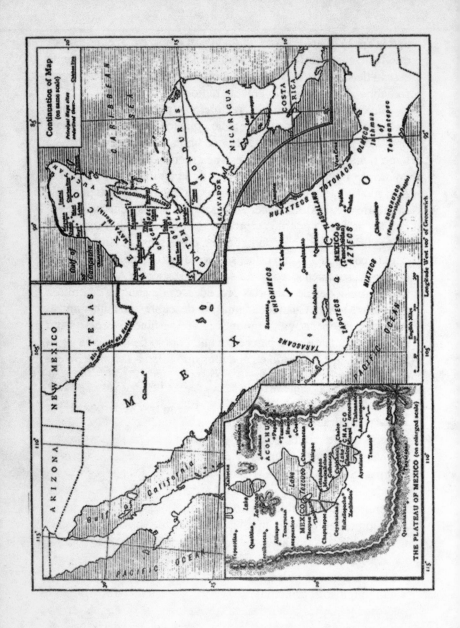

Capítulo I

EL ENCANTO DEL ORO

Busca antigua.—Supersticiones americanas relacionadas con el oro.—Costumbres y creencias paralelas en América, Asia y Europa.—Oro mejicano: «una emanación divina».—Joyas colocadas en cimientos de templo.—Culto mejicano de trabajadores del oro.—El dios del oro.—Sacrificios humanos.—El combate de la «posibilidad de ganar».—Oro como elixir.—Joyas ofrecidas a deidades en Asia y en América.—«Mérito» religioso en abundancia.—El tesoro real mejicano.—Joyas enterradas con los difuntos.—Por qué los guerreros llevaban joyas puestas.—Joyas e ídolos.—Vínculos culturales entre el Antiguo y el Nuevo Mundo.

Las famosas «huellas» de Buda, que se pueden ver impresas sobre roca dura en tierras del Este, son reliquias fundamentalmente de antiguas empresas religiosas budistas, mientras que los símbolos complejos y tomados prestados que las adornan nos recuerdan la deuda debida por el Budismo a fes más antiguas. Se van a encontrar en igual forma en las alturas y hondonadas de mitologías americanas precolombinas, relacionadas con grupos de símbolos importados familiares, huellas innegables, comparables a las huellas de Buda, de las actividades e influencia de aquellos antiguos prospectores misioneros que vagaban lejos en busca de oro y gemas y hierbas curativas. Esa antigua busca, como la busca artúrica del Santo Grial, tenía un significado religioso al principio. Se supone que los metales y piedras preciosos y hierbas preciosas estaban impregnados de influencia divina y en consecuencia poseían propiedades que daban vida y prolongaban la vida, y eran muy valoradas por aquellos antiguos pueblos cuyas ideas religiosas tenían sus raíces en el temor a la muerte, al dolor y las flaquezas de la vejez. Su búsqueda se consagraba por consiguiente en las representaciones de ritos religiosos. Cuando Colón, en 1502, alcanzó Costa Rica (la «costa rica») y la región llamada desde entonces Veragua, descubrió que los nativos, descendientes de pobladores procedentes de centros culturales mayas y otros, practicaban rigurosos ayunos y continencias cuando iban en busca de oro. «Una idea supersticiosa respecto al oro —comenta Washington Irving [1]— parece haber prevalecido entre los nativos. Los indios de Hispaniola practicaban las mismas privaciones cuando lo buscaban, absteniéndose de alimento y de relaciones sexuales. Colón, que parece ser consideraba el oro como uno de los tesoros sagrados y místicos de la tierra, deseaba fomentar prácticas similares entre los españoles, animándoles a purificarse para la búsqueda de las minas por medio del ayuno, la oración y la castidad.»

Un espíritu de fervor religioso similar atendía a la búsqueda del ginseng (mandrágora) en Corea. Esta planta (que, según muestra el Dr. Render Harris [2], estaba relacionada en la antigüedad con la diosa Afrodita y otras diosas de tipo similar) la encuentran los coreanos principalmente en sus Montañas Kang-ge [3]. «Es raro —nos informa la Sra. Bishop— y la búsqueda termina en fracaso con tanta frecuencia, que la gente corriente le atribuye propiedades mágicas y cree que solamente hombres de vidas puras pueden encontrarla.» [4] La búsqueda de ginseng se remonta hasta los primeros tiempos en el Lejano Oriente. Como el polvo de oro, el jade, etc., se suponía que contenía cualidades para renovar y prolongar la vida y todavía hay demanda suficiente entre los chinos ricos para poder adquirirla [5].

Los primeros buscadores de metales preciosos y otras sustancias preciosas o sagradas, que se establecieron en España antes de la introducción de trabajos en bronce en Europa Occidental, eran un pueblo muy religioso procedente del Este que,

---

[1] *The Life and Voyages de Christopher Columbus*, Libro XV, cap. VI.
[2] *The Ascent of Olympus*.
[3] El ginseng silvestre es más valioso que la variedad cultivada.
[4] *Korea and Her Neighbours*, vol. II, pág. 96 (Londres, 1898).
[5] Una raíz de ginseng silvestre puede costar 40 libras esterlinas.

como muestran sus reliquias, adoraban a la madre diosa del culto de la palmera. Siret [6] les ha atribuido haber introducido aquellas ideas religiosas y ceremonias que dieron origen al druidismo, una de cuyas características era la costumbre gala de depositar grandes cantidades de oro y plata en lagos sagrados y en bosquecillos sagrados.

Los aztecas de Méjico veneraban metales y piedras preciosos, perlas y hierbas, y les atribuían un valor religioso. El nombre nativo del oro era *teotlcuitlalt*, una palabra formada de *teotl* («dios») y *cuitlatl* («emanación») [7], que significa «emanación divina».

Oro, plata, perlas, piedras preciosas, etc., se ofrecían con semillas y sangre de seres humanos a los dioses mejicanos. Estas cosas preciosas y sagradas no solamente se depositaban en templos, sino que se colocaban bajo sus cimientos. Bernal Díaz, que acompañaba a Cortés, el conquistador de Méjico, nos informa de que cuando se estaba construyendo el templo de Tenochitlan (ciudad de Méjico) los nativos depositaron en sus cimientos ofrendas de oro, plata, perlas y piedras preciosas y «las bañaban con la sangre de muchos prisioneros de guerra indios sacrificados». Junto con los metales preciosos y gemas ellos «colocaban allí toda especie y clase de semillas que produce la tierra, así que sus ídolos les darían victorias y riquezas y grandes cosechas».

Bernal Díaz sigue contando cómo los españoles hicieron el descubrimiento de que esta práctica era frecuente anteriormente en el estado conquistado. La Iglesia cristiana, «dedicada a nuestro patrón y guía, Señor Santiago», fue erigida, dice, en el lugar del templo azteca demolido. Cuando los trabajadores abrieron parte de los antiguos cimientos con el fin de fortalecerlos, «hallaron mucho oro y plata y *chalchihuites* (piedras sagradas, incluyendo jadeíta) y perlas y aljófar y otras piedras». Un descubrimiento similar hizo un colonizador español en otra parte de la zona del templo.

---

[6] *L'Anthropologie*, vol. XXX, 1920, págs. 235 y sigs. (artículo «La Dame de l'Érable»).

[7] La palabra se usa en sentido vulgar.

Al ser preguntados por los españoles sobre esta costumbre, los mejicanos decían que era verdad que los nativos habían depositado antes metales preciosos y joyas en los cimientos del templo, «y que así lo anotaban en sus libros y pinturas de cosas antiguas»[8].

Antiguamente hubo un culto mejicano y una casta de buscadores de oro y trabajadores del oro. Su centro principal estaba en Atzcapotzalco, a unas tres millas al noroeste de Tenochtitlan (ciudad de Méjico). Esta ciudad era la capital del pueblo Tepaneco antes de que los aztecas invadieran aquella región. Su dios de culto especial era Xipe Totec[9], cuyo nombre significa «dios de desolladura» o «nuestro señor el desollador». Era adorado generalmente en todo Méjico y honrado de manera muy especial en una fiesta anual. Aquellos que no le rendían homenaje se suponía que sufrían castigo convirtiéndose en víctimas de enfermedades de la piel, viruela y dolores de cabeza y de ojos. Como Xipe era la fuente de estas aflicciones, era la única deidad que podía quitarlas. En esto se parece al ratón de Anatolia y al dios sol Smintheus Apolo, que en *La Ilíada* dispara flechas de enfermedades desde su arco de plata y así envía «una plaga de llagas» para que el pueblo empiece a perecer. La plaga se expresa con furia hasta que se propicia al dios ofendido con sacrificios, oraciones y canciones:

> «Todo el día adoraban al dios con música, cantando hermosos himnos, haciendo música los hijos de los aqueos al lanzador; y su corazón estaba encantado de oír.»[10]

Xipe tenía forma animal y humana. Como el dios chino del Oeste, era un tigre[11]; era asimismo la espátula roja y el cotinga azur. En forma humana tenía siempre un color amarillo y pardo

---

[8] Bernal Díaz, *The True History of the Conquest of New Spain* (La Verdadera Historia de la conquista de Nueva España; traducción inglesa; publicación Hakluyt Society; Libro II, cap. XCII).

[9] Pronunciado *She'pe tot'ek*.

[10] *La Ilíada*, Libro I (traducción de Lang, Leaf y Myers, Londres, edición de 1914).

[11] El dios tigre chino del Oeste está relacionado con el metal, así como con el otoño, el viento y el planeta Venus.

rojizo, llevando puesto un gorro con adornos de borlas, una piel humana que rodeaba la parte superior de su cuerpo y una falda escocesa verde; llevaba un escudo amarillo con el armazón rojo y una lanza o cetro.

Los ritos celebrados en relación con la fiesta de Xipe eran de un carácter especialmente salvaje. Criminales y prisioneros se sacrificaban y desollaban. Aquellos que se encontraban culpables del crimen de robar oro se suponía que habían sido injustos y habían insultado al dios, y se mantenían como prisioneros hasta la fiesta, cuando eran desollados vivos; después se arrancaban los corazones y se cortaban y comían los cuerpos con ceremonia. Los guerreros jóvenes mientras tanto se vestían con las pieles de las víctimas y luchaban una batalla fingida, tomando como prisioneros a quienes tenían que rescatar posteriormente. Un cautivo o criminal sacrificado a Xipe se suponía que traía buena suerte a su propietario (es decir, al guerrero que le había cogido en batalla o al individuo al que habían robado oro). El propietario daba la piel a hombres que iban de un sitio a otro pidiendo limosnas y le llevaban lo que recibían. Veinte días después de la fiesta todas las pieles humanas, que entonces olían de forma horrible, se depositaban en una cueva. Aquellos que las habían llevado puestas se purificaban lavándose, una ceremonia que era ocasión de gran júbilo. Las víctimas de aquellas enfermedades que se suponía que causaba Xipe ayudaban a deshacerse de las pieles humanas. Se creía que al tocar las pieles invocaban a Xipe para que les curase.

Como a la víctima, que estaba condenada a ser sacrificada a Xipe, se la consideraba hijo adoptivo de su propietario, durante el período que precedía a la fiesta, puede ser que criminales y prisioneros fueran sustitutos de hijos y que los padres sacrificaran a sus propios hijos en un principio, como hacían los adoradores irlandeses del dios dorado Crom Cruach. Este «rey ídolo de Erin» estaba rodeado, según una referencia, de «doce ídolos hechos de piedras, pero él era de oro... A él solían ofrecer los primogénitos de cada descendencia y vástagos del jefe de cada clan». Otra versión cuenta que Crom Cruach estaba «adornado de oro y plata y rodeado de otras doce estatuas con adornos de bronce»[12]. Se afirma de manera específica en un poema gaélico:

> A él sin gloria
> matarían a su descendencia lastimosa, desgraciada,
> con muchos gemidos y peligros,
> para verter su sangre alrededor de Crom Cruach.

En la literatura gaélica hay testimonio de que a criminales y prisioneros se les daba «una oportunidad de luchar». Si podían vencer a aquellos seleccionados para vigilarles y luego dejarles atrás en una carrera, les permitían recuperar su libertad. Una costumbre de carácter similar imperaba en el antiguo Méjico en relación con la fiesta de Xipe que fue consagrada también al terrible dios de la guerra Huitzilopochtli, que, como Xipe, tenía atributos solares. Al prisionero del mejicano le pintaban de blanco y le adornaban el pelo con mechones de algodón. Luego le colocaban sobre una gran piedra en forma de rueda de molino y le ataban a ella con una cuerda, que era lo suficientemente larga como para dejarle libertad de movimiento cuando entablaba combate. El arma colocada en las manos del prisionero era un garrote de madera en cuya cabeza, sin embargo, se clavaban plumas en vez de pedernal. Contra él iban en sucesión guerreros fuertes, jóvenes, que llevaban puestas las pieles de las víctimas de Xipe e iban armados con espadas y escudos. En algunos casos el prisionero se dejaba libre si vencía en un combate único a cinco guerreros; en otros era atacado por un guerrero detrás de otro hasta que él mismo era abatido. La historia habla de un conflicto encarnizado de gladiadores de este carácter en el que el héroe era un general del pueblo Tlascala, que había ayudado a Cortés contra sus enemigos hereditarios, los aztecas. Había sido cogido prisionero casi por accidente, pero rechazó las ofertas de Moctezuma, el rey azteca, de regresar a casa o aceptar un alto cargo a su servicio. Prefirió luchar con sus odiados enemigos hasta la muerte. Por consiguiente, le ataron a la

---

[12] *Revue Celtique*, vol. XVI. De Jubainville, «Le Cycle Mythologique Irlandais et la Mythologie Celtique», cap. V, sec. 7.

piedra, y antes de caer dio muerte a ocho e hirió de gravedad a veinte de los campeones aztecas [13].

La creencia de que Xipe, el dios de culto de los trabajadores del oro, curaba enfermedades de la piel y de los ojos es de especial interés, ya que el oro no sólo estaba relacionado con el sol, «el ojo» del cielo, sino que, como se ha indicado, era un elixir. Al ser impregnado con influencia divina o «sustancia de vida» procedente de la fuente de vida divina, podía renovar la juventud y prolongar la existencia en este mundo en el siguiente. Esa es la razón por la que al polvo de oro se le consideraba un ingrediente importante en las medicinas nativas de la India y China. «Aquel que trague oro —dice un texto chino—, existirá como el oro; el que trague jade existirá tanto tiempo como el jade.» Tanto el oro como el jade eran «la esencia de la esfera oscura» (cielo) [14].

En la India, ya en tiempos védicos, al oro «que —según dice el texto—, los hombres de la antigüedad buscaban con su progenie», se le daba un valor religioso. «Larga vida tendrá el que lo lleve», es una declaración muy significativa. «El oro, sin duda —dice otro pasaje— es una forma de los dioses... el oro es vida inmortal... el oro, de hecho, es fuego, luz e inmortalidad.» [15]

Los metales preciosos y gemas radiaban influencia divina, y en tiempos antiguos se extendió la costumbre de acumularlos en templos y palacios, así como de llevarlos puestos para protección y buena suerte. En *De Dea Syria* (cap. XXXII) de Luciano se da una descripción de la estatua de Hera:

> «Aparte de estar dorada con oro, y que gemas de gran valor la adornan, algunas blancas, algunas verde mar, otras vino oscuro, otras brillan como el fuego. Además de éstas hay muchos ónices de Cerdeña y el jacinto y esmeraldas, las ofrendas de los egipcios y de los indios, etíopes, medos, armenios y babilonios.» [16]

---

[13] Abbé Clavigero, *Storia Antica del Messico*, vol. I, págs. 281-282 (traducción inglesa, Londres, 1787).

[14] De Groot, *The Religious System of China*, Libro I, vol. I, págs. 272-273.

[15] Whitney, *Atharva Veda Samhita*, XIX, 26, pág. 937 (Harvard Oriental Series, vols. VII y VIII, Cambridge, Mass., 1908) y Eggeling, *Satapatha-Brahmana*, Parte V de *Sacred Books of the East*, XLIV, 1900, págs. 187, 203, 236, 239 y 348-350.

[16] Traducción del profesor H. A. Strong, Londres, 1913.

Al templo se le compara con el «sol naciente».

> «Los cimientos se levantan de la tierra hasta el espacio de dos
> brazas, y sobre ella descansa el templo. La subida al templo está cons-
> truida de madera y no es especialmente ancha: a medida que se sube
> incluso la gran entrada muestra un maravilloso espectáculo, y está
> adornada con puertas doradas. El templo interior resplandece de oro
> y el techo es íntegramente de oro.» [17]

Los metales preciosos no se utilizaban con propósitos deco-
rativos solamente. En una fiesta de primavera se sacrificaban con
animales.

> «Talaban árboles altos y los ponían en la corte; luego llevaban
> cabras y ovejas y reses y los colgaban vivos de los árboles; añadían a
> éstos pájaros y prendas y trabajos de oro y plata. Después de haber
> acabado todo, llevaban a los dioses alrededor de los árboles y prendí-
> an fuego debajo; en un momento ardía todo.» [18]

Se ha hecho referencia a la costumbre de depositar oro y plata
en bosquecillos y lagos sagrados. Nadie se atrevía a tocar estos
«regalos de numerosos donantes». Los romanos robaron el tesoro sagrado de los celtas, «igual que hicieron los españoles con el
tesoro sagrado de los mejicanos» [19].

En el paraíso budista se suponía que la «reserva de mérito —es
decir, el mérito religioso— crecía en las siguientes formas: o en
oro, en plata, en joyas, en berilos, en conchas, en piedras, en cora-
les, en ámbar, en perlas rojas, en diamantes, etc., o en una de las
otras cuatro joyas [20], o en toda clase de perfumes, en flores, en

---

[17] Traducción del profesor H. A. Strong, Londres, 1913; caps. XXIX-XXX.

[18] *Ibíd*, cap. XLIX.

[19] *Diodorus Siculus*, V, 27; *Strabo*, IV, c.I, 13.

[20] En china, oro, jade, perlas, plata, etc., se colocaban en la boca del difunto para
así conservar su cuerpo de la descomposición y prolongar la vida en el próximo
mundo. «Las mismas razones por las que el oro y el jade se utilizaban para rellenar
la boca de los muertos eran buenas para el uso de las perlas a este respecto» (De
Groot, *The Religious System of China*, Libro I, vol. I, págs. 274 y sigs.) Como testimonio de que en tiempos védicos de la India la perla se suponía que tenía cualidades
que daban vida, ver H. Bloomfield, «Hymns of the Atharva Veda», en *Sacred Books
of the East*, XLII, 1897, IV, 20.

RUINAS DEL PALACIO DE MITLA, MÉJICO

La vista superior muestra la terraza y la inferior un detalle de piedra esculpida.

CHICHEN-ITZA: LA LLAMADA «IGLESIA»

(De una fotografía de H. N. Sweet.)

guirnaldas, en pomadas, en polvo de incienso, en capas, en sombrillas, en banderas, en estandartes o en lámparas, o en toda clase de danza, canto y música»[21]. Objetos sagrados de oro que incrementaban el mérito en la «Tierra del Gozo» incluía «mallas de oro adornadas con emblemas de delfín, la esvástica, nandyavarta y la luna»[22].

Cuando Cortés, el famoso conquistador español, llegó a la ciudad de Méjico, oyó hablar de un gran tesoro escondido de oro y joyas, que reyes aztecas sucesivos habían acumulado e incrementado. El padre Diego Durán, un escritor del siglo XVI, que obtuvo su información de hombres que habían tomado parte en la conquista española, dice que el tesoro se guardaba en una cámara secreta, cuya puerta baja y pequeña había sido cubierta de yeso poco antes de la llegada de los españoles. El yeso fue quitado.

> «Entrando por esa puerta estrecha y baja, encontraron una habitación grande y espaciosa, en el centro de la cual había un montón de oro, joyas y piedras preciosas, tan alto como un hombre; tan alto era que no se veía a uno al otro lado... Al mismo tiempo había en esta habitación una gran cantidad de montones de ropas de algodón muy rico y galas de mujer; en las paredes había colgados un gran número de escudos y armas y emblemas de rico trabajo y colores; había muchos montones de vasijas de oro, platos y escudillas hechas según su estilo, con los cuales comían los reyes, especialmente cuatro platos grandes parecidos a fuentes, todos de oro, con un trabajo muy elaborado, tan grande como un gran escudo, y estaban tan llenos de polvo que uno comprende que habían pasado muchos días sin estar en servicio. Había muchas tazas de chocolate de oro, hechas y decoradas de la misma manera que aquellas de guaje, usadas para beber cacao, algunas con pie y otras sin él; había en los rincones de la habitación muchas piedras para trabajar toda clase de piedras preciosas; en resumidas cuentas, había en esta habitación la mayor riqueza jamás vista y los españoles quedaron sorprendidos y maravillados.»

A ningún rey en particular le estaba permitido sacar provecho de este tesoro acumulado. El padre Durán dice a este respecto:

---

[21] Descripción de Suktavati, la Tierra del Gozo, en «Buddhist Mahayana Texts» (*Sacred Books of the East*, vol. XLIX, págs.16-17).
[22] *Ibíd*, pág. 50.

«En la muerte del rey, el mismo día que moría, todo el tesoro que dejaba de oro, piedra, plumas y armas, y finalmente todo su vestuario, se ponía en esa habitación, con mucho cuidado, como algo sagrado y de los dioses.»

Bernal Díaz da menos detalles sobre la cámara secreta y su contenido. Dice que cuando Cortés y alguno de sus capitanes entraron a ella:

«vieron tal cantidad de joyas y bloques y láminas de oro y chalchihuites (piedras sagradas) y otras grandes riquezas, qué se entusiasmaron mucho y no supieron que decir sobre tanta riqueza.»

Andrés de Tapia, uno de los capitanes de Cortés, dice que después de entrar por la puerta encontraron:

«un gran número de habitaciones, y en algunas de ellas una cantidad considerable de oro en joyas e ídolos y muchas plumas» [23.]

Las estimaciones del valor del tesoro varían de 700.000 a 1.500.000 de libras esterlinas.

Oro, joyas y otros artículos preciosos se enterraban con los muertos mejicanos y especialmente con los cuerpos de monarcas, sacerdotes y grandes guerreros. En el relato del «Conquistador Anónimo», un compañero de Cortés [24] describe una costumbre de enterramiento:

«Hacían un hoyo en la tierra con paredes de piedra desigual y argamasa, en el cual colocaban al muerto sentado en una silla. A su lado colocaban su espada y escudo, enterrando también ciertas joyas de oro. Yo ayudé a sacar de un sepulcro joyas que valían tres mil castellanos.»

---

[23] Padre Diego Durán, *Historia de las Indias de Nueva España y Islas de Tierra Firme*; Bernal Díaz, *The True History of the Conquest of New Spain*, traducción de A. P. Maudslay (publicación Hakluyt Society); *The Goldsmith's Art in Ancient Mexico* (Marshall H. Saville, Nueva York, 1920).

[24] *Narrative of some Things of New Spain and of the Great City of Temestitan, Mexico*, Cortez Society, vol. I, pág. 49 (Nueva York, 1917).

Los muertos necesitaban protección porque el camino que llevaba al otro mundo tenía muchos peligros. Creían que sus amuletos sagrados con joyas protegían a las almas y además les estimulaba con sus cualidades que, conferían vida igual que les habían protegido y estimulado durante su estado de existencia en la tierra. Igualmente los dioses mismos eran encantados y protegidos. «Ponte la prenda de oro, de disfraz; vístete con ella», cantó un poeta al dios Xipe Totec [25].

Tácito nos dice que los *aestyans*, que buscaban y comerciaban con ámbar, una sustancia que daba vida, adoraban a la diosa madre, cuyo símbolo se consideraba el jabalí, y se creía que «aquel que tiene ese emblema, se cree seguro incluso en las filas más gruesas del enemigo, sin necesidad de arma alguna o de alguna otra forma de defensa» [26]. De igual manera los guerreros aztecas estaban protegidos en batalla por tener su coraza y armas adornadas con oro, joyas y símbolos, y por llevar puestos talismanes como adornos. Los escudos de oro puro se empleaban como exvotos, pero los escudos ricamente adornados con oro que protegían la vida y estimulaban, los de perlas, de jadeíta, etc., se llevaban a la batalla. Los adornos de labio y nariz, que tenían un significado religioso, los llevaban puestos los vivos y se colocaban en las tumbas con los muertos. Los ídolos estaban decorados de una forma muy rica, con metales preciosos o sagrados y joyas y símbolos tanto en el Nuevo Mundo como en el Viejo. El capitán Andrés de Tapia, que acompañaba a Cortés, ha descrito dos ídolos de piedra de unas tres yardas de altura, que vio en Méjico.

> «La piedra —escribe— estaba cubierta de madreperla, y sobre ésta, pegadas con betún, como una pasta, había (engastadas) muchas joyas de oro, y hombres, serpientes, pájaros e historias (jeroglíficos) hechos de turquesas pequeñas y grandes, de esmeraldas y amatistas, de forma que toda la madreperla estaba cubierta, excepto en algunos lugares donde se dejaba (al descubierto) para trabajar con las piedras.

---

[25] Seler, *Ancient Mexican Religious Poetry (Proceedings of the International Congress of Americanists*, 13.ª sesión, Nueva York), págs. 171-174.

[26] *Manners of the Germans*, cap. XLV.

[27] Citado por Saville en *The Goldsmith's Art in Ancient Mexico*, pág. 115 (Nueva York, 1920).

Estos ídolos tenían algunas serpientes gorditas de oro (como) cinturones y para collares cada (una tenía) diez o doce corazones hechos de oro, y para la cara una máscara de oro y ojos de espejo (obsidiana o piritas de hierro.»[27]

Los templos mejicanos se decoraban magníficamente con oro y piedras preciosas y otros objetos preciosos o sagrados, incluyendo plumas de colores intensos. Las ciudades y estados sometidos pagaban tributo en oro y joyas. El metal precioso se podía dar en polvo o en barras, o después de haberle dado forma de discos, placas, escudos, diademas, etc. Los signos jeroglíficos mejicanos para el oro eran variantes de la esvástica que tenía su origen en el Viejo Mundo.

Oro, plata, perlas, piedras preciosas, jade y jadeíta, etc., eran por tanto muy estimadas tanto en el Nuevo Mundo como en el Viejo. Además, se usaban de la misma forma prácticamente y están relacionados con creencias y prácticas parecidas. Por tanto, desde el principio, surge la cuestión importante de si los hábitos de vida y los hábitos de pensamiento de los buscadores de tesoros precolombinos de las Américas fueron de generación espontánea. ¿Tuvieron sus civilizaciones y sistemas religiosos complejos origen independiente en sus tierras y se desarrollaron allí, totalmente aislados y sin ser influenciados por aquellos de una antigüedad mucho más grande del Viejo Mundo? ¿Es posible que pueblos que llegaron a América desde Asia no llevaran con ellos vestigios de creencias religiosas, que cada migración, tarde o temprano, supuso una pérdida de memoria completa, de manera que modos de pensamiento inmemoriales y costumbres y creencias inmemoriales, se olvidaran por completo, y que después de alcanzar la nueva tierra se pusieran ellos mismos a inventar de nuevo lo que sus antepasados habían inventado antes que ellos, y a formular ideas religiosas que habían prevalecido durante tanto tiempo en el Viejo Mundo, de donde procedían?

Capítulo II

CRECIMIENTO DE LA CIVILIZACIÓN DEL NUEVO MUNDO

Distribución de la población.—Atractivo de las zonas poco saludables.—Introducción de civilización compleja.—Los aztecas como los asirios de América.—Cómo descubrieron los españoles las minas de oro.—Guerras de comercio aztecas.—Control azteca de los suministros de oro.—Los españoles imitan métodos aztecas.—Motivos para adquirir riqueza.—La teoría estética.—Joyas como «espíritus protectores».—Simbolismo del metal.—El «sol de oro» y la «luna de plata» del Viejo y Nuevo Mundo.—Jade y jadeíta.—Motivos psicológicos para buscar el tesoro.—Teoría del origen independiente de creencias complejas.

Las preguntas planteadas al concluir el capítulo anterior son de vital importancia en relación al estudio de los sistemas religiosos de la América precolombina. Como hemos mostrado, el oro y las gemas se buscaban y encontraban y se utilizaban de la misma manera que en el Viejo Mundo. Este es un hecho que ningún método de razonamiento ingenioso puede dejar a un lado. Es imposible ignorarlo. Debemos tratar de él y hemos de tenerlo en consideración. Si no coincide con ninguna teoría preconcebida sobre el origen de la civilización del Nuevo Mundo, entonces esa teoría tiene que modificarse o abandonarse totalmente. Los sistemas sólidos de hechos tienen que sustituir a los «puentes hipotéticos» planeados por aquellos que tenían a su disposición muchas menos pruebas de las que hay disponibles ahora.

La necesidad de esta actitud se refuerza cuando descubrimos que, debido al valor religioso unido a metales preciosos y gemas, la distribución y actividades de la población se determinaron por la presencia de éstos en diferentes lugares. A los buscadores de tesoros les atraían las zonas más poco saludables de América Central[28] y a éstas llevaron los elementos de una civilización compleja, creencias y símbolos religiosos complejos y un arte muy desarrollado, cuyas historias se han de buscar en otra parte. Los comienzos del arte maya y de la religión maya no se pueden descubrir en el país maya.

Las actividades de los primeros buscadores de sustancias de valor religioso nos llevan a la apertura de rutas comerciales y la lucha por el control de éstas era causa de que pueblos rivales establecieran y crearan organizaciones políticas que ejercían una influencia muy fuerte. Los aztecas, como los asirios de Asia occidental, formaron un estado depredador fuerte con el fin de enriquecerse a costa de sus vecinos. Su riqueza acumulada se había ganado para ellos por fuerza militar y la amenaza constante de represalias militares.

Cuando Cortés, el conquistador español de Méjico, descubrió que el oro era tan abundante en la capital azteca, llegó a preocuparse especialmente en descubrir la localización de las minas. Según Bernal Díaz, Moctezuma, el rey azteca, informó a Cortés de que solían recibir oro de tres lugares diferentes. La fuente principal de suministro, sin embargo, era la provincia de Zacatula (ahora llamada Río Balsas en Guerrero) en la costa sur, y situada a una distancia de quince días de viaje desde la ciudad de Méjico. Allí se le quitaba la tierra lavándolo. El oro se obtenía también de las arenas de dos ríos en la costa norte de la provincia

---

[28] «Las tierras bajas más inaccesibles, poco saludables e incultivables... las tierras bajas densamente arboladas, muy febriles y casi incultivables de Peten y Guatemala oriental», como expone el profesor Huntington (*The Climate Factor*, Washington, D.C., 1914, págs. 215 y 223). Sin embargo, es de especial importancia que Copan, el centro de la cultura maya, estuviera situada en un afluente del río Motagua, todavía famoso por ser el río de América Central de mayor producción de oro. Maclaren, *Gold*, Londres, 1908, pág. 608.

llamada Tustepec y de los campos ocupados por los pueblos Chinantec y Zapotec.

Cortés acordó con Moctezuma enviar a varios campos de oro compañías de españoles acompañados de escolta mejicana. En una carta dirigida a su rey, Cortés escribía:

> «Por cada uno de su pueblo (de Moctezuma) envié a dos españoles. Algunos fueron a la provincia llamada Cuzula, a ochenta leguas de la gran ciudad de Temixtitan, cuyos nativos son vasallos suyos, y allí les mostraron tres ríos, de cada uno de los cuales me trajeron algunas muestras de oro de muy buena calidad, aunque fue sacado con herramientas humildes, ya que ellos sólo tenían aquellas con las que los indios lo extraían. De camino pasaron por tres provincias de tierra muy buena, según lo que dijeron los españoles, y por muchas aldeas y ciudades grandes y pequeñas muy pobladas y que tenían edificios iguales que los de España. Me hablaron especialmente de una casa y un fuerte, más grandes, más resistente y mejor construido que el castillo de Burgos, y que la gente de esta provincia, llamada Tamazulapa, iban mejor vestidos que otros que habíamos visto, y, según les pareció a ellos, más inteligentes.»

Luego llevaron a los españoles a la provincia llamada Malinaltepeque, situada a unas setenta leguas de distancia de Temixtitan en dirección a la costa. Allí consiguieron muestras de oro de un gran río. Otro grupo fue hacia una zona montañosa llamada Teniz, más arriba en el río. La gente de allí no estaba sometida a Moctezuma y su rey se llamaba Coatelicamat. Hablaban un idioma diferente, eran muy belicosos e iban armados con largas lanzas. El rey permitió a los españoles entrar a su país, pero, como eran enemigos suyos, negaron ese privilegio a los vasallos Culúan de Moctezuma que les acompañaban. Los españoles fueron bien recibidos, y el pueblo «les mostró siete u ocho minas de donde sacaban el oro». Se consiguieron muestras para Cortés, a quien el monarca nativo envió regalos de adornos de oro y de vestir.

Otro grupo español avanzó hacia la provincia de Tuchitepeque, doce leguas más allá en dirección a la costa; allí les mostraron uno o dos lugares en los cuales conseguían oro. En algunos sitios se encontraban pepitas en la superficie de la tierra, pero las fuentes principales eran las arenas del río a partir de las cuales se lavaba el polvo de oro. El oro se transportaba de los lugares de trabajo en tubos de caña o derretido en vasijas o fundido en barras [29].

En Tenochtitlan (ciudad de Méjico) había en esos días un gran mercado en el que se exponían a la venta oro y piedras preciosas. Según el Conquistador Anónimo lo había cada cinco días. «A un lado de la plaza —escribía— están aquellos que venden oro, y junto a ellos están aquellos que venden piedras de varias clases engastadas en oro, en formas de varios pájaros y animales.» [30]

Expediciones comerciales hicieron que contactaran la ciudad de Méjico y las zonas en las que se encontraban metales preciosos y gemas. El comercio seguía la «bandera» azteca y la «bandera seguía al comercio». Parece haber poca duda de que el principal motivo de la expansión azteca era asegurar el control del comercio. Aproximadamente un siglo y medio antes de la llegada de los españoles, Mayapan, el centro del comercio e industria mayas, fue devastado por los aztecas, y sólo, parece ser, porque había sido un rival comercial peligroso para la ciudad de Méjico. Otros fueron invadidos o sometidos total o parcialmente. En algunos casos se pagaba el tributo y se recogía a punta de espada. Seler, tratando sobre este aspecto de la vida mejicana, muestra cómo el comercio mejicano fue llevado a la prosperidad y fue protegido por los reyes aztecas, al relatar la siguiente tradición:

«En los bosques salvajes de Mictlanquauhtla algunos habitantes de la ciudad de Uaxyacac atacaron con intenciones asesinas y saquearon una caravana mejicana que regresaba a casa desde Tabasco con mercancías valiosas, cuya noticia no llegó a los mejicanos hasta años después. El rey que estaba reinando entonces, Motecuhzoma el viejo, apellidado Ilhuicamina, equipó una expedición para vengar a los muertos, y el crimen fue expiado con la exterminación de la tribu entera. Un número de familias mejicanas y unas 600 familias de las ciudades vecinas situadas en el valle de Méjico empezaron a asentarse en las tierras vacías de la tribu exterminada, bajo el liderazgo de cuatro jefes

[29] Bernal Díaz, *The True History of the Conquest of Spain*, vol. II, págs. 127-128; y Cortés, citado por Marshall H. Saville, *The Goldsmith's Art in Ancient Mexico*, págs. 104-107.
[30] *Cortez Society Publication*, núm. I, págs. 65-67.

mejicanos a los que el rey había elegido para su expedición... Agresiones y asesinatos de mercaderes mejicanos se mencionan casi siempre como el *casus belli* en los documentos nativos.»

Las guerras se luchaban con el propósito de obligar a estados independientes a conceder privilegios comerciales especiales. Los Zapotecas, por ejemplo, fueron obligados «a permitir a los mercaderes mejicanos pasar a las regiones de la costa pacífica y a concederles libertad de comercio en su propio territorio»[31]. La región sobre la que los aztecas extendieron su influencia, o que estaban en proceso de expansión cuando llegaron los españoles, era en la que el oro se empleaba con mayor abundancia. Donde no conseguían el control de los campos de oro tenían garantizado su suministro no solamente por medio de intercambio sino por pago de tributos. Moctezuma, el rey azteca cuyo tesoro robó Cortés, recibía cada año de forma regular tributo de provincias de tierras cálidas. En documentos mejicanos «hay muchos cuadros, de colores, de tributos de oro, joyas, adornos de pluma y mantos, así como retratos de los conquistadores». El códice conocido como *Lista de tributos de Moctezuma* muestra que el tributo se pagaba también en polvo de oro «guardado en calabazas o tubos de caña y en barras» y se dan los nombres de los lugares de los que se recibía el tributo[32]. Cuando los españoles consiguieron el control político de la meseta mejicana, exigían el tributo de la misma manera que lo habían exigido los aztecas anteriormente. La única diferencia era que ellos eran más tiránicos y codiciosos. En el Congreso de Americanistas de Londres en 1912 hubo un interés especial por «una memoria o declaración de los habitantes nativos de Tepetlaoztoc (una pequeña ciudad colina entre Tetzcoco y Otumba) del tributo abusivo exigido y del maltrato sufrido bajo los señores españoles quienes habían sido asignados sucesivamente por el rey de España». El pesado tributo exigido les había llevado, según parecía, a una condición al borde de la esclavitud misma.

---

[31] *Bureau of American Ethnology*, núm. 28, págs. 258 y sigs.
[32] Saville, *The Goldsmith's Art in Ancient Mexico*, págs. 108, 154 y 158.

Cuando se considera de qué forma la vida social, económica y religiosa de la América precolombina, especialmente en centros de civilización, estuvo tan fuertemente influida, como fue el caso de las civilizaciones del Viejo Mundo, por el valor ficticio unido a un metal tan inútil como el oro, es difícil creer que ninguna influencia cultural «circuló» nunca por el Pacífico en la antigüedad. ¿Siguieron los americanos los apuntes de algún instinto humano misterioso cuando, para empezar, ellos mismos se pusieron a buscar oro lavando barro del río? ¿Cómo llegaron a conocer la existencia de oro? ¿Cómo previeron para qué usos emplear el oro? ¿Fue una mera coincidencia que inventaran una arcilla crisol y una caña de soplador parecidas al crisol y caña de soplador egipcios distribuidas por todo el Viejo Mundo? ¿Buscaron oro, perlas, joyas, ámbar y jade o jadeíta, que eran muy difíciles de encontrar, simplemente porque era «natural» para ellos hacerlo así? ¿Fue porque animados por ese sentido estético que se supone aletargado en el hombre por lo que se apoderó de ellos el deseo de adornar sus cuerpos con joyas? ¿Fue su sentido estético el que hizo que hicieran rostros de oro horribles y de sonrisa burlona, desfigurar sus propias orejas y clavar los llamados «adornos» en sus labios y narices? ¿Depositaban sus joyas en los cimientos del templo y las enterraban con sus muertos porque les movía su sentido de belleza innato? ¿Cómo ocurrió que los antiguos americanos, al igual que los antiguos asiáticos, europeos y egipcios, establecieran un modelo de oro y pagaran tributo en oro y joyas? ¿Vamos a considerar sin sorprendernos de ninguna manera que relacionaban al oro con el sol y a la plata con la luna como hicieron otros pueblos antiguos del Viejo Mundo, y que ellos habrían acumulado metales preciosos y joyas para incrementar el «mérito» religioso y el poder del monarca gobernante y protegerse y promocionarse en este mundo y en el siguiente?

No se puede discutir que el pueblo maya de Chichen Itza, Yucatán, tiraba joyas a los lagos y ríos, como hacían los celtas de Galia, porque estaban invadidos por un sentido de la belleza irresistible: las joyas eran exvotos, así como lo eran las joyas depositadas por nativos piadosos en los cimientos de su templo pirámide en la ciudad de Méjico. El doctor William Robertson, historiador del siglo XVIII, reconoció esto cuando se refirió a la conexión entre deidades y encantamientos:

> «Los *manitous* u *okkis* de los americanos del Norte eran amuletos o fetiches que imaginaban que tenían tal virtud que protegían a las personas que depositaban su confianza en ellos en cada suceso catastrófico, o eran considerados espíritus protectores cuya ayuda podían implorar en circunstancias de peligro.» [33]

En Japón, la perla (tama) podía ser un *shintai* («cuerpo de dios»); el alma de un dios era un *mi-tama*, en el que como *mi* era un nombre antiguo para dragón serpiente, significaba «perla de dragón».

Se ha de reconocer con franqueza que hay un parecido sorprendente entre el simbolismo del metal en la América precolombina y el del Viejo Mundo. Uno de los mitos peruanos de la creación expone que al principio cayeron tres huevos del cielo, uno de oro, uno de plata y uno de cobre. Del huevo de oro salieron los curacas o jefes, del huevo de plata los nobles y del huevo de cobre la gente corriente. Esta relación entre metales y castas se encuentra en la India; se encuentra también en las doctrinas indias y griegas de las Edades del mundo, que hace referencia a razas identificadas con la Edad de Oro, Edad de Plata, Edad de Cobre y Edad de Hierro.

En Méjico, al oro se le daba la misma relación arbitraria con el sol y a la plata con la luna, como se encuentra en el antiguo Egipto y en las civilizaciones antiguas asiática y europea. Entre los regalos enviados por el rey Moctezuma a Cortés había dos ruedas, una de oro y la otra de plata, «cada una del tamaño de una rueda de carro», según el capitán Andrés de Tapia. «Aquí —escribió Francisco de Aguilar— les dieron (a los españoles) un regalo de un sol de oro entre algunas armas y una luna de plata.» Otro escritor hace referencia a ellos como «dos discos redondos, uno de oro fino, el otro de plata fina, trabajados finamente con figuras hermosas». Este tesoro fue enviado a España, donde lo vio Oviedo, quien escribió sobre las ruedas grandes: «La de oro ellos la relacionaban con el sol y la de plata en memoria de la luna» [34].

---

[33] *History of America*, Libro IV, sec. 7.
[34] Autoridades citadas por Saville en *The Goldsmith's Art in Ancient Mexico*, pág. 191 y sigs.

Es difícil creer que las mismas ideas complejas relacionadas con oro, plata y cobre hubieran tenido un origen independiente en el Viejo Mundo y en el Nuevo. El problema implicado es parecido al que se le presentó a Berthold Laufer en su obra erudita sobre el jade [35], al tratar del problema de cómo había sucedido que los pueblos de la antigua América, Europa y Nueva Zelanda dieran, al igual que China, un valor religioso al jade (nefrita) y jadeíta. Heinrich Fischer [36] creía, cuando escribió sobre el tema, que el jade no aparecía *in situ* ni en Europa ni en América, y expusieron la teoría de que el mineral, o los objetos elaborados a partir de él, habían sido llevados a ambos continentes en la antigüedad por pueblos que emigraron procedentes de Asia. Sin embargo, el jade *in situ,* se descubrió posteriormente en diferentes partes de Europa y en Alaska. La hipótesis de Fischer no podía mantenerse, por tanto, pero parecería que los críticos que la destruyeron destruyeron demasiado. Ellos pasaron por alto el hecho de que en Europa el jade es escaso y difícil de encontrar. Los científicos modernos lo buscaron durante muchos años antes de ser capaces de localizarlo. Como dice Laufer, «no podía haber sido una tarea tan fácil para el hombre primitivo buscar estos lugares ocultos», a menos que concluyamos que él era «entusiasta y con más recursos que nuestros científicos actuales». El aspecto importante del problema no es que el hombre antiguo de Europa tuviera éxito al encontrar jade, sino que él siempre lo buscó. Laufer escribe a este respecto:

> «Nada puede inducirme a creer que el hombre primitivo de Europa Central se embarcó por casualidad y espontáneamente en la laboriosa tarea de extraer y trabajar el jade. Se tiene que proporcionar el motivo psicológico para este acto y sólo se puede deducir de la fuente de hechos históricos. Desde el punto de vista del desarrollo general de la cultura en el Viejo Mundo, no hay en absoluto vestigio alguno de originalidad en las culturas prehistóricas de Europa, las cuales

---

[35] *Jade: a study in Chinese Archaelogy and Religion* (Museo de Historia Natural, Serie antropológica, vol. X), Chicago, 1912.
[36] *Nephrit und Jadeit nach ihren mineralogischen Eigenshaften sowie nack ihrer urgeschichtlichen und ethnographischen Bedeutung.* Stuttgart, 1880 (2.ª ed.)

aparecen como apéndice de Asia. La originalidad es sin duda la cosa más rara de este mundo, y en la historia de la humanidad los pensamientos originales escasean terriblemente. No hay razón, en vista de hechos y experiencias históricos, para atribuir a las poblaciones de Europa prehistóricas e históricas antiguas ideas espontáneas relativas al jade; recibieron éstas, como todo lo demás, de una fuente externa; poco a poco aprendieron a apreciar el valor de esta sustancia dura y compacta, y luego empezaron a buscar suministros naturales.» [37]

De igual manera los pueblos de Europa y América buscaron y encontraron la arcilla peculiar con la cual se hace la porcelana fina; pero no lo hicieron hasta después de descubrir cómo hacían uso de ella los chinos. «Los pueblos de Europa y América —dice Laufer— podían haber hecho porcelana hacía mucho tiempo; el material estaba al alcance de la mano, pero la cruda realidad es que no lo hicieron, perdieron la oportunidad, y que solamente la importación e investigación de porcelana china fue decisivo para buscar y encontrar la arcilla caolín.» [38]

Uno se podía preguntar: ¿Fue entonces la búsqueda de jade o jadeíta, y la del oro, plata, perlas, piedras preciosas, totalmente espontánea y casual en la América precolombina? ¿Se han de atribuir a mejicanos, mayas, peruanos, etc., ideas espontáneas relativas a estas cosas que eran idénticas, o casi idénticas, a las ideas que prevalecían y existían antes en la antigua Asia y antigua Europa? ¿Hemos de creer que ciertas concepciones religiosas (que eran frecuentes en Egipto, Babilonia y Creta unos veinte o treinta siglos antes de la era cristiana, y otras que tenían sus raíces y se fomentaron en China y norte de Siberia en épocas posteriores, antes y después de los albores de la Cristiandad) saltaron a América y prosperaron allí como un asunto de tiempo unos cuantos siglos antes de la invasión española?

La historia de muchas creencias complejas que existían en la América precolombina no se puede ubicar allí, pero se puede ubicar en otras partes. ¿Vamos a aceptar entonces la teoría de que, a pesar de su complejidad, tienen que haber sido indígenas, que eran

---

[37] *Jade*, pág. 5.
[38] *Ibíd.*, pág. 4.

fundamentalmente los productos de leyes naturales y «procesos mentales bien conocidos»? «Las grandes civilizaciones —dice un escritor a este respecto—, como aquellas cuyas ruinas quedan en Perú, Méjico, Egipto, el valle del Éufrates, India y China... surgieron relativamente en la zona, recientemente y de repente. Parecen haber sido inspiradas por condiciones nuevas y para caracterizar una nueva fase en la historia de las especies.» [39] La misma opinión tiene sir James Frazer respecto al fenómeno religioso antiguo. Expresa la opinión de que «investigaciones recientes de la historia antigua del hombre han revelado la similitud esencial con la que, bajo muchas diferencias superficiales, la mente humana ha elaborado su primera filosofía rudimentaria de la vida» [40], pero nos recuerda al mismo tiempo que «las hipótesis son puentes necesarios pero a menudo provisionales construidos para relacionar hechos aislados —añadiendo—: si mis puentes ligeros más pronto o más tarde se cayeran, o fueran reemplazados por estructuras más sólidas, espero que mi libro pueda tener todavía su utilidad y su interés como repertorio de hechos» [41]. El marqués de Naidaillac en su *L'Amérique Préhistorique* piensa que es muy probable que las mismas creencias en el Viejo Mundo y en el Nuevo tuvieran origen independiente. «A partir de la naturaleza de la mente humana y de la dirección natural de su evolución —escribe— siguen resultados muy parecidos hasta cierto estado más o menos avanzado en todas las partes del mundo... Se ha llamado la atención con frecuencia en las páginas anteriores sobre la forma parecida en la que un pueblo encuentra necesidades parecidas, desarrolla ideas artísticas parecidas y obtiene resultados parecidos en partes muy separadas del globo.» Cree que estos «hechos» testifican «la unidad fundamental de la raza humana» [42].

Esta teoría, sin embargo, no da luz a la relación arbitraria entre metales y cuerpos celestes, y el valor ficticio unido al oro y a las gemas.

---

[39] H. G. F. Spurrell, *Modern Man and His Forerunners*, pág. 85 (Londres, 1917).
[40] *The Golden Bough* (3.ª ed.), vol. I, pág. 10.
[41] *Ibíd*, págs. XIX y XX.
[42] Traducción inglesa, *Prehistoric America*, Londres, 1885, págs. 524-525.

Esos escritores aquí citados, y otros como ellos que están a favor de la teoría de la generación espontánea de las mismas creencias complejas en varias partes del mundo, siguen al doctor Robertson, el historiador del siglo XVIII, que escribió al respecto:

> «Si fuéramos a remontar las ideas de otras naciones hasta ese estado rudimentario en el que la historia nos las presenta por primera vez, descubriríamos un parecido sorprendente en sus principios y prácticas, y uno estaría convencido de que, en circunstancias parecidas, las facultades de la mente humana mantienen sencillamente el mismo curso en su progreso y llegan a casi las mismas conclusiones.» [43]

No obstante, la teoría de origen independiente es, después de todo, una teoría. No se puede justificar simplemente como confesión de fe; tiene que probarse y no se puede probar estableciendo analogías de evolución biológica simplemente. Tampoco se puede probar por referencia a la fauna característica del Nuevo Mundo porque los animales salvajes no construyen y navegan en barcos, ni erigen monumentos, ni inventan sistemas de escritura en jeroglíficos o formulan sistemas religiosos. La asociación del hombre con animales salvajes no tiene relación con el proceso de civilización excepto hasta donde él pueda utilizarlos para sus propios propósitos. Los americanos precolombinos no eran un pueblo de pastores. No habían domesticado ni vacas, ni ovejas ni caballos. Sin embargo, los animales salvajes representaron un papel destacado en su vida religiosa, de la misma manera que lo hicieron reptiles e insectos. Abejas, escorpiones, peces, ranas, serpientes, lagartos, cocodrilos, tortugas, garzas, pavos, buitres, águilas, búhos, loros, tapires, armadillos, venados, liebres, jaguares, pumas, coyotes, osos, perros, murciélagos, monos, etc., americanos figuran en su simbolismo religioso. Sin embargo, si se puede demostrar que los hábitos de un animal no americano han sido transferidos a un animal americano en la mitología precolombina, en seguida se sospechará que existió un contacto cultural en una época u otra entre el Viejo Mundo y el Nuevo, y, si se puede probar que se ha

---

[43] *The History of America*, Libro IV, sec. VII.

representado un animal del Viejo Mundo, especialmente en relación con creencias similares a aquellas que prevalecen en cualquier parte del Viejo Mundo, la sospecha se convierte en una seguridad y la teoría de origen y desarrollo independiente se derrumba.

En el próximo capítulo se mostrará que el elefante indio figura en el simbolismo de la civilización maya de América Central, y en el capítulo siguiente, que los hábitos del secretario de África se han transferido en la mitología precolombina al águila americana, y que el disco alado de Egipto, que tomaron y adaptaron a las necesidades religiosas locales y nacionales los asirios, persas, fenicios y polinesios, figura de manera destacada en el simbolismo religioso de la América precolombina.

COPAN: STELA B

(De una fotografía de Alfred P. Maudslay)

RESTOS DE UNA ANTIGUA SEDE DE JUSTICIA INCA, CERCA
DEL LAGO TITICACA

Capítulo III

EL ELEFANTE INDIO
EN EL ARTE AMERICANO

Indicios americanos de rinocerontes, elefantes y camellos.—Elefantes en piedras mayas.—El elefante indio relacionado con el dios del mar.—Dios elefante y serpiente.—Elefante y dragón.—El elefante de Indra.—Dios con cabeza
de elefante.—Forma de elefante de Buda.—Controversia sobre representaciones americanas del elefante.—La teoría del guacamayo.—Guacamayo y serpiente.—Juego hindú en Méjico.—Escena budista en códice mejicano.—
El «dios de nariz larga» de América Central.—«Elefante túmulo» y «elefante
flauta» americanos.

«No hay ni la más mínima razón —escribía Bancroft
en su gran obra [44]— para suponer que los mejicanos
o los peruanos estuvieran familiarizados con cualquier parte de la mitología hindú; pero ya que su conocimiento de
al menos una especie de animal característico del viejo continente, y no encontrado en América, proporcionaría, si se probara con
claridad, un argumento convincente de comunicación que hubiera tenido lugar en otros tiempos entre la gente de los dos hemis-
ferios, no podemos pensar sino en la semejanza a la cabeza de un
rinoceronte, en la página 36 de la pintura mejicana conservada en
la colección de sir Thomas Bodley; la figura de una trompa que
se parece a la de un elefante, en otras pinturas mejicanas, y el
hecho, registrado por Simon, de que lo que se parece a la costilla

---

[44] *The Native Races of the Pacific States of North America*, Londres, 1876, vol.V,
pág. 43, nota 90.

de un camello *(la costilla de un camello)* [45] se mantuvo durante mucho tiempo como reliquia, y se tenía gran veneración en una de las provincias de Bogotá, es digno de atención.»

El escritor y explorador americano John L. Stephens, quien, acompañado de Catherwood, un artista consumado, visitaron las ruinas de la civilización maya en América Central a mediados del siglo pasado, detectó el elefante en un pilar esculpido en Copan, al que se refería como a un «ídolo». «La vista delantera —escribía— parecía un retrato, probablemente de algún rey o héroe deificado. Los dos adornos de la parte superior se parecen a la trompa de un elefante, un animal desconocido en ese país.» [46] Una reproducción de uno de los adornos en cuestión no dejaría duda de la identidad del animal representado por el antiguo escultor americano. No solamente es un elefante, sino que es un elefante indio *(Elephas indicus)*, una especie encontrada en la India, Ceilán, Borneo y Sumatra. El elefante africano *(Elepha africanus)* tiene orejas más largas, una cabeza menos elevada y una frente que sobresale sin la hendidura en la base de la trompa característica de las especies indias. El hombre ha hecho menos uso del elefante africano que del indio en el pasado, y por consiguiente no figuraba de forma destacada en la vida religiosa africana. En la India se domaba al elefante durante el período védico. Al principio los ario-indios lo llamaban «la bestia que tiene una mano», y en última instancia simplemente *hastin* («que tiene una mano»). A un cuidador de elefantes se le llamaba *hastipa*. Otro nombre fue *varana*, en el que la raíz *var* significa agua, como en el nombre del dios del mar Varuna. Otro nombre era *maha-naga* («gran serpiente») [47]. El elefante estaba relacionado así con las deidades *naga* o serpiente que se mencionan en los sutras. Los nagas eran dioses de la lluvia; ellos «dependían totalmente de la presencia de agua y temían mucho al fuego, exactamente igual que los dragones en muchas leyendas chinas y japonesas... El *naga* indio en forma de

---

[45] En español en el original. *(N. del T.)*
[46] J. L. Stephens, *Incidents of Travel in Central America, Chiapas and Yucatan.* Londres, edición 1842, vol. I pág. 156.
[47] Macdonell y Keith, *Vedic Index of Names and Subjects,* vol. I, pág. 440, y vol. II, págs. 288 y 501. Macdonell, *Vedic Mythology,* pág. 153.

serpiente —dice De Visser, de quien cito— fue identificado en China con el dragón chino de cuatro patas porque ambos eran habitantes divinos de mares y ríos y dadores de lluvia. No sorprende que los japoneses en esta mezcla de ideas chinas e indias reconozcan a sus dioses serpiente, o en forma de dragón, de ríos y montañas, a quienes solían rezar para pedir lluvia en tiempo de sequía. De esta manera se combinaron las leyendas antiguas de tres países, y características de una se usaban para adornar las otras». Los nagas eran guardianes de tesoros y especialmente de perlas. Fueron adoptados por los budistas del Norte y el Budismo del Norte «adoptó a los dioses de los países donde se introdujo y les hizo protectores de su doctrina en vez de sus antagonistas» [48].

El elefante estaba relacionado en tiempos védicos con el dios Indra, quien asesinó al demonio de la sequía, el dragón en forma de serpiente Vritra, que causaba la sequía al confinar el suministro de agua en su cuerpo enroscado. Indra iba montado sobre el lomo del elefante. En la representación maya del elefante están las figuras de dos hombres, uno de los cuales está montado en su lomo mientras que el otro está agarrándole la cabeza. Según parece, el escultor nunca había visto un elefante y había usado de modelo un dibujo manuscrito o una talla de madera o de marfil. Sin embargo, que su elefante tuviera un significado religioso allí parece dudarse poco.

En la India la relación entre el naga y el elefante no es simplemente psicológica. Había una mezcla de cultos; nagas y elefantes estaban relacionados con el dios Varuna, cuyo vehículo era el *makara*, una «bestia maravillosa» de forma compuesta como el dragón babilónico y la forma de «cabra-pez» de Ea, dios de lo profundo. El *makara* como el *naga* contribuyeron a los dragones complejos de China y Japón.

Una forma india posterior de Indra fue el dios Ganesha de cabeza de elefante, el hijo del dios Siva y Parvati. Se inventó una leyenda brahamánica para relacionar al joven dios con el antiguo traedor de lluvia védico que asesinó a la serpiente dragón Vritra

---

[48] Dr. M. W. de Visser, *The Dragon in China and Japan* (Amsterdam, 1913), págs. 5, 7 y 13.

que confinaba el agua. En una de las peruanas se cuenta que Ganesha ofendió al planeta Saturno, quien le decapitó. El dios Visnú vino en ayuda del niño dios y le proporcionó una cabeza nueva cortando la cabeza del elefante de Indra. En un período posterior Ganesha perdió uno de sus colmillos como resultado de un conflicto con un Deva-rishi. A Ganesha se le representaba, por consiguiente, con un colmillo entero y uno roto[49].

Los budistas no sólo asumieron las «bestias maravillosas» junto con el elefante y otras partes y características, sino que también adoptaron al elefante blanco, que era un emblema del sol. Según una de sus leyendas, Buda entró en el útero de su madre en forma de elefante blanco. Esta idea, según dice el Dr. T. W. Rhys Davis, «parece una locura muy grotesca, hasta el origen de la figura poética ha sido.... establecido». La forma de elefante solar «fue elegida deliberadamente por el futuro Buda porque fue la forma indicada por un *deva* (dios) quien en un nacimiento previo había sido uno de los rishis, los poetas míticos del Rigveda»[50]. Los rishis eran sacerdotes sabios que se convertían en semidioses realizando ceremonias religiosas.

Se verá de este modo que antes de que el elefante se llevara de la India a otros países, como símbolo religioso, estaba relacionado con creencias complejas como resultado de una mezcla de cultura india. La historia del símbolo del elefante maya no se puede localizar en el Nuevo Mundo. La opinión del Dr. W. Stempell[51] de que Copan y otros elefantes de América representan al antiguo *Elephas columbi* del Pleistoceno, no ha encontrado mucha aceptación. Este elefante no tiene las características peculiares del elefante indio que se muestran en la piedra de Copan, y se había llegado a extinguir antes de que las representaciones más antiguas del hombre moderno alcanzaran el Nuevo Mundo.

Aunque, sin embargo, el Dr. W. Stempell, examinando la literatura concerniente a las representaciones varias del elefante en la

---

[49] *Indian Myth and Legend*, págs.150-151. De igual manera el dios egipcio Horus cortó la cabeza a Isis, la cual Thoth sustituyó por la cabeza de una vaca.

[50] Rhys Davis, *Buddhism* (Londres, 1903), pág. 148.

[51] *Nature*, «Representaciones precolombinas del elefante en América», 25 de noviembre de 1915.

EL ELEFANTE INDIO EN AMÉRICA

1, 2 y 4 son de piedras esculpidas de América Central. La figura del fondo (5) es
el elefante túmulo de Norteamérica, y el de arriba (6) es «el elefante flauta» (Norteamérica). Cerca hay un esbozo de una cabeza de guacamayo (7), y en la parte
superior del dibujo está el guacamayo en una piedra esculpida (3). Como se verá
en la figura del elefante de la esquina superior de la derecha, los antiguos americanos hicieron una buena figura al copiar algún dibujo o talla de un elefante
indio, pero no sabían que era tan alto, ya que un hombre camina a su lado con
un brazo sobre su cabeza. El hombre sentado es el que lo guía.

América precolombina, «protesta enérgicamente contra la idea de que pretendían ser algo más que elefantes», ciertos americanistas han luchado por demostrar que son pájaros mal dibujados o tapires. El elefante de Copan, relacionado con las dos figuras humanas, ha sido identificado con el guacamayo azul (ver lámina de la página anterior) por el Dr. Alfred M. Tozzer y el Dr. Glover M. Allen[52]. En su reproducción del elefante de Copan, el de las figuras humanas no está seleccionado.

«Hasta ahora ha sido una cuestión —escriben Tozzer y Allen— como la de la identidad de ciertas esculturas de piedra, parecidas a la de la Stela B de Copan, de la cual se muestra un trozo en la lámina 25, figura 8. Ésta incluso se ha interpretado como la trompa de un elefante, pero sin lugar a dudas es el pico de un guacamayo.» El lector objetivo no se inclinará a considerar la teoría del guacamayo decidida finalmente, incluso aunque encuentre apoyo entre no pocos americanistas, y especialmente aquellos decididos a confirmar la «Doctrina Monroe» etnológica «que —como ha escrito el profesor Elliot Smith— exige que todo lo americano pertenezca a América y tiene que haberse inventado allí totalmente.»

Este extracto es de una carta escrita a *Nature*, en la que varias representaciones precolombinas han sido analizadas por el profesor Elliot Smith, el profesor Tozzer y el Dr. Spinden[53]. El nombrado en primer lugar sostiene que los animales de Copan de los que se habla son elefantes indios. «Sin haber visto nunca un elefante y sin ser consciente de su tamaño, no hay duda —dice— de que el artista maya lo imaginó como una especie de guacamayo monstruoso, y sus retratos de las dos criaturas se influyen mutuamente.» Sin embargo, señala que en una de las figuras del llamado guacamayo se da una oreja de mamífero de la cual cuelga un pendiente, un rasgo camboyano característico.

El profesor Tozzer llama la atención al tratamiento artístico tanto de la figura del guacamayo como de la del elefante: «En la

---

[52] *Animal Figures in the Mayan Codices* («Papers of the Peabody Museum of American Archaelogy and Ethnology», Universidad de Harvard, vol. IV, núm. 3), Cambridge, Mass., febrero 1910, pág. 343.

[53] *Nature*, 25 de noviembre de 1915; 16 de diciembre de 1915 y 27 de enero de 1916.

cabeza del elefante hay una voluta de adorno debajo del ojo, que está sombreada de la misma manera y rodeada de un anillo de marcas circulares que continuan hacia la base del pico. El orificio nasal es el óvalo grande que se señala directamente enfrente del ojo.» Mantiene que una comparación de este «elefante» con el inconfundible guacamayo «muestra que los dos representan al mismo animal». El profesor Elliot Smith escribe sobre este punto:

> «Esta suposición ha servido para dirigir la atención a puntos de especial interés e importancia, a saber, la sorprendente influencia ejercida por las representaciones de una criatura bien conocida, el guacamayo, sobre los artesanos que emprendieron la tarea de modelar al elefante, que para ellos era un animal extraño y totalmente desconocido. Explica cómo, en el caso del segundo, el escultor llegó a confundir el ojo con el orificio nasal y el meatus auditivo por el ojo, y también a emplear un dibujo geométrico particular para rellenar la zona del pabellón auditivo... La representación exacta del perfil del elefante indio, su trompa, colmillo y labio inferior, la forma de su oreja, así como el jinete con turbante y su instrumento, el mismísimo sentimiento artístico hindú particular al modelar es completamente fatídico para la hipótesis del guacamayo.»

El profesor Elliot Smith señala además que la «voluta» de la que tanto se ha dicho no se tomó prestada del guacamayo para el elefante, sino del elefante para el guacamayo.

> «La voluta era una parte fundamental en el dibujo del elefante antes de abandonar Asia, y, en realidad, se encuentra en dibujos convencionales de elefantes del Viejo Mundo desde Camboya a Escocia.»

La opinión del Dr. Eduard Seler es que los objetos de los que se hablan son tortugas. Otros están a favor del tapir. El Dr. Spinden escribe relacionado con lo mismo:

> «Que las cabezas con hocicos sobresalientes usados como decoración arquitectónica están relacionados con el concepto de la serpiente más que con el del elefante, se demuestra fácilmente por un estudio de partes homólogas en una serie de dibujos.»

Como se ha mostrado, los cultos al elefante y al «naga» (serpiente) y los objetos de culto estaban fundidos en la India. No debería sorprendernos, por tanto, encontrar teorías de nagas elefantes en América, especialmente porque se pueden detectar otros vestigios de influencia india. Como prueban datos etnológicos chinos, la influencia cultural de la India se extendió sobre zonas amplias como resultado de empresas misioneras brahamánicas y budistas, igual que la influencia babilónica e iraní entró en la misma India. Sir Edward Tylor ha demostrado [54] que los mejicanos precolombinos adquirieron el juego hindú llamado *pachisi*, y que en la escritura de su dibujo (Códice vaticano) hay una serie de escenas tomadas de pergaminos de templo budista japonés [55]. «Si ha sido posible —comenta el profesor Elliot Smith a este respecto— que juegos complicados y una serie de creencias extrañas (e ilustraciones pictóricas elaboradas de ellas) fueran al otro lado del Pacífico, el dibujo mucho más sencillo de una cabeza de elefante también pudo haber sido transferido de la India o el Lejano Oriente a América.»

El «dios de nariz larga» maya está considerado por aquellos que están a favor de la hipótesis de influencia cultural india directa e indirecta en América como forma del dios Ganesha indio de cabeza de elefante, referido anteriormente. Este aspecto del problema será tratado en relación con el dios azteca de la lluvia Tlaloc.

Otros vestigios del elefante a los que se hace referencia normalmente se ofrecen en el «elefante túmulo» de Wisconsin y el «elefante flauta» de Iowa. Tozzer y otros mantienen que lo primero es un oso, o algún otro animal local, y que la «trompa» no pertenece al terraplén original, y que lo segundo son «falsificaciones». El presunto creador de estas falsificaciones tiene que haber sido un hombre verdaderamente extraordinario: «El arqueólogo más extraordinario —dice el profesor Elliot Smith— que América haya dado nunca.»

En el próximo capítulo se mostrará que incluso la influencia cultural del norte de África llegó a la América precolombina después de moverse por varias zonas intermedias.

---

[54] *Journal of the Anthropological Institute*, 1879, pág. 128.
[55] *British Association Report*, 1894, pág. 774.

Capítulo IV

SÍMBOLOS CON HISTORIA

Mitos del pájaro y la serpiente en el Viejo y Nuevo Mundo.—Teoría del origen independiente.—Teoría de estratificación del profesor W. Robertson.—Costumbres mentales del hombre antiguo.—«Unidad psíquica» e instinto.—Opinión de Robertson adoptada por Miller, Wilson, Lang, etc.—Brinton trata sobre simbolismo americano.—La «serpiente emplumada» mejicana.—Origen del combate del pájaro y la serpiente.—Versión homérica.—El mito azteca.—Garudas (águilas) indias y nagas (serpientes).—Mitos extendidos del dragón, árbol y pozo.—Tengu y dioses de cabeza de elefante japoneses.—Pájaros de trueno y perros de trueno.—Dios americano «de nariz larga».—Pájaros y elefantes como dioses de trueno.—Cactus mejicano como árbol de la vida.—Simbolismo del escudo de armas mejicano.—Dioses que escupen joyas en la India y en América.—El combate eterno.—Origen de la serpiente que confina el agua.

En su tratado sobre el simbolismo y mitología de la «raza roja» de América [56], el profesor Daniel G. Brinton trata extensamente de los símbolos del «pájaro y la serpiente», y muestra que éstos son tan destacados en las mitologías del Nuevo Mundo como en las mitologías de Asia y Europa. Este hecho no le sorprende, ni siquiera levanta sospecha de que las creencias relacionadas de carácter complejo se puedan haber debido al contacto cultural o al movimiento cultural de la antigüedad. Su libro le revela como creyente de la generación espontánea de ideas religiosas parecidas y símbolos parecidos entre pueblos diferentes de diferentes partes del mundo. Él y otros americanistas mantienen que «hay —como indica el Dr. Eduard Seller— en todas las partes del mundo una cierta uniformidad fundamental en ideas reli-

---

[56] *The Myths of the New World,* Filadelfia, 1905 (3.ª ed.), págs. 120 y sigs.

giosas, todavía más en prácticas religiosas, a pesar de una gran diferencia en los detalles»[57]. Aquí nos encontramos con la teoría de la «unidad psíquica de la humanidad».

Esta moda de pensamiento (porque hay modas de pensamiento como de otras cosas) llegó a prevalecer en este país a finales de la época victoriana. Sin embargo la introdujo por primera vez el profesor William Robertson, de la Universidad de Edimburgo, historiador del siglo XVIII cuyas especulaciones etnológicas en su *The History of America* (1777) han influido mucho a investigadores posteriores en el mismo campo de investigación.

Robertson abogó por su teoría de origen independiente con ciertas clasificaciones. Mantenía, por ejemplo, que algunos pueblos eran capaces de desarrollar ideas más elevadas que otros, aunque no inquiría en las razones de su capacidad y logros superiores, y expresaba la creencia de que, incluso entre las naciones más avanzadas y civilizadas, las opiniones religiosas de personas de categorías de vida inferiores se «derivan —y siempre se han derivado— de la enseñanza, no se descubren por averiguaciones».

Robertson fue asimismo el precursor de la teoría de estratificación que él defendió mucho tiempo antes de oírse hablar del Darwinismo, y la costumbre predominó entre etnólogos de analogías establecidas a partir de la evolución biológica. Él reconoció una etapa primaria en el desarrollo humano («los períodos más antiguos y rudimentarios de vida salvaje»), sobre lo que escribió como sigue:

> «Esa parte numerosa de la especie humana, cuya suerte es el trabajo, cuya ocupación principal y casi única es asegurar la subsistencia, ve los logros y operaciones de la naturaleza con poca reflexión, y no tiene ni tiempo libre ni capacidad para entrar en ese sendero de especulación refinada e intrincada que conduce al conocimiento de los principios de religión natural. Cuando los poderes intelectuales están empezando a extenderse y sus primeros esfuerzos débiles están dirigidos hacia unos pocos objetos de primera necesidad y uso; cuando las facultades de la mente son tan limitadas que no han formado ideas abstractas o generales; cuando el lenguaje es tan estéril que care-

---

[57] *Mexican and Central American Antiquities* (Oficina de Etnología Americana, núm. 28), Washington, 1904, pág. 275.

ce de nombres para distinguir cualquier cosa que no se perciba por alguno de los sentidos, es absurdo esperar que el hombre fuera capaz de trazar con exactitud la relación entre causa y efecto, o suponer que él surgiría de la contemplación del uno al conocimiento del otro, y formar sólo nociones de una deidad, como el Creador y el Gobernador del Universo. La idea de creación es tan familiar dondequiera que la mente aumenta por la ciencia y se ilumina por la revelación, que nosotros rara vez reflexionamos en la profundidad y fuerza de esta idea, o consideramos lo que el hombre en progreso tiene que haber hecho en observación e investigación, antes de que pudiera llegar a cualquier conocimiento de este principio elemental de religion.»

La opinión de Robertson sobre el hombre antiguo se parece mucho sorprendentemente a la del profesor G. Elliot Smith, que ha escrito:

«La moderna falacia de suponer que él (el hombre antiguo) pasó el tiempo contemplando el mundo que le rodeaba, especulando sobre la naturaleza de las estrellas de encima de él o creando teorías del alma, está probablemente tan alejada de la verdad como lo estaría asumir que el hombre inglés moderno está absorto en los problemas de zoología, astronomía y metafísica.... En lo que el etnólogo fracasa en reconocer normalmente es que entre los hombres primitivos, como entre los eruditos modernos, antes de intentar solucionar el problema, es fundamental reconocer que hay un problema que solucionar.» [58]

Elliot Smith mantiene aún que:

«Los gérmenes de la civilización se plantaron cuando la atención del hombre se fijó por primera vez en problemas específicos, de los cuales él era capaz de ocuparse de una manera experimental, y, en cooperación con otros hombres, solucionar de una forma más o menos satisfactoria para él y sus contemporáneos y transmitir sus soluciones a aquellos que venían después que ellos. Una vez que empezaba este proceso, se inauguraba una nueva era en la manifestación del espíritu humano.»

Él hacía énfasis en el «caracter artificial» y la «naturaleza arbitraria» de la composición de los elementos constituyentes de la

---

[58] *Primitive Man*, págs. 38 y sigs.

primera civilización. «Lleva la marca de su origen totalmente fortuito: es igualmente extraño a las tendencias instintivas de seres humanos.»

Robertson explicó el origen del progreso en el pensamiento religioso antiguo asumiendo que la mente humana está «formada para la religión», pero no arroja ninguna luz sobre el problema importante de por qué algunos pueblos lograban un progreso más rápido que otros (por qué algunos grupos de personas estaban «adelantados» mientras que otros permanecían en un estado «atrasado», a pesar del hecho de que sus mentes estaban «formadas» de la misma manera. Él no hace más que referirse a la existencia de dos grupos de seres humanos bien definidos, y sigue diciendo que entre las naciones adelantadas «los primeros ritos y prácticas que tenían alguna semejanza con actos de religión tienen por objeto apartar demonios que sufren o temen los hombres». Otros pueblos con métodos de pensamiento más «amplios» habían formado «alguna concepción de seres benevolentes así como poderes maliciosos propensos a causar el mal». Pero, aunque algún pueblo no hubiera llegado a la concepción de un «Gran Espíritu», todos los pueblos, y especialmente en América, estaban más unidos respecto a la doctrina de la inmortalidad.

> «La mente humana, incluso cuando está mejorada y tonificada mínimamente por la cultura, retrocede ante el pensamiento de aniquilación y mira hacia delante con esperanza y expectativas de un estado de futura existencia. Este sentimiento, que resulta de una conciencia sagrada de su propia dignidad, de una añoranza instintiva después de la inmortalidad, es universal y *puede ser considerada natural.*»

La opinión de Robertson respecto al instinto la adopta con toda sinceridad Brinton, quien ha escrito:

> «La creencia universal en la santidad de los números es una percepción instintiva de un hecho fundamental, un reconocimiento por medio del intelecto del método de su propia acción.» [59]

---

[59] *Myths of the New World*, pág. 119.

Otros etnólogos «evolucionistas» modernos «protestan con indignación»; sin embargo, «si —como dice Elliot Smith— un crítico insiste en el trabajo de su estigma "unidad psíquica" se distingue de lo que el psicólogo llama instinto»[60]. Sin embargo, incluso aquellos escritores que rechazaban la teoría de Robertson sobre el instinto, adoptaron su término «natural» y lo aplicaron repetidamente al fenómeno religioso más complejo.

El siguiente pasaje de *The History of America* de Robertson, que resume su opinión sobre los hombres antiguos, es de importancia indudable en la historia del pensamiento etnológico:

> «Sin prestar atención a ese magnífico espectáculo de belleza y orden que se presentaba ante su vista, desacostumbrado a perjudicar lo que ellos mismos eran o a preguntar quién es el autor de su existencia, los hombres, en su estado salvaje, pasaron sus días como los animales que les rodeaban, sin conocer o venerar a ningún poder superior.»

Hugh Miller, en sus *Scenes and Legends*[61], publicadas cincuenta y ocho años después de que la historia de Robertson hiciera su aparición, aplicó su teoría de generación espontánea a historias populares y trabajo de pedernal, y escribió, recordando a Robertson:

> «El ojo más experto apenas puede distinguir entre las armas del antiguo escocés y del neozelandés... El hombre en estado salvaje es el mismo animal en todas partes y sus poderes constructivos, empleados tanto en la formación de una historia legendaria o de un hacha de guerra, parece extenderse casi por todas partes en el mismo sendero accidentado de la invención. Porque incluso las tradiciones de esta primera etapa se podrían identificar, como sus armas de guerra, por todo el mundo.»

El Dr. Daniel Wilson, escribiendo veintiocho años después de Miller[62], le siguió de cerca en el siguiente extracto de sus *Anales*:

---

[60] «El hombre primitivo» (de *Proceedings of the British Academy*, vol. VII), Londres, 1917, pág. 34. Ver también *Science*, octubre 13, 1916, carta del Dr. Goldenweiser.

[61] Londres, 1835 (1.ª ed.), págs. 31-32.

[62] *Prehistoric Annals of Scotland*, Londres, 1863, pág. 337.

«Una unidad singular de carácter domina las artes primitivas del hombre, a la vez muy separadas por espacio y tiempo. Colocadas en las mismas condiciones, los primeros esfuerzos de su instinto mecánico presentan resultados parecidos en todas partes. La antigua Edad de Piedra de Asiria y Egipto se parece a la de su sucesor europeo, y de nuevo encuentra un paralelo casi completo entre los restos primitivos del valle del Mississippi y en las artes modernas de los polinesios bárbaros.»

Andrew Lang restableció, en 1884, la misma teoría en su *Custom and Myth* (págs. 24-27) recordando lo que Hugh Miller, el geólogo picapedrero de Cromarty, un hombre autodidacta, había escrito bajo la influencia de Robertson:

«Podríamos explicar de forma verosímil la similitud de mitos, como explicaríamos la similitud de puntas de flecha de pedernal. Los mitos, como las puntas de flecha, se parecen unos a otros porque se les dio forma al principio para las mismas necesidades a partir del mismo material. En el caso de las puntas de flecha, se necesitaba algo duro, resistente y afilado: el material fue el pedernal. En el caso de los mitos, era necesario explicar ciertos fenómenos: el material (por así decirlo) era un estado anterior de mente humana al cual todos los objetos parecieran igualmente dotados de personalidad humana, y al cual ninguna metamorfosis parecería imposible.»

El hombre antiguo necesitaba instrumentos. Que él sintiera la misma necesidad de historias complejas sobre pájaros y serpientes y de relacionar éstas con «ciertos fenómenos» es muy dudoso. Él no pudo haber estado muy interesado en el suministro de lluvia antes de domesticar ganado, y no es probable que creencias concernientes al dios sol y a la lluvia y al dios río llegaran a estereotiparse antes de la introducción del modo de vida agrícola. Se tiene que haber logrado un avance considerable en la civilización antes de que la organización de la sociedad se reflejara en sistemas religiosos y el hombre fuera capaz «de trazar con exactitud —según dice Robertson— la relación entre causa y efecto».

Estos extractos de los escritos de Lang, Wilson y Miller que se han dado son de especial interés porque demuestran que la teoría del origen independiente tiene una historia definitiva. Robertson presentó una fórmula que ha proporcionado una explicación verosímil y fácil para un problema muy complejo. Explica los numerosos parecidos, pero no las numerosas diferencias entre los mitos, símbolos y creencias religiosas y costumbres de varias civilizaciones antiguas. Aunque ha ayudado a fomentar el estudio comparativo de sistemas religiosos, sin embargo, ha desviado la atención al mismo tiempo del proceso de movimiento cultural y de las fusiones de ideas importadas en varias zonas culturales con aquellas de crecimiento local, reflejando experiencias locales.

La fórmula de Robertson se ha aplicado rigurosamente en América. Su término «natural» lo repiten una y otra vez autores que se encuentran enfrentados con el fenómeno religioso más complejo incluso. Para Brinton es «natural» que el símbolo del pájaro y la serpiente hubieran estado relacionados en las mitologías americanas precolombinas y manifiesta tanta ingenuidad al explicar las manifestaciones varias del animal alado y del reptil y de su asociación arbitraria, que uno no puede evitar sentir que el antiguo hombre rojo tuvo que haber estado poseído de una mente tan sutil e ingeniosa como la suya misma. Brinton [63], poniéndose en el lugar de los primeros observadores y pensadores, sigue diciendo que el pájaro «flota en la atmósfera», «cabalga sobre los vientos» y «se eleva hacia el cielo donde habitan los dioses». El hombre antiguo concibió que «dioses y ángeles habían de tener alas también», una suposición que presupone la teoría de que él creía en dioses y ángeles desde el principio. El pájaro se identificó con las nubes, y es «natural» por tanto que el trueno se haya considerado como «el sonido de batir sus alas el pájaro nube».

Luego, Brinton trata de la serpiente. Este reptil es «misterioso». No nos sorprendería, por tanto, que «poseyera la imaginación del niño observador de la naturaleza» a quien Robertson parece ser que ha calumniado afirmando que él «no prestaba atención a ese magnífico espectáculo de belleza y orden que se presentaba ante su vista». Brinton muestra que el hombre antiguo veía serpientes en los cielos y en la tierra, y no trata de la posibilidad de que él pudiera haber deificado a la serpiente verdadera antes

---

[63] *The Myths of the New World*, págs. 123 y sigs.

de concebir a la mítica. El relámpago serpentea, también lo hacen las serpientes; por tanto, razonando como un hombre antiguo, el relámpago es una serpiente. El río tiene un «curso sinuoso»; es «serpenteante». Brinton comenta: «¡Con qué facilidad los salvajes, interpretando literalmente la figura, harían de la serpiente un dios del río o del agua!» La serpiente estaba relacionada con el agua en realidad, pero: ¿es teoría de Brinton cómo fue posible que se efectuara la conexión? Se consiguió tanto en el Viejo Mundo como en el Nuevo. Eso no le sorprende, ni tampoco le sorprende encontrar que en la América precolombina la serpiente se representara en simbolismo religioso «con la cola en la boca, comiéndose a sí misma», como la serpiente Midgard escandinava y otras serpientes míticas de otras zonas culturales. Entre otras concepciones «naturales», según Brinton, está la de la «serpiente con cuernos» americana, que se encuentra entre los antiguos símbolos celtas de Galia y nos recuerda a los dragones-serpiente con cuernos de China y Japón, el dragón con cuernos de Babilonia, etcétera. El héroe americano que mata a la serpiente con cuernos, como Marduk, San Jorge y otros mataron al dragón serpeante, es un dios, y a este dios, como explica Brinton, se le identificaba con el «Pájaro Trueno». Por tanto era «natural», piensa, que el dios serpiente y el dios pájaro, como los dioses de la lluvia, ríos y relámpago, hubieran estado relacionados estrechamente, y que el hombre antiguo de América habría desarrollado la idea de un pájaro serpiente o una serpiente pájaro y deificado esta monstruosidad de Quetzalcoatl, la «Serpiente emplumada», para así «expresar los fenómenos atmosféricos» y reconocer «la divinidad en los acontecimientos naturales». En otras palabras, el genio americano precolombino, en su proceso de pensamiento, pasó de lo abstracto a lo concreto y no de lo concreto a lo abstracto como la raza china y otras menores del Viejo Mundo.

A pesar de la ingenuidad y fácil convicción de Brinton y otros teóricos, es posible que, como la hipótesis de origen independiente tiene su historia, las ideas complejas sobre pájaros y serpientes en la América precolombina pueden haber tenido también una historia. Aquellos que siguen sin convencerse de que la asociación arbitraria de pájaros y serpientes y de ambos con fenómenos atmosféricos, en las mitologías del Nuevo y Viejo Mundo se considerarían como «naturales», mantendrán una actitud abierta sobre el tema y evitarán ser cogidos en el encanto de una teoría verosímil que explique mucho. Es francamente inconcebible que el hombre antiguo hubiera relacionado serpientes y pájaros sin una sencilla insinuación de la naturaleza. Si descubrimos que la naturaleza ha proporcionado el argumento en una parte del mundo para el drama mitológico de la eterna batalla entre el pájaro y la serpiente, no sorprende saber que el combate se habría insertado en un sistema mitológico local o existente anteriormente en las proximidades, que reflejara no sólo fenómenos naturales, sino incluso condiciones políticas locales. Por otro lado, no se puede considerar cómo otras que sorprende encontrar en una zona donde no existe ningún pájaro que cace serpientes, que ese pájaro se habría imaginado y que este pájaro imaginario se hubiera utilizado exactamente de la misma manera que en la zona donde el verdadero pájaro existe en realidad. Es tan sorprendente encontrar en los sistemas mitológicos precolombinos símbolos de pájaro y serpiente como lo es encontrar al elefante indio representado en una estela maya.

Solamente hay un pájaro en el mundo cazador de serpientes persistente y con éxito. Es el bien conocido secretario (*Serpentarius secretarius*) de África. «El aspecto general —escribe un naturalista— se parece a un águila modificada montada sobre zancos y puede superar los cuatro pies de altura.» Es pesada y poderosa, palmípeda y de garras afiladas. Verreaux da la siguiente descripción interesante del pájaro y de su método de atacar serpientes:

> «Como la naturaleza muestra previsión en todo lo que hace, ella ha dado a cada animal su medio de conservación. Así el secretario ha sido modelado sobre un plan apropiado a su modo de vida, y por tanto es para este propósito que, debido a la longitud de sus patas y tarsos, su ojo penetrante es capaz de descubrir la presa a gran distancia que, anticipándose a su aparición, se extiende sobre la arena o entre la hierba espesa. La forma elegante y majestuosa del pájaro se hace ahora incluso más graciosa; ahora pone en acción toda su astucia para sorprender a la serpiente que va a atacar; por tanto, se acerca con la mayor cautela. La elevación de las plumas del cuello y de la parte posterior de la cabeza muestran cuándo ha llegado el momento de atacar. Se

lanza con tal fuerza sobre el reptil que con mucha frecuencia éste no sobrevive al primer golpe.»

Para evitar ser mordido, si el primer ataque no ha tenido éxito, el pájaro usa sus alas como una especie de escudo, agitándolas enérgicamente; sus potentes patas son «las armas ofensivas principales» [64]. Ningún pájaro ha sido tan bien equipado por la naturaleza para luchar con serpientes. Las águilas y vulcanos pueden tener garras y picos poderosos, pero no poseen las largas patas del pájaro secretario que son absolutamente necesarias para asegurar el éxito cuando es atacado una serpiente.

Parecen haber sido frecuentes las historias relacionadas con este extraño pájaro en el Antiguo Egipto. Los sacerdotes y marineros que visitaban Punt sin duda llegaron a familiarizarse con sus costumbres. Bien puede ser que el pájaro secretario sugiriera aquella forma del mito Horus en el que el dios, como el halcón, ataca a la forma de serpiente Set, la asesina de Osiris. La serpiente Set se refugió en un agujero del suelo, y encima de este agujero se colocó un poste coronado por la cabeza de halcón de Horus [65].

El mito del pájaro africano que mata serpientes llegó a generalizarse con el paso del tiempo. En Egipto el pájaro se identificó con el halcón, y en otra parte se suponía que era un águila. Una referencia interesante a este mito se encuentra en *La Ilíada*. Cuando los troyanos estaban intentando llegar a los barcos de sus enemigos y todavía estaban en el exterior del foso, contemplaron un águila volando alta sobre sus cabezas.

> «En sus garras llevaba una serpiente monstruosa de color rojo sangre, viva y luchando todavía; sí, no había olvidado todavía la alegría de la batalla cuando se retorció hacia atrás y golpeó al pájaro que agarraba sobre el pecho, al lado del cuello, y el pájaro le tiró a la tierra con dolor enorme y cayó en medio de la muchedumbre; luego, con un grito se alejó con la ráfaga de viento. Y los troyanos se estremecieron cuando vieron a la serpiente reluciente yacer en medio de ellos; augurio de Zeus portador de égida.» [66]

---

[64] *The Natural History of Animals* (publicación Gresham), vol. II, págs. 46-48.
[65] Budge, *The Gods of the Egyptians*, vol. I, pág. 481.
[66] *La Ilíada*, Libro XII, traducido al inglés por Lang, Leaf y Myers, págs. 236-237.

Polydamas consideró desfavorable este augurio y aconsejó a Héctor, aunque en vano, que no continuara el ataque, creyendo que la serpiente aquea se volvería y heriría al águila troyana.

Este mito del águila-serpiente llegó al Nuevo Mundo. Está relacionado con la fundación de la ciudad de Méjico. Los aztecas habían estado vagando durante muchos años y habían llegado a la costa suroccidental de un gran lago en el 1325 d.C.:

> «Vieron allí, posada sobre el tallo de una pera espinosa que brotaba de la grieta de una roca que bañaban las olas, un águila real de tamaño y belleza extraordinarios, con una serpiente en sus garras y sus anchas alas abiertas a la salida del sol. Ellos acogieron el augurio prometedor anunciado por el oráculo como indicador del lugar de su futura ciudad, y pusieron sus cimientos hundiendo pilares en los bajíos; porque las marismas bajas estaban medio enterradas debajo del agua... El lugar fue llamado Tenochtitlan [67], en recuerdo a su milagroso origen, aunque solamente conocido para los europeos por su otro nombre de Méjico... La leyenda de su fundación se conmemora todavía más por el emblema del águila y del cactus que forma las armas de la moderna república mejicana.» [68]

En la mitología india el pájaro que mata serpientes es el garuda. Este monstruo, que no se parece al águila que se encuentra en la India, es el vehículo del dios Visnú. El garuda se convirtió en enemigo de las serpientes (nagas) porque su madre, Vinata, había sido capturada y esclavizada por Kadru, la madre de los nagas. Habiendo permitido a Indra robar a las serpientes el néctar de la inmortalidad, le ofrece un don y él pide sin demora a Visnú que las serpientes se conviertan en su alimento. A partir de entonces, Garuda desciende en picado y empieza a devorar serpientes. Vasuki, rey de los nagas, acuerda en última instancia enviar a Garuda a diario una serpiente para comer. «Garuda consiente y empieza a comer una serpiente cada día enviada por él (Vasuki).» [69]

---

[67] El nombre significa «tunal (un cactus) sobre una piedra».

[68] Prescott (citando autoridades), *History of the Conquest of Mexico*, vol. I, capítulo I.

[69] Citado en *The Dragon in China and Japan*, pág. 19.

Los nagas tienen tres formas, a saber: 1) totalmente humana con serpientes en las cabezas y saliendo de los cuellos; 2) serpientes comunes que guardan el tesoro, y 3) con la mitad superior del cuerpo en forma humana y la parte inferior totalmente de serpiente. Garuda, o los garudas, atacaban a los nagas en cualquier forma que asumieran. De Visser, tratando de los nagas en el arte budista indio, se refiere a la creencia en la que:

> «un garuda en forma de un águila enorme está volando hacia arriba con una nagi (naga mujer) en sus garras, y picando a la larga serpiente que sale del cuello de la mujer» [70].

Los nagas tienen sus moradas «en el fondo del mar o en ríos o lagos. Cuando abandonan el mundo naga están en constante peligro de ser atrapados y matados por los gigantescos pájaros medio divinos, los garudas, que también se transforman en hombres. El Budismo ha declarado, en forma normal, tanto a nagas como a garudas figuras poderosas del mundo hindú de dioses y demonios para ser sirvientes obedientes de los budas, bodhisattvas y santos, y tener oídos abiertos a sus enseñanzas» [71].

A aquellos que favorecen a los nagas se les otorga «vista y oído sobrenaturales» [72]. Héroes y santos eran recibidos en sus moradas como invitados. Los nagas eran «dioses de nubes y lluvia» [73]. «Cuando el gran naga —dice un texto budista— hace que caiga la lluvia, el océano solo puede recibir ésta.» Otro texto característico relaciona a los nagas con el rocío: «Cuando en las montañas y valles los Dragones Celestiales (los nagas) hacen que descienda el dulce rocío, éste se transforma en fuego borboteante y se arroja sobre nuestros cuerpos.» [74] Una leyenda que relaciona a un naga con un árbol sagrado es de especial interés. Cualquiera que cogiera una rama u hoja del árbol era asesinado por el naga. Tomar un esqueje del árbol, incluso coger una simple hoja, traía

---

[70] Citado en *The Dragon in China and Japan*, pág. 5.
[71] *Ibíd.,* pág. 7.
[72] *Ibíd.,* pág. 9.
[73] *Ibíd.,* pág. 10.
[74] *Ibíd.,* págs. 14-15.

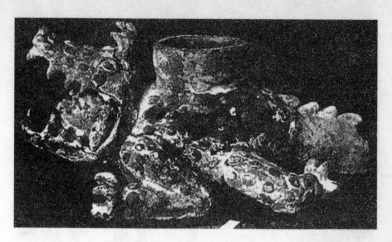

«DRAGON AMERICANO» CON CUERNOS DE SANTA RITA

(Museo Liverpool)

En la boca está la cabeza del dios de la lluvia Chac (Tlaloc). Las manchas del cuerpo representan estrellas: en el lomo está la «vasija madre».

LA «GRAN TORTUGA», QUIRIGUA

(De una fotografía de Alfred P. Maudslay)

EL DISCO ALADO

1, Asirio. 2, Americano (pájaro serpiente de Tikal). 3.— Babilonio. 4.— Polinesio.
5.— Egipcio.

nubes y causaba el trueno, manisfestaciones de la ira del naga. Un gran rey naga, llamado Paravataksha, tenía su morada debajo de un lago que estaba a la sombra de un solitario árbol ashoka. Poseía «una espada sin igual de la guerra de los dioses y asuras (demonios)», y causaba terremotos y enviaba nubes. Cuando aparecía semejaba «a la nube densa del día del Juicio Final»; en su forma de serpiente venía él «con ojos encendidos, rugiendo de manera horrible». La opinión de De Viesser es que «esto es probablemente el trueno y el rayo» [75]. Un texto budista chino, de una obra en la que se muestra una relación estrecha entre nagas y dragones, establece que hay cinco clases de dragones: 1) dragones serpiente; 2) dragones lagarto; 3) dragones pez; 4) dragones elefante, y 5) dragones sapo [76].

En historias indias, chinas y japonesas el naga o dragón habita en un estanque debajo de un árbol. El árbol crece sobre una isla en un lago o en el océano. Estas islas de un lago, con árboles y pozos sagrados, son comunes en la tradición gaélica. Una isla en Loch Maree tiene un árbol de los deseos y un pozo curativo; una vez al año se reúnen las hadas en la isla. Una isla de lago está relacionada con la diosa joya americana Chalchiuhtlicue (v. capí. XII).

La leyenda gaélica bien conocida de Fraoch se parece mucho a la leyenda budista de Paravataksha. Un árbol sagrado crece sobre un estanque en el que hay un monstruo en forma de dragón; este monstruo ataca a cualquiera que arranca bayas del árbol. En la tradición gaélica las bayas sagradas renuevan la juventud, fomentan la longevidad y son la fuente de conocimiento sobrenatural. Las bayas contienen la «sustancia de vida» del guardián del árbol que reposa en el pozo. Este guardián, en una de las historias budistas indias referidas anteriormente, obsequia a un mortal predilecto con «vista y oído sobrenatural»; él podría entender a partir de entonces «todos los sonidos» e «incluso las voces de las hormigas» [77]. Sigfredo, después de comerse el corazón del dragón, era capaz de entender las voces de los pájaros. Éstos revelaban los

---

[75] Citado en *The Dragon in China and Japan*, págs. 17-18.
[76] *Ibíd.*, pág. 23.
[77] *Ibíd.*, pág. 9.

secretos de las deidades. Michael Scott adquirió conocimiento del futuro y de cómo curar enfermedades comiéndose una porción de la serpiente blanca que, como el naga indio, estaba relacionada con el agua; mientras que Fionn [78], el héroe gaélico, se convirtió en adivino después de probar el jugo del «salmón de la sabiduría»; este salmón habita en un estanque y devora las bayas del árbol sagrado, adquiriendo así sus manchas rojas. El salmón es una encarnación del pozo o dragón del lago y es un guardián de tesoros como el naga indio. La forma salmón de un dragón destructor está asociada, en la tradición irlandesa, con Loch Bél Séad («El lago con la boca de joya»), uno de los lagos de las montañas Galty [79]. Varios cultos dotan a varios árboles. Así Thomas el Rimador recibió el don de la profecía comiéndose una manzana en el Paraíso del País de las Hadas. Entonces se convirtió en el «Verdadero Thomas» (es decir, «el druida Thomas», «Thomas el adivino»). La diosa conocida como el Hada Reina le dió la manzana:

> Vinieron al verde jardín
> y ella cogió una manzana del árbol;
> Coge esto como pago, Verdadero Thomas,
> te dará lengua que nunca pueda mentir.

La relación entre el adivino y el dragón se puede remontar a la literatura egipcia antigua. Nanefer-ka-ptah, quien asesinó a «la serpiente inmortal», obtuvo un libro mágico, y luego «sabía lo que decían los pájaros del cielo, los peces de lo profundo y las bestias de las montañas» [80]. En la historia del «Marinero Náufrago», un marinero egipcio habla de una isla en el océano habitada por serpientes hablantes. Describe al rey serpiente como sigue:

> «De repente oí un ruido parecido a un trueno que pensé que era una ola del mar. Los árboles se agitaron y la tierra se movió. Dejé al descubierto la cara y vi que la serpiente se acercaba. Medía treinta codos de largo y sus barbas más de dos codos; su cuerpo parecía estar

---

[78] Pronunciado *fewn*.

[79] O'Curry, *Lecture on Manuscript Materials*, pág. 426; Joyce, *Irish Names of Places*, vol. II, págs. 378-379.

[80] W. M. Flinders Petrie, *Egyptian Tales* (Segunda serie), Londres, 1895, pág. 100.

recubierto de oro y su color era el del lapislázuli auténtico. Se enrolló delante de mí.»

La serpiente predice que el marinero volverá a su hogar. Al igual que las islas dragón de China y Japón y las «Islas de los Benditos» celtas, la isla serpiente egipcia desaparece hundiéndose bajo las olas [81].

En Japón, el tengu —originariamente un milano— estaba identificado con el garuda. Una historia mítica cuenta que una vez un dragón, habiendo asumido la forma de una pequeña serpiente, disfrutaba echada al sol en la orilla del lago en el que vivía. De repente un milano descendió en picado y se la llevó [82]. Al igual que otros dioses y demonios japoneses, al tengu se le atavió con el tiempo con el atuendo budista. Asimismo está influenciado por mitos chinos relacionados con el «Perro Celestial».

Al Garuda se le identificó igualmente en el Tíbet con otro demonio, y pasó con esta forma nueva a Mongolia. De Visser, citando la *Mythologie des Budhismus in Tibet und der Mongolei* de Gruenwedel, dice que «se describe a los garudas representados en el Lamaísmo con un cuerpo (humano) gordo, brazos humanos a los que se han sujetado alas y una cabeza de pájaro con cuernos. Son enemigos mortales de los nagas (serpientes identificadas con los dragones chinos) y pertenecen a los guardas de los dioses terribles». Una ilustración de la obra de Gruenwedel (pág. 26) muestra a un garuda «como águila o milano con una especie de tocado en la cabeza y pendientes, llevándose a una nagi (mujer serpiente), y en la misma página hay otra figura del mismo humano exactamente pero con alas largas en la espalda» [83]. Una característica del tengu japonés, en su forma medio humana, es la nariz larga. Se cuentan historias grotescas de seres humanos haciendo uso de un abanico de Tengu que estimula el crecimiento de la nariz. De interés especial, a este respecto, es el hecho de que el *Shishis-*

---

[81] W. M. Flinders Petrie, *Egyptian Tales* (Primera serie), Londres, 1899, pág. 81 y sigs.

[82] *Transactions of the Asiatic Society of Japan*, vol. XXXVI, II Parte, pág. 41.

[83] *Ibíd.*, págs. 88-89.

hu, un libro de la secta Shin japonesa, identifica a Tengu con el dios indio de cabeza de elefante Ganesha «debido a la forma humana y a la trompa de elefante». Aunque De Visser piensa que esta teoría es incorrecta, porque «no hay duda respecto a la forma de pájaro de Tengu»[84], sin embargo, no nos sorprendería descubrir que el demonio milano, habiendo sido identificado con el «perro celestial» chino, también estuviera fusionado con el elefante indio. El Tengu japonés, como dios de las montañas, estaba identificado con el dios trueno, y por tanto proporcionaba lluvia.

Estas referencias son importantes tratándose de las series culturales americanas reveladas por su mitología. En primer lugar se verá que los atributos de una clase de animales o reptiles pasan libremente a otra clase, con mitos y doctrinas que se dispersan, es decir, pájaros, perros e incluso elefantes se pueden fusionar, y esos hombres pájaro, hombres perro y hombres elefante pueden representar, como dioses o demonios, la misma idea exactamente o un conjunto de ideas similares. En un país, el águila o el buitre, y en otro el milano, ocupa el lugar de destructor de serpientes del pájaro secretario original. El pájaro que mata serpientes se representaba de una forma natural local, o como una «bestia milagrosa compuesta» u «hombre milagroso». El tengu de nariz larga de Japón, en forma medio humana, es una forma del milano original y posee los atributos del «perro celestial» de China y de la deidad de cabeza de elefante Ganesha de la India. Es posible, por tanto, que «el dios de nariz larga» de America se pueda identificar con un águila, un guacamayo o un elefante, o con un dios trueno y un dios lluvia. Puede haber sido cualquiera de éstos o todos ellos en uno.

Los budistas hicieron las paces entre los hombres pájaro, los garudas y los hombres serpiente y mujeres serpiente. Pájaros y serpientes estaban unidos como aliados y adoradores de Buda. En el dragón alado, la «serpiente emplumada» del Viejo Mundo, tenemos la unión de estos antiguos enemigos simbolizados. Una deidad compuesta de forma humana en parte, como una bestia milagrosa o como un ser de nariz larga, poseía los atributos combinados

---

[84] *Transactions of the Asiatic Society of Japan,* vol. XXXVI, II parte, pág. 90.

de las deidades antropomórficas originales y sus símbolos animales, y de los enemigos originales el pájaro secretario y la serpiente (es decir, del dios halcón egipcio Horus y su enemigo Set como «serpiente rugiente»).

El águila mejicana con la serpiente cogida en el pico y garras es, por tanto, como el águila Garuda de la India que se alimenta de serpientes igualmente. Ambos son dioses pájaro míticos y ambos tienen su historia como seres mitológicos con raíces en tiempos remotos en una zona de origen lejana.

Como se ha mostrado, el mito del árbol que crece sobre un estanque o lago en algún lugar sagrado, y especialmente en una isla, es de carácter complejo. El árbol varía en países diferentes. Puede ser un roble, un serbal, un avellano, una palmera, una viña, un sicomoro o, a medida que vamos hacia el Este, un melocotonero, un ciruelo o canela (China), o un naranjo (Japón). Es el árbol o planta de la vida. En el símbolo nacional mejicano aparece un cactus como árbol o planta de la vida.

En varias mitologías, el pájaro oráculo está situado en un árbol, y la serpiente, como guardiana del árbol, vive en el estanque como pez o dragón serpiente. Árbol, pájaro, serpiente y pez (o sapo) son encarnaciones de la deidad que habita bajo el lago o estanque como hace el rey Naga en los mitos indios. En la mitología mejicana los dioses de la lluvia, los Tlalocs, tienen su morada bajo un cactus en la isla rocosa del lago. Le consultan los sacerdotes igual que el druida celta hacía con el pájaro oráculo. A los aztecas les aconsejaron los Tlalocs que construyeran su capital alrededor del lago sagrado.

La isla sagrada con su árbol o planta sagrados y pozo sagrado se encuentran, como se ha indicado, en muchas mitologías y en muchas historias populares. Es la isla dragón o isla hada, o una «Isla de los Benditos» en varios países desde China hasta Escocia. Sobre la original, o por lo menos la isla más antigua con un pozo y un árbol que dan vida, se hace referencia en los textos de las pirámides egipcias. Más allá del horizonte oriental las almas de los faraones eran guiadas por Horus con su forma de magnífico halcón verde, que era el lucero del alba, hacia «el árbol de la vida en la misteriosa isla en medio del Campo de las Ofrendas». Sobre la isla están los dioses como golondrinas, siendo las golondrinas «las estrellas imperecederas». Dioses y faraones se alimentan del fruto del árbol y beben del pozo el agua de la vida, o «reciben alimentos y agua de la diosa del árbol, siendo la diosa la gran madre (Hator) del cielo y del sol» [85].

La diosa madre es la fuente de toda vida y la dadora de alimento que envía el agua de la vida en forma de lluvia, rocío o inundaciones de ríos. La humedad procede del pozo sagrado. Ella está relacionada con el dios que controla el suministro de agua y el suministro de alimento (el dios que instruye y guía a la humanidad y lleva el alma hacia el árbol y pozo de la vida en su forma de halcón). La lucha entre pájaro y reptil, que da como resultado la producción de humedad fertilizante, es la lucha de las fuerzas que controlan los elementos. Cuando se mata a la serpiente que retiene la humedad, se libera el agua de la vida. El símbolo mejicano águila serpiente de los aztecas era garantía de un suministro de agua seguro. El cactus que retiene humedad es la planta de la que procede la humedad fertilizante. Una gota de humedad fertilizante producirá una inundación. Los egipcios creían que el Nilo crecía después de caer una lágrima de Sirius, la estrella de la diosa madre, en la «Noche de la gota». La misma idea se encuentra en la historia japonesa ya referida de Tengu llevándose al dragón en forma de serpiente pequeña. El Tengu deja caer a la serpiente «en una profunda hendidura de la roca... sabiendo bien que ésta no puede tomar su propia forma ni volar por el aire sin la ayuda del agua, aunque sea una sola gota». Unos cuantos días después Tengu de nariz larga se llevó a un sacerdote que estaba a punto de rellenar su cántaro en un pozo y le dejó caer en la misma hendidura. Afortunadamente había una gota de agua en el cántaro.

> «El dragón, fortalecido por la gota de agua que quedaba en el cántaro, se transforma en seguida en un niño, vuela por el aire entre truenos y rayos con el sacerdote en su lomo.» [86]

---

[85] Breasted, *Religion and Thought in Ancient Egypt*, págs. 133-134.
[86] *Transactions of the Asiatic Society of Japan*, vol. XXXVI, II parte, pág. 41.

Los dragones, en las tradiciones china y japonesa, aparecen con frecuencia en forma de niños o niñas. El hecho de que se sacrificaran niños a Tlaloc en Méjico tirándolos a su lago es significativo a este respecto.

Sólo queda un elemento del símbolo mejicano del que ocuparnos. Es la piedra o roca de la que sale el cactus. Como norma se representa en forma simbólica. Aquí parece que tenemos otra forma de deidad que se puede mostrar como piedra, pilar o montaña. La montaña se agrieta para que nazca el sol: es el «huevo sol»; en China las piedras se agrietan para que nazcan dragones; en varios países influenciados por la cultura megalítica cambiante, las piedras de las que emana humedad se cree que están habitadas por espíritus. La isla y la piedra, al igual que el árbol o planta de la vida que contienen humedad, son formas de la gran madre del dios que, como reencarnación de su padre, es el «marido de su madre». Tlaloc está relacionado con la diosa Chalchihuitlicue, la cual, como se verá, es una Hator americana relacionada con el agua que da vida, plantas de pantano, piedras preciosas y jadeíta. El dios y la diosa son manifestaciones del principio de la vida.

Tanto el pájaro como la serpiente figuran de una manera destacada en las mitologías americanas poscolombinas. Bancroft [87] es otro escritor que tiene en cuenta esta relación como algo «natural». «Como símbolo, señal o ejemplo de lo sobrenatural —escribe— la serpiente se le ocurriría de una forma *natural* al hombre en una edad muy temprana.» Pero admitiendo que fuera natural (mera coincidencia) que el rayo serpenteante y el río serpenteante sugirieran la serpiente serpeante a la gente del Viejo Mundo y del Nuevo, sin duda es muy sorprendente que tanto en la América precolombina como en la India la serpiente sea considerada como un demonio que causa sequía al confinar el suministro de agua, y a la que se consideraría también productora y guardiana de gemas preciosas que traen «suerte» a la humanidad, cura enfermedades, fomenta la longevidad, protege contra las heridas en la batalla, fomenta el nacimiento, hace hechizos, etc. No hay nada natural en la idea de que la serpiente tenga que ser asesinada para

---

[87] *The Native Races of the Pacific States of North America,* vol. III, pág. 134.

que se pueda asegurar el suministro de agua y que el asesino fuera un águila monstruosa o un dios y que los atributos de la serpiente asesinada serían adquiridos por el ave o la deidad de la cual el ave es símbolo o avatar. Tiene que haber sin duda alguna razón muy especial y definitiva para la preponderancia generalizada de tal concepción. Esta serie religiosa «antinatural» tiene sin duda una historia.

Una explicación razonable parece ser que los primeros pueblos, que contemplaban estas creencias curiosas sobre una serpiente-demonio, o deidad, eran buscadores de gemas que se suponía que poseían los dioses serpiente. En la India, el Garuda es un asesino de serpientes, como se ha mostrado. Este mítico pájaro es, según parece, un recuerdo del pájaro secretario africano. El enemigo indio de la serpiente es la mangosta. Su guerra contra las serpientes es continua y constante en la India, como la del pájaro secretario en África. Si las creencias originales relacionadas con el animal que mata reptiles había tenido origen espontáneo en la India, la mangosta y no el mítico águila habría sido el agresor. Si, por otro lado, la importancia que acompaña al combate y creencias complejas relacionadas con la serpiente poseedora del tesoro la introdujeron en la India los buscadores del tesoro, quienes localizaron allí su sistema mitológico, esperaríamos encontrar en la mitología india a la mangosta ocupando el lugar del pájaro secretario y adquiriendo los atributos de la serpiente productora del tesoro y guarda del tesoro que mata. En realidad esto es exactamente lo que encontramos. Kubera, el dios ario indio del Norte es el dios del tesoro. Laufer nos informa de que en el arte budista Kubera está representado sosteniendo en su mano izquierda una mangosta que escupe joyas. Devorando serpientes la mangosta «se apropia de sus joyas y de aquí se ha tomado el atributo de Kubera» [88]. La mangosta es aquí no una asesina de serpientes corrientes, sino de deidades serpiente, sustituto local del pájaro secretario extranjero en su escenario mitológico, así como una forma de deidad compleja que ya se ha localizado. Que los buscadores de tesoros, quienes introdujeron en la India las creencias

---

[88] *The Diamond*, Chicago, 1915, pág. 7, nota 4.

complejas relacionadas con la deidad que guarda el tesoro y la deidad que mata al productor del tesoro para conseguir gemas, también llegaron a América Central en el transcurso del tiempo es evidente por el hecho de que los trabajadores mayas de jade y amatistas tenían una diosa llamada Ix Tub Tun, «la que escupe piedras preciosas» [89].

Ix Tub Tun posee los atributos de una Nagi india (deidad serpiente femenina), de Kubera, el dios indio del tesoro, y de su atributo animal, la mangosta asesina de serpientes. Antes de que los buscadores de tesoros llegaran a América procedentes de las colonias del Viejo Mundo que ellos habían fundado, las creencias religiosas relacionadas con oro, perlas, turquesas, lapislázuli, etc., había pasado al jade, amatistas, etc. Tuvo que haber existido, por tanto, en el Viejo Mundo un conjunto de ideas muy complejas relacionadas con el jade y las amatistas antes de que los buscadores de ellas cruzaran el Pacífico. ¿Se puede considerar la opinión razonable, especialmente en vista del testimonio indio, de que entre los americanos precolombinos no hubo un motivo psicológico importado para la búsqueda de jade y amatistas como sin duda lo hubo para la búsqueda de oro y plata? Tanto en el Nuevo Mundo como en el Viejo se suponía que los metales preciosos y gemas poseían «sustancia de vida» que proviene de seres sobrenaturales. Estos objetos traían suerte (lo que significaba cualquier cosa que deseara la humanidad), protegía a los guerreros en la batalla, estaban presentes en el nacimiento, curaban enfermedades, etc. El hecho de que los mayas tuvieran un dios de la medicina, llamado Cit Bolon Tun (las Nueve Piedras Preciosas) no cabe duda de que es importante a este respecto [90].

El escudo de armas mejicano, en el que un águila agarra con sus garras y pico a una serpiente que se retuerce, es un símbolo no sólo de una nación americana independiente, sino de una civilización americana antigua que, como la civilización americana moderna, tuvo su origen en el Viejo Mundo. La eterna lucha entre entre el ave y el reptil es mítica en el Nuevo Mundo, pero en África

---

[89] D. G. Briton, *A Primer of Mayan Hieroglyphics*.
[90] *Ibíd.*, pág. 42.

continúa librándose entre dos enemigos naturales. Como sucedió, el ave y la serpiente se incorporaron en un período temprano en la compleja mitología de ese pueblo progresista, los antiguos egipcios, cuyos buscadores alcanzaron y colonizaron tierras distantes e introdujeron en ellas los elementos de su cultura. Del proceso de mezclar culturas que dio como resultado se puede encontrar rastro en la India, China, Indonesia, Polinesia y la América precolombina. Las antiguas colonias que se fundaron echaron brotes en colonias nuevas, y el sistema mitológico original, en el que la eterna lucha entre un animal y un reptil permanece fijo como una mosca en el ámbar, se llevó por todas partes.

Se puede advertir aquí que la extraña concepción de una serpiente que confina el agua tiene su historia en el Antiguo Egipto. Las dos diosas del Alto y Bajo Egipto tenían formas de buitre y formas de serpiente. Después de unirse las «dos tierras», estas diosas se consideraron equivalentes femeninas de la diosa del Nilo Hapi y una adquirió los atributos de la otra. También llegaron a fusionarse con Hator en forma de vaca que da leche y se alude a ellas en los Textos de las Pirámides como «dos madres, los dos buitres de pelo largo y pechos que cuelgan» (Breasted, *Religion and Thought*, pág. 117). En la cueva del nacimiento del Nilo la madre serpiente era la controladora del río, la que enviaba la inundación una vez al año. Era porque el Nilo disminuía hasta junio y luego de repente empezaba a crecer por lo que a la deidad controladora del agua se la consideraba igual que confinaba el agua y que la daba. En Egipto el mito está calificado de fenómeno natural. Pájaro y serpiente están relacionados porque una fusión política provocó en Egipto una fusión de cultos. La ilustración del pájaro secretario se superpuso sobre el mito egipcio.

Como se mostrará en el siguiente capítulo, otro símbolo complejo, relacionado estrechamente con el del pájaro secretario y la serpiente, se transportó del mismo modo a partes alejadas de la misma zona de origen, y da una prueba inequívoca de la gran extensión y persistencia de la influencia de la cultura egipcia en tiempos antiguos.

Capítulo V

EL DISCO ALADO Y LAS EDADES DEL MUNDO

Origen del símbolo del disco alado.—El disco en los dinteles de la puerta del templo en el Viejo y Nuevo Mundo.—Simbolismo de los pórticos.—El templo símbolo de la diosa madre.—Doctrina de las Edades del Mundo.—Doctrina relacionada con el simbolismo de colores y simbolismo del metal.—Doctrinas griegas, celtas, indias, chinas y mejicanas de las Edades del Mundo.—Secuencia mejicana de las Edades idéntica a la india.—Primera edad de la misma duración en Méjico y la India.—Detalles de las Edades mejicanas.—Método de cálculo babilónico en América.—Los puntos cardinales coloreados en el Viejo y Nuevo Mundo.—Discos y cruces de oro en América.—Simbolismo de prendas de vestir de color.—Ciclo de diez años.—Antigüedad y origen del simbolismo del color.—Simbolismo del azul en el Viejo y Nuevo Mundo.—Alquimia y simbolismo de color.—Órganos internos coloreados en Méjico, China y Egipto.—Complejidad de ideas americanas.

El símbolo del disco alado del dios sol se haya distribuido en tiempos antiguos sobre zonas extensas. Se puede seguir el rastro en Egipto, Fenicia, Asia Menor, Mesopotamia, cruzando la meseta iraní, en Polinesia y en la América precolombina. Este símbolo tuvo su origen en el antiguo Egipto. De eso no puede haber sombra de duda. Una vez hubo, en el valle del Nilo, un símbolo religioso y un símbolo político. Es, de hecho, un símbolo tan destacado en la civilización del antiguo Egipto como lo es la Union Jack [91] en la civilización de las Islas Británicas. La Union Jack se compone de las cruces de Inglaterra, Escocia e Irlan-

---

[91] Bandera del Reino Unido (*N. del T.*).

da; el disco alado se compone de los símbolos religiosos del Egipto unido. El disco representa al sol, las alas son las del dios halcón, Horus, la deidad principal de los egipcios dinásticos, quienes se unieron por la conquista del Alto y Bajo Egipto, y las dos serpientes que se entrelazan en el disco y extienden sus cuerpos sobre las alas son las diosas serpiente tutelares antiguas de las dos divisiones antiguas de Egipto, principalmente Nekhebit y Uazit, llamadas por los griegos Eileithya y Buto. De cuando en cuando estas serpientes están coronadas con las diademas del Alto y Bajo Egipto. Los antiguos egipcios colocaban la imagen del disco alado «sobre las entradas de las cámaras interiores del templo, así como sobre sus portones y sobre estelas y otros objetos». Algunas veces el símbolo es simplemente un disco alado sin las serpientes. «Aunque rara vez representadas en el antiguo reino, estos discos alados eran corrientes en el nuevo.» [92] Quizá en este complejo se pueda seguir el rastro de la influencia de historias sobre el pájaro secretario traídas del este de África; como el disco alado, el dios Horus persigue a Set y sus compañeros en sus formas varias, incluyendo su forma de serpiente. La batalla termina cuando Set «se transformó en una serpiente formidable que se escondió en un agujero» [93].

En la América precolombina, como en Egipto, Fenicia y Asia occidental, el disco alado se colocaba en los dinteles de la puerta del templo. Fue utilizado de igual manera pero con una forma modificada en la India, Camboya, Indonesia, Melanesia, Polinesia y en China y Japón. Cada país antiguo que lo adoptaba añadía algo propio. La forma polinesia es de especial interés porque: 1) muestra en el disco la cabeza de la serpiente a la que devora el pájaro (el pájaro secretario de África con el que los navegantes habían llegado a familiarizarse), y 2) es un vínculo interesante entre los discos alados del Nuevo y del Viejo Mundo. Los varios ejemplos representativos del disco (v. pág. 64) muestran, como dador y protector de vida y como destructor de los enemigos de

---

[92] Wiedemann, *Religion of the Ancient Egyptians*, Londres (trans.), 1897, págs. 77-78.
[93] *Ibíd.*, pág. 73.

la vida, la manera en que está relacionado con símbolos locales del dador de vida en diferentes países.

Había una razón muy especial de por qué en el Viejo Mundo y en el Nuevo se colocaba el disco en las entradas de los templos. Estas entradas eran los pórticos de la forma Artemisade, la antigua diosa madre. Elliot Smith ha analizado a este respecto «la característica destacada de la arquitectura egipcia que se muestra en la tendencia a exagerar las jambas y dinteles, hasta que en el Nuevo Imperio los grandes templos llegaron a transformarse en poco más que entradas y pilones demasiado grandes y monstruosos». Enfatiza «la profunda influencia ejercida por esta línea de desarrollo en los templos drávidas de la India y los portalones simbólicos de China y Japón [94].» Las «puertas» eran de gran significado porque «representaban el medio de comunicación entre los vivos y los muertos, y, simbólicamente, el pórtico por el cual los muertos adquirían un nuevo nacimiento en una forma de existencia nueva. Es de suponer que esta era la razón por la que el disco alado, como símbolo de dador de vida, se colocaba sobre los dinteles de estas puertas» [95]. El templo era en cierto sentido un símbolo de la diosa madre en el cual habitaba el dios. El nombre de Hator significa «casa de Horus». El joven dios tuvo su origen en la «casa». El era «marido de su madre», empleando el término paradójico egipcio. Como símbolo de la influencia combinada del dios y de la diosa, el disco alado era el «dador de vida» en el sentido más profundo y amplio del término. Daba lluvia que nutría la vida vegetal de la que se alimentaban los seres humanos, y en este sentido simbolizaba el pájaro trueno que asesinaba al dragón serpiente que confinaba el agua. Aseguraba la inmortalidad o longevidad como un símbolo del templo colocado sobre los pórticos del nacimiento; los muertos volvían a nacer para que pudieran entrar en el Otro Mundo. En la América precolombina, al igual que en el Viejo Mundo, el disco alado con la serpiente cubierta de plumas y el águila que mata serpientes simbolizaba no solamente los poderes que enviaban lluvia dadora de vida para que se

---

[94] *Journal of the Manchester Egyptian and Oriental Society,* 1916.
[95] *The Evolution of the Dragon,* págs. 184-185.

pudiera asegurar el suministro de comida, sino que era del mismo modo una garantía de vida después de la muerte; era el guía, protector y curandero de los vivos y de los muertos.

Cuando el disco alado, que en un principio voló del Alto al Bajo Egipto, prolongó su vuelo hasta que al final cruzó el Pacífico, los antiguos marineros y exploradores y comerciantes, cuyas andanzas seguía, introdujeron las doctrinas religiosas con las cuales había llegado a relacionarse en varias zonas de cultura. La doctrina de las Edades del Mundo es una de éstas. Se encuentra en sus formas más claramente definidas entre pueblos del Viejo Mundo en Grecia y la India, y en los dos países está asociado con el simbolismo del color y el simbolismo del metal. Las Edades estaban coloreadas y cada color estaba simbolizado por un metal. Sin embargo hay pruebas de que antes de que los metales estuvieran relacionados con los colores, se utilizaban colores terrestres. Este fue el caso, de todos modos, del negro, blanco, rojo y amarillo. El negro parece haber simbolizado la noche y la muerte; el blanco simbolizaba la luz del día y la vida; el rojo simbolizaba la parte vital y el amarillo el fuego y el calor; el rojo salpicado de amarillo era el símbolo de vida más elaborado, mientras que el amarillo salpicado de rojo representaba el fuego.

La doctrina griega de las Edades del Mundo tiene una secuencia de color diferente de la de la India. Hesíodo da en su obra *Los Trabajos y los Días* cinco Edades en total, pero su cuarta edad es sin duda una interpolación posterior. La primera era la Edad de Oro, cuando los hombres vivían como dioses bajo el dominio de Cronos; nunca envejecían ni sufrían dolor o pérdida de fuerza, sino que estaban de fiesta continuamente, disfrutando de paz y seguridad. Esta raza se convirtió en los espíritus benefactores que velan por el hombre y distribuyen las riquezas. Los hombres eran inferiores en la segunda edad o Edad de Plata. Los niños se criaban durante un siglo y morían poco después. Al final Zeus, hijo de Cronos, destruyó a esta raza. Luego llegó la Edad de Bronce. La Humanidad surgió de la ceniza y tenía gran fortaleza, trabajaban el bronce y tenían casas de bronce, pero el hierro era desconocido. Como los hombres de la Edad de Bronce eran violentos, y embusteros y tomadores de vida, Zeus dijo a Hermes:

«Enviaré una lluvia tan grande como no ha habido desde que se hizo el mundo y toda la raza del hombre perecerá. Estoy cansado de su iniquidad.» Sin embargo, Deucalión y su esposa Pirra fueron perdonados porque habían recibido con un cariño hospitalario a Zeus y Hermes, cuando estos dioses habían asumido forma humana. Zeus ordenó a su anfitrión que construyera un arca de roble y almacenara alimentos en ella. Cuando se hizo esto la pareja entró en la embarcación y la puerta se cerró. Entonces Zeus «rompió todos los manantiales de las profundidades y abrió las fuentes del cielo, y llovió durante cuarenta días y cuarenta noches sin parar». El pueblo Bronce pereció; incluso aquellos que habían huido a las colinas fueron incapaces de escapar. Con el tiempo el arca descansó en el Parnaso, y cuando bajaron las aguas la anciana pareja descendió de la montaña y se refugió en una cueva. La Cuarta Edad es la edad de los héroes homéricos. Cuando los héroes fallecían eran trasladados por Zeus a las Islas de los Benditos. Después siguió la Edad de Hierro.

Jubainville ha mostrado en su *Le Cycle Mythologique Irlandais et la Mytohologie Celtique* que la doctrina de las Edades del Mundo está arraigada en la mitología celta. La primera Edad, sin embargo, es la de Plata, a la que siguen las Edades de Oro, Bronce y Hierro en sucesión.

Los colores de las cuatro Edades indias, llamadas «Yugas», son: 1) blanco, 2) rojo, 3) amarillo y 4) negro, y sus nombres y duraciones son los siguientes:

Krita Yuga,	4.800	años	divinos
Treta Yuga,	3.600	”	”
Dwapara Yuga,	2.400	”	”
Dali Yuga,	1.200	”	”
	12.000		

Un año de los mortales es igual a un día de los dioses. Los 12.000 años divinos son iguales a 4.320.000 años de los mortales; cada año humano está compuesto de 360 días. Mil períodos de éstos de 4.320.000 años son iguales a un día (Kalpa) de Brahma. Un año de Brahma está compuesto de 360 Kalpas y él perdura durante 100 de estos años.

Krita Yuga (la Edad Pefecta) se llamó así porque no había más que una religión, y todos los hombres eran tan santos que no necesitaban celebrar ceremonias religiosas. No era necesario el trabajo; todo lo que los hombres necesitaban se obtenía por medio del poder de la voluntad. Narayana, el Alma Universal, era blanca.

En el Treta Yuga empezaron los sacrificios; el Alma del Mundo era roja y la virtud disminuyó una cuarta parte.

En el Dwapara Yuga la virtud disminuyó a la mitad; el Alma del Mundo era amarilla.

En el Kali Yuga los hombres se vuelven perversos y degeneran; el Alma del Mundo es negra. Esta fue «la Edad Negra o de Hierro» según el *Mahabharata*.

La doctrina de las Edades del Mundo se puede localizar en China. Está incluida en las obras de Lao Tze, el fundador del Taoísmo, y de su seguidor Kwang Tze. «En la edad de virtud perfecta —escribe el segundo— los hombres no daban ningún valor a la sabiduría... Eran rectos y correctos sin saber que eso era Rectitud; se amaban los unos a los otros sin saber que eso era Benevolencia; eran honestos y de corazón fiel sin saber que eso era Lealtad; ellos cumplían sus compromisos sin saber que eso era Buena Fe; en sus movimientos sencillos se valían de los servicios de unos y otros, sin pensar que estaban concediendo o recibiendo algún regalo. Por tanto, sus actos no dejaban huella y no había ninguna constancia de sus asuntos.»[96] La referencia a la primera Edad india, Krita Yuga, es bastante clara.

La doctrina de las Edades del Mundo fue importada a la América precolombina. En Méjico estas Edades eran de colores: 1) Blanca, 2) de Oro, 3) Roja y 4) Negra. Como en otros países «de oro» quiere decir «amarillo», simbolismo de metal que ha estado muy relacionado con el simbolismo de color. En el *Ko-ji-ki* japonés el amarillo es el color del oro, el blanco el de la plata, el rojo el del cobre o bronce y el negro el del hierro. La siguiente tabla comparativa es de especial interés:

---

[96] *Myths of China and Japan*, cap. XVI.

Griego: Amarilla, Blanca, Roja, Negra.
India I: Blanca, Roja, Amarilla, Negra.
India II: Blanca, Amarilla, Roja, Negra.
Celta: Blanca, Roja, Amarilla, Negra.
Mejicana: Blanca, Amarilla, Roja, Negra.

La secuencia mejicana es idéntica a la de India II. Se puede observar que la Edad Blanca o de Plata es la primera y más perfecta en la India, Celta y Mejicana: Solo Grecia comienza con la Edad de Perfección Amarilla o de Oro. La siguiente tabla comparativa muestra las duraciones de las edades India y Mejicana:

	India	*Mejicana*
Primera Edad,	4.800 años.	4.800 años.
Segunda Edad,	3.600 años.	4.010 años.
Tercera Edad,	2.400 años.	4.801 años.
Cuarta Edad,	1.200 años.	5.042 años de hambre.

En ambos países la Primera Edad es exactamente de la misma duración. Había cielos blanco, amarillo y rojo tanto en Méjico como en la India. La Trinidad brahmánica, que en la India está compuesta de Brahma, Visnú y Siva, se encuentra en Méjico también en asociación con la doctrina de las Edades del Mundo. En la «Tradución de la Explicación de las Pinturas Mejicanas del Codex Vaticanus», Kingsborough escribe [97]:

«Lámina I. *Homeyoco*, que significa lugar en el que existe el Creador del Universo, o de la Causa Primera, a quien ellos dieron el otro nombre de Hometeuli, que significa el Dios de la dignidad triplicada, o tres dioses iguales a Olomris; ellos llaman a este lugar Zivenavichnepaniucha, y con otro nombre Homeiocan, que quiere decir el lugar de la Trinidad sagrada, quien, según opinión de muchos de sus ancianos, engendró, con su palabra, a Cipatonal y a una mujer llamada Xumio, y esta es la pareja que existía antes del diluvio.»

---

[97] Kinsgborough, *Antiquities of Mexico*, vol. VI, págs. 156 y sigs.

En la Primera Edad de Méjico reinaba el Agua hasta que finalmente destruyó al mundo. Los hombres se transformaron en peces. Un hombre y una mujer escaparon de este diluvio trepando a un árbol llamado Ahuehuete (el abeto). Algunos creían que otros siete que se habían ocultado en una cueva salvaron igualmente sus vidas. Durante la Primera Edad, que se llamó Coniztal («Cabeza Blanca») los hombres no comían pan, sino sólo cierta clase de maíz silvestre llamado Atzitziutil. Los descendientes de aquellos que escaparon del diluvio repoblaron el mundo. Adoraban a su primer fundador, al que llamaban «Corazón del Pueblo», a quien hicieron un ídolo que conservaban en un lugar muy seguro, cubierto de vestiduras.

> «Todos sus descendientes depositaban en aquel lugar joyas tan ricas como el oro y piedras preciosas. Ante este ídolo, al que llamaban su Corazón, siempre estaba ardiendo leña, con la cual mezclaban copal o incienso.»

Uno de los siete que se refugió en una cueva y escapó de la inundación fue a Chululan, «y tres empezaron a construir una torre que es de la que todavía se ve la base de ladrillo. El nombre de ese jefe era Xelhua. Él la construyó con el fin de que si tenía lugar un diluvio, escapar de él... Cuando había alcanzado ya una gran altura, cayó un rayo del cielo y la destruyó». Según la versión musulmana, «la Torre de Babel fue derribada por un viento violento y un terremoto enviado por Dios» [98].

La Segunda Edad Mejicana mítica se llamaba Coneuztuque (Edad de Oro). La Humanidad no comía pan, sino sólo frutas del bosque llamadas Acotzintli. Esta edad llegó a su fin por vientos muy violentos y todos los seres humanos se transformaron en simios con la excepción de un hombre y de una mujer, quienes escaparon a la transformación o destrucción «dentro de una piedra» o refugiados en una caverna.

La Tercera Edad llegó a su fin por el fuego. Durante ella los hombres no comían pan y vivían del fruto del Izlucoco.

---

[98] George Sale, *The Koran*, cap. XVI.

La Cuarta Edad fue, como la Kali Yuga de la India, la de la perversidad. Se llamó la «Edad del pelo Negro». La provincia de Tulan fue destruida a causa de los vicios de sus habitantes. Reinó un gran hambre. «Además llovía sangre y muchos morían de terror.» Sin embargo, no todo el pueblo se destruyó, «sino solamente una parte considerable de él».

Al proceso de racionalización se le puede seguir el rastro tanto en las doctrinas mejicanas como en las griegas. Tales rastros de influencia local y desarrollo son, sin embargo, de poca importancia. El hecho importante sigue siendo que las doctrinas griega, celta, india y mejicana son las mismas en esencia y han procedido sin duda de una fuente común. Las Edades tienen sus colores y, aunque la secuencia de color difiere ligeramente, los colores o metales simbólicos son idénticos. Sería ridículo asegurar que una doctrina tan extraña fuera de origen espontáneo en diferentes partes del Viejo Mundo y del Nuevo.

Se ha apuntado que la duración de la Primera Edad es la misma en Méjico y en la India (concretamente 4.800 años). El sistema indio da la duración de los cuatro Yugas, 4.320.000 años de los mortales, que es igual a 12.000 años divinos. No puede haber duda de que es de origen babilónico. Los babilonios tuvieron diez reyes antediluvianos que tenían fama de haber reinado durante períodos muy extensos, cuyo total asciende a 120 aroi o 432.000 años. Multiplicado por diez este total da el Maha-yuga indio de 4.320.000 años. En Babilonia llegaban a las medidas de tiempo y espacio utilizando los números 10 y 6. La seis partes del cuerpo se multiplicaban por los diez dedos. Esto daba el basal de 60, que multiplicado por las dos manos daba el 120. Para calcular el Zodíaco el matemático babilonio estimaba 120 grados. El Zodíaco se dividía al principio en 30 cámaras lunares marcadas por las «Treinta Estrellas». Los jefes de las «Treinta» eran doce. El tiempo se igualaba con el espacio y 12×30 daba 360 días por año. En Babilonia, Egipto, India y Méjico el año era de 360 días, al que se añadían 5 días impíos o funestos durante los cuales no regían leyes. Es difícil creer que los mejicanos hubieran dado origen a este sistema con total independencia.

Otra costumbre común en el Nuevo Mundo y en el Viejo fue la de colorear los puntos cardinales y los cuatro vientos. A este respecto, como en el de la doctrina de las Edades Míticas Coloreadas, la costumbre es más importante que los detalles mismos. Es importante, al tratar de la cuestión de la evolución de la cultura, seguir el rastro de la costumbre; sorprende descubrir que los detalles lleguen a ser tan próximos a concordar en países tan separados. La doctrina india de las Edades se conservó mejor en Méjico que en China.

Sería difícil presuponer una razón convincente del porqué varios pueblos de diferentes partes del mundo habrían «desarrollado» de forma simultánea e independiente la costumbre de colorear los puntos cardinales. La Naturaleza no insinúa nada a este respecto. La «Tierra Roja» era para el azteca lo que para los antiguos egipcios era un país completamente mítico (el Paraíso o una zona del Paraíso). Los egipcios también tenían un Norte rojo y un Sur blanco, que se simbolizaban por la Corona Roja del Bajo Egipto y la Corona Blanca del Alto Egipto; mientras que su Oeste, al ser la entrada al Dewat, el infierno, era negro salpicado de rojo. Aquí, al igual que en la doctrina de las Edades del Mundo, los colores representan ideas, no fenómenos naturales. En la India el norte es blanco y el sur, al ser la puerta de Yama y Yama el dios de la muerte, tiene color negro. El sur de la India no es más oscuro que el norte. Los chinos coloreaban de negro a su Norte, de rojo al Sur, de verde o azul al Este y de blanco al Oeste. En gaélico el Norte es negro, el Sur es blanco, el Este es rojo púrpura y el Oeste pardo o pálido. Este esquema de color obtenido por el mar antiguo y las rutas terrestres, y en el Este, parece estar relacionado íntimamente con la influencia cultural india. En Ceilán el Norte es amarillo, el Sur azul, el Este blanco y el Oeste rojo; en Java el Norte es negro, el Sur es rojo, el Este es blanco y el Oeste amarillo. Del mismo sistema se puede encontrar rastro en otras partes del Viejo Mundo, incluyendo Japón, donde el Norte es azul, el Sur es blanco, el Este verde y el Oeste rojo. Está totalmente demostrado que la costumbre llegó al Nuevo Mundo por diferentes rutas cruzando el Pacífico por su predominio entre pueblos de varias etapas de cultura. No es una costumbre primitiva, sino que está

PIEDRA DEL CALENDARIO AZTECA

(Descubierta en 1790. Museo Nacional de Méjico)

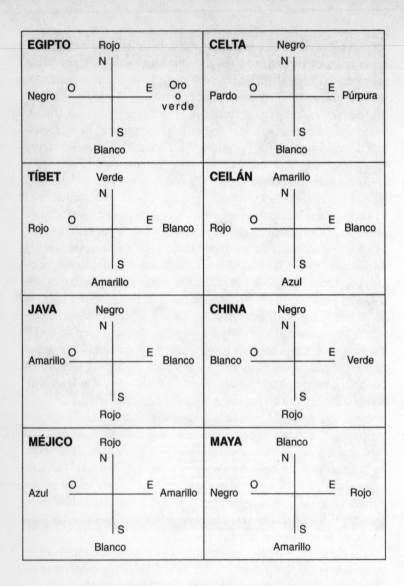

COLORES DE LOS PUNTOS CARDINALES

La costumbre de colorear los puntos cardinales estuvo muy extendida en el Viejo Mundo y en el Nuevo. Algunos cultos consideran a un color en particular como sagrado especialmente. Así el budismo prefiere el amarillo, los celtas el púrpura, etc.

relacionada con ritos complejos que habían llegado a estereotiparse antes de difundirse lejos y de manera extensa, y con ideas relacionadas estrechamente con el colorido simbólico de tierras, mares, ríos, montañas, razas, edades míticas y deidades. En centros de cultura antigua, de donde procedía la costubre, el simbolismo del color está estrechamente relacionado con el simbolismo de metales y con las ideas y prácticas de los primeros alquimistas. Los primeros exploradores que buscaban metales preciosos lo hicieron por un valor religioso que se había adjuntado a ellos. Identificaban a los metales por sus colores y los relacionaban con los elementos. «Los metales nobles» como oro y plata estaban relacionados con el aire y el cielo y con las deidades celestiales. Los colores revelaban los atributos de objetos sagrados y de deidades. Telas teñidas, piedras preciosas y plumas eran valoradas de igual forma por sus colores. Lo que se podría llamar una filosofía protoalquimista existía en los primeros tiempos entre la gente que había adquirido ideas fundamentales de centros de cultura religiosa compleja en lo que respecta a las virtudes de metales preciosos. Estas ideas se transmitieron de generación en generación como supersticiones. La práctica de llevar puesto un talismán de oro de forma simbólica, que Colón descubrió que predominaba bastante en las Indias Occidentales, tiene sin duda una historia, aunque los que lo llevaban no sabían nada de ello y contemplaban ideas tan vagas respecto al significado de la práctica como hacen los salvajes morenos modernos respecto al símbolo de la cruz cristiana de la cual hacen un fetiche. Estos salvajes no saben nada de la historia de la Cristiandad o de sus varias sectas y sistemas teológicos. Llevan puesta la cruz porque se lo han enseñado aquellos a quienes el símbolo significa mucho y que las gentes incultas no pueden comprender.

La costumbre de llevarla ha llegado a ser frecuente y se ha extendido entre ciertos pueblos. De igual manera la costumbre de acompañar ideas de origen religioso a colores fue adquirida por diferentes pueblos en la antigüedad. Estas gentes eran incapaces de dar cuenta del origen de tales ideas o de explicar incluso el significado preciso de sus creencias, que habían pasado por consiguiente a la fase conocida como «superstición». Una ilustración interesante de este hecho se encuentra en el informe de la visita realizada a la isla de Pascua por la fragata española «Santa Rosalía» en 1770. Un oficial escribía sobre los nativos: «Están muy contentos con sus viejos harapos, cintas, papel de color, naipes y otras bagatelas. *Todo lo que sea de color rojo brillante les agrada enormemente, pero desprecian el negro.*» [99] El simbolismo del color de los isleños de Pascua tenía una historia como la tenían también sus símbolos de pájaro y su costumbre de erigir imágenes de piedra, pero no sabían nada de esa historia o de las creencias complejas antiguas de la cual sus supersticiones son reliquias. Estas creencias complejas estaban relacionadas en un principio con costumbres de vida obtenidas entre pueblos por los que sus antecesores habían estado influidos directa o indirectamente. Con el paso del tiempo las costumbres de vida en cuestión o bien las desecharon o las olvidaron los salvajes [100].

Cuando descubrimos que entre tribus de pieles rojas, al igual que entre pueblos civilizados como los aztecas o los mayas, el simbolismo del color tenía aplicaciones amplias y que los colores estaban relacionados con los cuatro puntos cardinales, no sería razonable asegurar que las creencias asociadas fueran o bien naturales o necesariamente de origen independiente.

Entre los indios navajos el Este es blanco, el Sur azul, el Oeste amarillo y el Norte negro. Los colores del Sur y del Oeste son permanentes, mientras que aquellos del Este y del Norte son intercambiables. Este hecho es de indudable importancia. Los colores de los puntos cardinales parecen haber estado influenciados por las doctrinas de las Edades del Mundo y por la costumbre de cumplir ciclos o «gavillas» de años como períodos constituyentes durante los cuales ciertas deidades sufrieron pérdida de poder de dirección y de estimulación. Un grupo de colores era preferido en un período y otro grupo en otro período. Esta práctica conseguida en relación con los atuendos del rey en el país de Fu-sang fue descrita por un escritor chino antiguo. Dice:

---

[99] Obras prestadas por la Sociedad Hakluyt, Segunda serie, núm. XIII, pág. 98.
[100] S. Routledge, *The Mystery of Easter Island*, Londres, 1920; W. H. R. Rivers, «The Disappearance of Useful Arts» (*Report British Association*, 1912, pág. 598), y *The History of Melanesian Society*, Cambridge, 1914.

«El color de las prendas de vestir del rey se cambia según las transformaciones de los años. El primer y segundo año (de un ciclo de diez años) son azules (o verdes); el tercer y cuarto año son rojas; el quinto y sexto año amarillas; el séptimo y octavo año blancas, y el noveno y décimo año negras.»

El hábito de colorear los puntos cardinales está también relacionado estrechamente con la costumbre de llevar puestas prendas de vestir de color apropiadas para ciertas ceremonias. Un emperador chino, haciendo de gran sacerdote, lleva puestas vestiduras azul celeste cuando adoran al cielo, vestiduras amarillas cuando adoran a la tierra, vestiduras rojas cuando adoran al sol y vestiduras blancas cuando adoran a la luna. De igual manera las vestiduras sacerdotales de El Salvador se coloreaban de negro, azul, verde, rojo y amarillo [101].

Mongoles, tártaros y tibetanos observaban el ciclo de diez años y los colores relacionados con los diferentes períodos del ciclo estaban representados en las vestiduras de aquellos que celebraban ceremonias religiosas [102]. Relacionada con la costumbre de colorear los puntos cardinales, los ciclos de años y las vestiduras de reyes y sacerdotes, estaba la costumbre de asociar ciertos colores a ciertos días. Los pueblos de Java tenían una semana de cinco días de color: 1) blanco, 2) rojo, 3) amarillo, 4) negro y 5) mezcla de colores. El primer día estaba relacionado con el Este blanco, el segundo con el Sur rojo, el tercero con el Oeste amarillo, el cuarto con el Norte negro, mientras que los colores mezclados eran símbolo del centro de la cruz de los cuatro puntos cardinales [103]. Había días afortunados y funestos, igual que había Edades buenas y malas según la doctrina de las Edades del Mundo.

El tema del simbolismo del color es demasiado complejo para ser tratado extensamente aquí, pero se han citado pruebas sufi-

---

[101] Bancroft, *The Native Races of the Pacific States of North America,* Londres, 1878, vol. II, pág. 728.

[102] M. Huc, *Recollections of a Journey through Tartary, Tibet, and China,* Londres (trad.), 1852; H. de Charencey, *Des Couleurs considérées comme Symboles des Points de l'Horizon chez les Peuples du Nouveau-Monde,* París, 1877, y M. J. Klaproth, «Fragmens Bouddhiques» (*Nouveau Journal Asiatique,* marzo 1831).

[103] J. Craxford, *History of the Indian Archipelago,* Edimburgo, 1820.

cientes para indicar que la costumbre poscolombina de colorear los puntos cardinales no fue ni espontánea ni natural, sino que estaba relacionada con doctrinas adquiridas parcialmente en primer lugar, o mantenidas parcialmente por los descendientes de aquellos que las habían adquirido de siglos de cultura antigua. En Tartaria, Tíbet y Mongolia, las doctrinas relacionadas con un sistema elaborado de simbolismo de color surgieron en un principio de la India y China, y tanto en la India como en China habían adquirido las doctrinas procedentes de centros de civilización más antiguos y las habían desarrollado en el transcurso del tiempo. La costumbre de usar colores simbólicamente es tan antigua como la civilización y se puede remontar a Babilonia y Egipto. Antes de que el sistema egipcio se difundiera en el mundo antiguo, estaba asociado estrechamente con el simbolismo del metal, el simbolismo de las vestiduras coloreadas llevadas por los sacerdotes y dioses, y el simbolismo de la pintura del cuerpo y de las deidades coloreadas. Además el esquema del color fue aplicado al tiempo y al espacio y a los puntos cardinales.

Por tanto nos enfrentamos a una costumbre muy antigua y con reliquias de concepción religiosa antigua y compleja cuando descubrimos que en ritos de pieles rojas de Dakota el blanco es un signo de consagración; el azul es el color del viento, del Oeste, de la luna, del agua, del trueno y algunas veces incluso del rayo; mientras que el rojo simboliza al sol, la piedra, varias formas de vida animal y vegetal, y el amarillo simboliza la luz del sol para distinguirla del poder fructífero del sol. El uso del color azul es de marcada relevancia porque la introducción de este color es de origen relativamente reciente en la historia de la civilización. Primero predominó en Egipto donde el azul se producía vertiendo cobre fundido en una arenisca local que contenía una soda que producía el azul [104]. El azul egipcio se convirtió en un artículo importante en el comercio del mundo antiguo y los comerciantes semíticos le pusieron el nombre por el Nilo. En la India se cono-

---

[104] Principal Laurie (Edimburgo), quien ha hecho este descubrimiento, ha tenido éxito en la producción de azul egipcio.

cía como *nil, nilam,* etc. [105] El azul era el color sagrado para la diosa madre Hator, quien tenía una relación estrecha con el agua y la luna. En la India el dios que da la lluvia, Indra, es el patrón del Este y el color de Indra es *nila.* Sin embargo, los nagas viven en el Oeste, y en la India, como en Dakota, el Oeste es azul. El azul es el punto cardinal del cual proviene el suministro de lluvia. En China los creadores de lluvia que miran al Este perpetúan una ceremonia de la lluvia pre-budista en la cual se invoca a Indra como dador de lluvia en la forma del dragón Azure [106].

Parece ser que la costumbre dakota tuvo su origen entre unos pueblos que habían sido influenciados por ideas budistas respecto a los nagas (dioses serpiente) y la relación entre nagas y agua, trueno y rayo. El rojo simbolizaba la sangre y el principio de vida en el sol, en la imagen de piedra o morada del dios sol rojo, y el principio de vida en la vegetación y los árboles, cuya savia se identificaba con la sangre. El amarillo, como la luz del sol, es sin duda simbólico del fuego y del oro. En el Antiguo Egipto el sol era rojo en un aspecto y amarillo o dorado en otro. Los chinos coloreaban parte de su verano de rojo y parte de amarillo, y los dos colores estaban relacionados con el Sur, el rojo para el período del sol rojo y el amarillo para el período del sol amarillo.

En Yucatán, según Brinton, el Norte era blanco, el Sur rojo, el Oeste negro y el Este amarillo. Otros sistemas americanos precolombinos dan al Norte el negro, al Oeste el rojo, al Este el blanco y al Sur el amarillo, o al Norte rojo, al Sur blanco, al Oeste verde o azul y al Este amarillo. Los mayas tenían un Norte blanco, un Sur amarillo, un Este rojo y un Oeste negro. Verde, azul y negro parecen haber sido intercambiables y haber simbolizado la misma influencia. La doctrina del color parece haber estado influenciada también por fenómenos naturales locales, así como por el sis-

---

[105] Después de que el azul se convirtiera en un color sagrado se obtenía de la vegetación, y parece ser que el azul egipcio llegó a ser menos valioso como artículo de comercio. Como el púrpura, al principio enriqueció el comercio. A la larga el púrpura también se obtenía de la vegetación.

[106] De Visser, *The Dragon in China and Japan,* págs. 30-31.

tema de ciclos [107]. Pero, como en otras relaciones, la costumbre de colorear el tiempo, espacios y lugares es más importante que los detalles del sistema de color. Que la costumbre adquirió en el Nuevo Mundo la misma complejidad de las costumbres y creencias asociadas, tanto entre pueblos que progresaban como entre los que no progresaban, se demuestra al máximo. Esto se muestra claramente en la costumbre maya de asociar colores con órganos internos del cuerpo humano. El amarillo es el color del vientre, el rojo de la parte llamada «ser serpiente», el blanco del «ser blanco», mientras que el negro es del «destripado». En China esta costumbre está relacionada con la creencia de que los elementos y los puntos cardinales (y por tanto los dioses de los puntos cardinales) ejercen una influencia sobre la salud del cuerpo y sobre los órganos internos. El Norte, que es negro, influye en los riñones y vejiga; el Sur, cuando es rojo, influye en el corazón e intestinos, y cuando es amarillo en el bazo; mientras que el Oeste, cuando es blanco, influye en los pulmones e intestino delgado, y el Este, que es azul o verde, influye en el hígado y hiel. De Groot muestra que los puntos cardinales varios están en el sistema religioso chino complejo relacionado con las estaciones, los elementos y los cuerpos celestes [108].

El Este, controlado por el dragón azul, está relacionado con la primavera, la madera y el planeta Júpiter; el Sur, controlado por el Pájaro Rojo, está relacionado con el verano, el fuego, el sol y el planeta Marte; el Oeste, controlado por el Tigre Blanco, está relacionado con el otoño, el viento, el metal y el planeta Venus; el Norte, controlado por la Tortuga Negra, está relacionado con el invierno, el frío, el agua y el planeta Mercurio. Aquí las creencias relacionadas con la alquimia y astrología están estrechamente relacionadas. El viento del Oeste dio origen al metal (metal noble) y entra en los pulmones, y Venus como «Afrodita de Oro» o «Hator de Oro» está relacionada con los metales, mientras que el calor

---

[107] Es decir, si el Norte era la parte seca como en China, se hacía negro. En Egipto el Norte era el origen del frío y del viento estimulante durante la estación de calor, y se coloreaba de rojo porque revivía y estimulaba.

[108] De Groot, *The Religious System of China*, Libro I, vol. III, pág. 983.

del sol del Sur rojo que da origen al fuego está en el corazón y el planeta rojo Marte es el controlador.

En el antiguo Egipto el rojo, que es el color del Norte, está relacionado con las pequeñas vísceras; el Sur, que era blanco, con el estómago e intestino grueso; el Oeste que era oscuro, con el hígado y hiel, y el Este, al parecer dorado, con el corazón y los pulmones. Esta extraña concepción tuvo origen en relación a la momificación cuando los órganos internos eran colocados en vasijas con dosel dedicadas a los Horus de los puntos cardinales. Es bastante evidente que el sistema chino tiene una historia fuera de China: está entretejido no solamente con ideas budistas, sino que tiene en trama las concepciones intrincadas y llevadas lejos de las civilizaciones antiguas de Babilonia y Egipto. Que el sistema maya que sobrevive en fragmentos que son indicio de su extremada complejidad fue de origen independiente y natural, es una hipótesis que somete a una tensión severa a la credulidad, especialmente cuando los órganos internos de los muertos se colocaban en vasijas dedicadas a los cuatro puntos cardinales, como las vasijas de Horus de Egipto. Esto supone no sólo una creencia en la teoría de la «unidad psíquica», sino que se hace necesaria la conclusión de que los americanos precolombinos tenían precisamente las mismas experiencias y la misma historia en entornos parecidos que los pueblos del Viejo Mundo, y que el proceso de mezclarse culturas fue idéntico o casi idéntico. ¿Es posible que pueblos tan separados hubieran desarrollado el mismo sistema arbitrario y artificial de relacionar colores con el tiempo y el espacio, con los puntos cardinales y los dioses de esos puntos, y de relacionar estos colores y dioses con madera, agua, viento y metal, y los órganos internos del cuerpo? No es posible explicar estas relaciones con sólo pruebas americanas. A la historia del proceso de mezcla de culturas no se le puede seguir las huellas en América. Por otro lado las relaciones en China se llevaron a cabo de una forma más convincente en el elaborado sistema de Fung-shui, de cuya historia se pueden encontrar huellas en la India y más allá. Es bastante inconcebible que el elaborado sistema americano no se desarrollara, como el sistema chino, de ideas complejas importadas, basadas originalmente en experiencias de los fenómenos naturales de una zona cultural lejana, donde un sacerdocio que teorizaba los interpretaba a la luz de sus propias tradiciones, experiencias y descubrimientos particulares, y bajo la presión de influencias políticas distintivas que necesitaban una fusión de ideas de cultos rivales. El sistema religioso precolombino es de entrada demasiado complejo y demasiado artificial para haber tenido un origen independiente. Como a su historia no se le puede seguir la pista en el Nuevo Mundo, pero sí se puede en el Viejo Mundo, es inevitable la conclusión de que la influencia del Viejo Mundo fue a la vez activa y estimulante. Por tanto surgen las preguntas: 1) ¿De dónde provenía la influencia o influencias antiguas? 2) ¿Qué pueblo o pueblos llegaron a América en tiempos precolombinos? y 3) ¿Qué ruta o rutas siguieron?

Capítulo VI

SEMITAS, CELTAS
Y NÓRDICOS EN AMÉRICA

Teoría del hombre terciario en América.—Origen de la civilización americana.—Cuestión de raza de importancia secundaria.—Teorías de orígenes americanos.—Descendientes de Noé.—Las diez tribus perdidas.—Santo Tomás en
América.—La teoría de la Atlántida Perdida.—Navegantes cartagineses llegan
al mar de los Sargazos.—¿Llegaron a América los fenicios?—Leyendas americanas de «hombres blancos con barba».—Leyenda galesa de San Madoc.—Pieles rojas de habla galesa.—Escoceses de habla galesa en América.—Demanda
irlandesa.—Números gaélicos en América Central.—Descubridores de América nórdicos.—«Tierra del hombre blanco».—Vínculos asiáticos con América.

L a teoría del origen de civilización americana independiente y de sistemas religiosos precolombinos han obsesiona-
do tanto las mentes de algunos escritores que han retrasa-
do la migración de Asia del Hombre Rojo a la época geológica
del Terciario. Se ha afirmado que los pobladores pioneros llegaron al continente americano por un puente de tierra que en un principio lo unía con Asia. Se añade que emigrantes posteriores han
podido llegar vía estrecho de Bering.
   La teoría de que los antepasados del hombre moderno ya estaban emigrando en tiempos del Terciario desde el Viejo Mundo al
Nuevo es sin duda asombrosa. «Desde el período del Eoceno (o Era
Terciaria), que ha de remontarse a varios millones de años, toda
la fauna de los mamíferos —escribía el profesor James Geikie a
otro respecto— ha sufrido modificaciones y cambios múltiples,
habiendo dado como resultado una evolución continua en la transformación más o menos completa de numerosos tipos, mientras

que muchos otros se han extinguido hace tiempo.» Si la teoría de la existencia del hombre en tiempos del Eoceno y Oligoceno ha de ser aceptada, tiene que regir la opinión de que, en su caso solamente, «la evolución ha tenido que estar paralizada durante un período enormemente extenso» [109].

La Era Glacial siguió a la Era Terciaria, y fue en sus últimas fases y durante lo que se conoce como tiempos posglaciales cuando el hombre moderno llegó a la Europa Occidental. Que entrara en América en un período tan temprano tiene que demostrarse todavía.

Un hecho que no se puede pasar por alto es que el llamado hombre rojo tiene un parecido familiar sorprendente con ciertos habitantes de Asia nororiental y central, mientras que otros pueblos americanos parecen de tipo polinesio y malayo. Pero, al mismo tiempo, la cuestión de la raza es de importancia secundaria al tratar de la cuestión de la civilización. Ya que la lengua no ofrece una prueba cierta de afinidad racial, tampoco afinidades raciales ofrecen pruebas del origen de una cultura específica, y especialmente una cultura tan compleja como la que se encuentra entre los pueblos maya y azteca. Siempre se ha de tener presente la posibilidad de que dos partes de un mismo pueblo pudieran estar sometidas a diferentes influencias culturales en zonas separadas, y que pudieran adoptar religiones e incorporarse a organizaciones sociales que tuvieran poco parecido o ninguno unas con otras. Los africanos actuales de Estados Unidos, por ejemplo, son afines físicamente a los nativos de África Occidental; sin embargo, ¡qué profundo y ancho es el abismo cultural que los separa!

Cuando Colón descubrió el Nuevo Mundo, creía que San Salvador, la primera isla a la que llegó, estaba situada en el océano Índico y no muy alejada de la famosa isla del reino de Cipango (Japón). A los nativos se les llamaba «indios», un nombre que se ha ceñido al hombre rojo. Estos isleños tenían canoas; ellos no pudieron haber llegado a San Salvador a menos que hubieran sido navegantes. En otra isla, a la que Colón llamó Fernandina, en honor a su rey, descubrió que usaban el algodón para vestir y que los

---

[109] *Antiquity of Man in Europe*, Edimburgo, 1914, págs. 4-5.

indios tenían por camas redes de algodón suspendidas de dos postes y llamadas «hamacas», otro nombre que se ha perpetuado.

Después de que los españoles hubieran conquistado Méjico, los teólogos del Viejo Mundo encontraron difícil explicar el poblamiento de América, y se ha permitido mucha especulación respecto a si Noé, uno de sus hijos, o los descendientes inmediatos de sus hijos, habían seleccionado esa parte del mundo para asentamiento de una parte de la raza humana. Se alegó que era poco probable que cruzar el Pacífico o el Atlántico hubiera presentado dificultades a los descendientes de un hombre que tuvo la única oportunidad de resolver los problemas de navegación durante su viaje en el arca.

Otra teoría era que los americanos poscolombinos eran descendientes de las «diez tribus perdidas de Israel». La sugirieron por primera vez los monjes españoles que llevaron a cabo la obra de cristianizar al hombre rojo y durante la primera parte del siglo XIX no pocos escritores quisieron probarlo. El jefe de ellos era Lord Kingsborough, que gastó unas 50.000 libras esterlinas para publicar su gran obra *The Antiquities of Mexico* (Londres, 1830). El hecho de que los americanos precolombinos no hablaran hebreo lo explican algunos defensores de la teoría de las Diez Tribus Perdidas por medio de la idea de que el diablo les había incitado a aprender lenguas varias y nuevas para que no pudieran ser capaces de entender la lengua de la fe cristiana. ¡El diablo nunca soñó con que los misioneros le engañarían aprendiendo todas esas lenguas extrañas!

En conflicto con esta teoría sobre la influencia satánica en el dominio de las lenguas, estaba la primera creencia frailuna de que Santo Tomás había llegado a América y había predicado el evangelio allí. Esta misión fue sugerida primero por el sorprendente descubrimiento de que los nativos veneraban la cruz. Entre las joyas mejicanas enviadas al rey de España por Cortés había «una cruz con un crucifijo y su soporte», un símbolo de serpiente enroscada «con una cruz en la parte posterior», «tres flores pequeñas de oro y dioritas, una con dos cuentas y la otra con una cruz». Boturini cuenta que descubrió una cruz, que tenía aproximadamente el tamaño de un codo y pintada de un hermoso color azul, incluyendo cinco bolas blancas sobre un escudo azur, «sin duda emblemas de las cinco heridas preciosas de nuestro Salvador». Otra cruz se encontró en una cueva de Mixteca Baja, y desde esta cueva salía música angelical cada vigilia de Santo Tomás. El santo dejó marcas de sus pies en varias partes del Nuevo Mundo como hizo Buda en la India. De igual manera los galeses solían señalar las huellas del caballo de Arturo que saltaron por encima del Canal de Bristol cuando el rey romántico perseguía a Morgan le Fay. Las marcas de los cascos del caballo de otro héroe que persiguió a los Cailleach están señaladas en la costa norte de Loch Etive en Argyllshire. Se veneraban cruces de madera en el estado de Oaxaca y en Aguatolco entre los zapotecas. Los españoles encontraron cruces entre los mayas en América Central, Florida, Paraguay y entre los incas de Perú que veneraban una cruz de jaspe. Como en el Viejo Mundo, el símbolo de la cruz está relacionado con los dioses de los cuatro puntos cardinales que controlaban los elementos y, por tanto, con las doctrinas mencionadas en el capítulo anterior, incluyendo la de las cuatro edades del mundo que se coloreaban como los puntos cardinales.

Sin embargo, los españoles estaban tan convencidos de que la cruz precolombina era un símbolo cristiano que examinaron la mitología mejicana para encontrar huellas de Santo Tomás. Topiltzin Quetzalcoatl, el dios héroe, fue considerado un recuerdo del santo. «To» era una abreviatura de «Tomás» a la cual se añadió «pilcin», que significa «hijo» o «discípulo». Topiltzin Quetzalcoatl se parece mucho en sonido y relevancia a Tomás, apellidado Didymus. Por otro lado, algunos consideraban a Quetzalcoatl como al Mesías [110] y Lord Kingsborough está a favor de esta opinión, quien escribió:

> «Lo que sorprende realmente es descubrir que los mejicanos hubieran creído en la encarnación del hijo único de su dios supremo Tonacatecutle. Porque en la mitología mejicana no se habla de otro hijo de ese dios a excepción de Quetzalcoatl, que nació de Chimalman, la Virgen de Tula, sin relación con hombre y sólo por su aliento... se ha de suponer que Quetzalcoatl era su único hijo. Se podrían aducir

---

[110] Bancroft, *The Native Races of the Pacific States of North America*, vol. V, pág. 25.

otras razones para mostrar que los mejicanos creían que Quetzalcoatl era tanto dios como hombre; que él, antes de su encarnación, había existido desde toda la eternidad; que él había creado tanto al mundo como al hombre y descendió del cielo para reformar al mundo por medio de la penitencia; que él nació con perfecto uso de razón; que predicó una nueva ley, y, siendo rey de Tula, fue crucificado por los pecados de la humanidad...» [III]

Se supone que las «diez tribus perdidas» vagaron hacia el Este desde Asiria y llegaron a América por el estrecho de Bering.

Otra teoría famosa es que las civilizaciones precolombinas fueron fundadas por colonizadores de la isla perdida de Atlántida. Brasseur de Bourbourg ha sido su principal exponente. Cita el documento de Platón de la historia de Solón cuando en Egipto los sacerdotes le informaron sobre la Atlántida Perdida. Dice lo siguiente:

«Entre las grandes hazañas de Atenas de las cuales se conserva el recuerdo en nuestros libros, hay una que debería situarse por encima de todas las demás. Nuestros libros cuentan que los atenienses destruyeron un ejército que cruzó el océano Atlántico e invadió con insolencia Europa y Asia, ya que el mar era navegable entonces y más allá del estrecho donde se sitúan las Columnas de Hércules había una isla más grande que Asia y Libia juntas. Desde esta isla uno podía pasar fácilmente a las demás islas, y desde éstas al continente que está situado alrededor del mar interior. El mar en este lado del estrecho (el Mediterráneo), del cual hablamos, parece un puerto con una entrada estrecha, pero hay un verdadero mar y la tierra que lo rodea es un continente auténtico. En la isla de Atlántida reinaban tres reyes con poder grande y maravilloso. Tenían bajo su dominio a toda Atlántida, varias islas más y parte del Continente. En un tiempo su poder se extendió a Libia y en Europa hasta el mar Tirreno, y, uniendo todas sus fuerzas, trataron de destruir nuestros países de un golpe, pero su derrota detuvo la invasión y dio total independencia a todos los países a este lado de las Columnas de Hércules. Después, en un día y en una noche fatal, vinieron poderosos terremotos e inundaciones que sepultaron a esas gentes belicosas; Atlántida desapareció bajo el mar y luego ese mar se hizo inaccesible, de manera que cesó la navegación en él debido a la cantidad de lodo que la isla sepultada dejó en su lugar.»

[III] *Mexican Antiquities*, vol. VI, págs. 507-508.

Proclus, citando de una obra perdida, alude a las islas del mar exterior más allá de las Columnas de Hércules y dice que los habitantes de una de estas islas «conservaban de sus antepasados un recuerdo de Atlántida, una isla extremadamente grande, que durante mucho tiempo mantuvo su dominio sobre todas las islas del Océano Atlántico».

El abate Brasseur de Bourbourg, que ha defendido la opinión de que la civilización se originó en América, encuentra necesario asumir que el continente americano se extendió en una época como una gran península desde el golfo de Méjico y el mar Caribe hasta las islas Canarias o sus alrededores inmediatos. Esta vasta extensión de tierra fue sumergida como resultado de una gran convulsión de la naturaleza. Yucatán, Honduras y Guatemala se hundieron también, pero después la tierra se elevó lo suficiente para restablecer estos países y las Islas Indias Occidentales. El abate, que era un filólogo americano consumado, manifiesta haber encontrado documentos de este cataclismo en escritos americanos antiguos de los cuales él dio una interpretación hipotética. Su argumento filológico, que apoya la idea de que su Atlántida existió realmente, dice como sigue:

> «Las palabras *Atlas* y *Atlantic* no tienen etimología satisfactoria en ninguna lengua conocida de Europa. No son griegas y no se pueden referir a ninguna lengua conocida del Viejo Mundo. Pero en la lengua nahuatl encontramos inmediatamente el radical *a, atl*, que significa agua, guerra y la parte superior de la cabeza. De éste proceden una serie de palabras, como *atlan*, «a orillas de», o «en medio del agua», del cual tenemos el adjetivo *Atlántico*. También tenemos *atlaça*, «combatir» o «sufrir atrozmente»; significa de igual manera «tirar» o «lanzar desde el agua» y el pretérito es *atlaz*. Existía una ciudad llamada *Atlan* cuando Colón descubrió el continente, en la entrada del golfo de Uraba, en Darien, con un buen puerto; ahora está reducida a un pueblo sin importancia llamado *Acla*.»

Aquellos que han puesto su confianza en el informe de Platón sobre la Atlántida Perdida han pasado por alto dos hechos: 1) que los sucesos que mencionaron a Solón los sacerdotes egipcios tuvieron lugar «9.000 años egipcios» antes, y 2) que la «navegación» sobre él (el océano Atlántico) cesó debido a la cantidad de lodo que la isla sepultada dejó en su lugar». Los geólogos se mofan de la idea de que el Atlántico ha sido siempre, desde que se inventaron los barcos, demasiado poco profundo para una navegación segura. «No conozco ninguna prueba geológica —escribió el profesor James Geikie a este respecto— que ponga más allá de la duda que la cuenca atlántica sea el lugar de un continente anegado. Por el contrario, una prueba como la que tenemos nos lleva más a la creenca de que la cuenca atlántica, como la del Pacífico, es de origen primigenio.» Por otro lado, el profesor Edward Hull pensaba que había algo en la tradición de la Atlántida Perdida, pero expresaba la opinión de que la sumersión de la tierra o isla tuvo lugar durante «el período glacial, cuando la mayor parte de Europa y de las islas Británicas estaban cubiertas de nieve y hielo». Hull fechó la sumersión alrededor del año 10000 a.C., pero otros sitúan la terminación de la Era Glacial desde el 30000 al 20000 a.C. El Dr. Scharff (Dublín) ha expresado la creencia de que el puente de tierra atlántico entre el sur de Europa y las Indias Occidentales se separó probablemente «en tiempos del Mioceno» (es decir, hace millones de años y antes de la aparición del hombre moderno en el globo). Descubrimientos recientes relacionados con la época posglacial han establecido una conexión entre el hombre de Crômagnon, el representante más antiguo del hombre moderno en la Europa Occidental, y el norte de África. Él importó conchas del océano Indico desde algún centro del Este. Estas conchas no pudieron haberse encontrado más cerca de Adén. Los europeos más antiguos de la especie Neanderthal estaban en un estado de civilización bajo.

Se ha hecho necesario para aquellos que están a favor de la teoría de la Atlántida Perdida que supongan que los metales se trabajaron por primera vez en el subcontinente o isla sumergida. El cobre se usaba en Egipto y Sumeria (la zona sur de Babilonia) alrededor del 3000 a.C. Si ellos recibieron su habilidad de trabajar el metal de Atlántida, los americanos precolombinos hubieran sabido cómo utilizar el cobre en un período tan remoto, si no incluso más remoto. Pero, en realidad, la introducción del trabajo del metal en América es de una fecha relativamente reciente. «La mayoría de los estudiantes de arqueología americana estan de

acuerdo —escribe sir Hercules Read— en que los bronces mejicanos y peruanos no son de gran antigüedad, y que la Edad de
Bronce tiene que haber acabado en China mucho antes de empezar en el Nuevo Mundo.» [112]

Últimamente se ha arrojado luz sobre el movimiento de los
pueblos orientales hacia el Atlántico y sobre la exploración de las
costas atlánticas de Europa Occidental antes de la «Edad de Bronce» por descubrimientos de gran importancia hechos en Mesopotamia y España. Lápidas halladas en el lugar de la antigua capital
asiria de Asura contienen la afirmación de que Sargon de Akkad,
que reinó antes del 2500 a.C., ocupó Caphtor (Creta) e intervino
en el comercio de la Tierra de Estaño en el mar Superior (el Mediterráneo). En España, M. Siret ha encontrado en sitios más antiguos que la Edad de Bronce, objetos de culto llamados ídolos de
estilo mesopotámico, cortados en marfil de hipopótamo de Egipto, trozos de huevos de avestruz, frascos de perfume de alabastro
de forma árabe, copas egipcias de mármol y alabastro, jarrones
pintados de origen o estilo oriental, pintura mural sobre capas de
yeso, objetos religiosos del culto de la Palmera, ámbar del Báltico, azabache de Inglaterra (parece ser que de Whitby, en Yorkshire), la piedra verde llamada *callaïs*, que se encuentra en yaci-
mientos de estaño y una diadema de oro perteneciente a la «Era
neolítica». Una concha del mar Rojo *(Dentalium elephantinum),*
encontrada por M. Bonsor, en un estrato neolítico o eneolítico
cerca de Carmona, ofrece más pruebas de un éxodo racial y cultural desde la Europa Oriental hacia la Occidental antes de la introducción de la fabricación del bronce. Los comerciantes y exploradores orientales trabajaban y exportaban metales y otras
sustancias, y sin duda habían bordeado costas en Gran Bretaña y
el Báltico. Una canoa encontrada en el cieno de Clyde, con un
tapón de corcho, procedía sin duda del Mediterráneo y probablemente de España, donde crecen los alcornoques.

Estos primeros navegantes parece ser que no encontraron dificultades al navegar por el Atlántico. ¿Visitaron algún país que después llegara a sumergirse? Un hecho interesante a este respecto

---

[112] Museo Británico, *Guide to the Antiquities of the Bronze Age*, págs. 110-111.

es que la canoa de Clyde se encontró clavada en el cieno veinticinco pies sobre el nivel del mar actual. La tierra de Escocia se ha elevado desde que se hundió. Ahora bien, cuando Escocia estaba elevándose, el sur de Inglaterra y el norte de Francia se estaban hundiendo. En Morbraz, Bretaña, hay monumentos megalíticos cubiertos de varios metros de agua como resultado de la erosión de la costa y de la tierra de la zona hundiéndose después de cesar el último gran movimiento de tierra. El puente de tierra o isla Dogger Bank y otras islas del mar del Norte se sumergieron en la misma época aproximadamente. Clement Reid fecha el comienzo del período de la sumersión de tierra gradual alrededor del año 3000 a.C., y escribe:

> «Estamos hablando de tiempos en los que florecieron las civilizaciones egipcia, babilónica y minoica. El norte de Europa probablemente era bárbaro entonces, y no habrían llegado a usarse los metales; pero el comercio del ámbar en el Báltico estaba probablemente en pleno auge. Rumores de cualquier gran desastre, como la sumersión de miles de millas cuadradas y el desplazamiento de grandes poblaciones, pudieron extenderse a lo largo y ancho de las rutas comerciales. ¿Es posible que se originaran así algunas de las historias del diluvio?» [113]

Es más probable que así se originara la leyenda de la Atlántida Perdida y de que las orillas de lodo del mar del Norte están mencionadas así en la versión de ella de Platón. Esta opinión está representada con la mayor verosimilitud en la cita de Timagenes dada por Ammianus Marcellinus (XV, 9). A Timagenes le informaron los druidas de que una parte de los habitantes de Galia eran indígenas y que otra parte habían venido de las tierras y zonas más alejadas cruzando el Rin, expulsados de sus propias tierras por las guerras frecuentes y las invasiones del océano. Este hundimiento parece ser que ocurrió a comienzos de la Edad de Bronce [114], que,

---

[113] *Submerged Forests*, Cambridge, I, 13, pág. 120.
[114] Estas «Edades» arqueológicas han sido suficientes en su día, y antes o después tendrán que dejar de usarse. Parece ser que la industria «neolítica», como muestran los descubrimientos de Siret, fue introducida por un pueblo de marineros que buscaba metales.

en lo que se refiere a Europa Occidental, fue sin duda en una fecha más temprana de lo que se ha supuesto hasta ahora. Mucho indican las lápidas de Asur sobre el imperio de Sargon de Akkad y los descubrimientos de Siret en España.

Entre los creyentes de que la Atlántida Perdida estaba situada en el centro del Atlántico estaban el Dr. Schliemann, el famoso pionero de las excavaciones arqueológicas prehelénicas. Creía que las gentes de la Atlántida tenían «una moneda más avanzada que la que tenemos actualmente». Entre sus escritos se encontró después de su muerte uno que dice:

> «He llegado a la conclusión de que la Atlántida no era solamente un gran territorio entre América y la costa occidental de África y Europa, sino la cuna de nuestra civilización también. Ha habido mucha polémica entre científicos sobre este tema. Según un grupo la tradición de la Atlántida es puramente ficticia, fundada en información fragmentaria de un diluvio algunos miles de años antes de la era cristiana. Otros declaran la tradición completamente histórica, pero no son capaces de probarla.»

Los escritos póstumos de Schliemann exponen que él encontró en Troya un jarrón de bronce que contenía fragmentos de cerámica, imágenes y monedas de un «metal peculiar», y «objetos hechos de hueso fosilizado». En algunas de estas reliquias están los jeroglíficos fenicios que él descifró como «procedentes del rey Cronos de Atlántida». Posteriormente encontró entre reliquias precolombinas de América Central, conservadas en el Louvre de París, piezas de cerámica y de hueso fosilizado similares. Él pidió que se rompiera una vasija «de cabeza de búho» para abrirla. Su nieto, el Dr. Paul Schliemann, anunció en 1912 que había encontrado en este jarrón precolombino una moneda o medalla de «un metal parecido a la plata» inscrita con jeroglíficos fenicios que se descifraban «Expedido en el Templo de Paredes Transparentes», y que tenía «razones para decir que las extrañas medallas se usaban como dinero en la Atlántida hace cuatro mil años». Sin embargo, su testimonio no ha sido aceptado hasta ahora, ni siquiera propuesto, por científicos capaces de juzgarlo.

La teoría de Schliemann relaciona a los fenicios con la Atlántida y la América precolombina. Si estos intrépidos marineros, quienes, según Herodoto, circunnavegaban África, cruzaron el Atlántico y descubrieron América o no, está poco claro. Sin embargo, hay informes vagos de viajes cartaginenses que son de especial interés a este respecto. El senado de Cartago, durante «los tiempos de florecimiento» de esa gran ciudad comercial, enviaron a dos hermanos, Hanno e Himilco, a fundar nuevos centros de comercio de colonos en la costa atlántica. Los barcos de Hanno se dirigieron al Sur, más allá de las Columnas de Hércules (estrecho de Gibraltar), y los de Himilco al Norte. Se inscribieron informes sobre sus viajes en lápidas votivas que se conservaban en el templo de Moloch en Cartago. Éste hace mucho tiempo que se perdió, pero una traducción griega del informe de Hanno ha sobrevivido y se conoce como el «Periplo de Hanno». El informe de Himilco ha sobrevivido de forma fragmentaria en Plinio y en el *Libro de Historias Maravillosas*, atribuido a Aristóteles, mientras que su sustancia está contenida en el poema latino *Ora Maritima* del cónsul romano Rufus Festus Avienus (350-400 d.C.). Himilco llegó a un grupo de islas estanníferas llamadas las Oestrymnides, creyendo que eran idénticas a las Casiteridas. Posteriormente su flota se aventuró a mar abierto y fue conducido hacia el Sur. El tiempo se hizo nebuloso, pero con el tiempo los barcos llegaron a un mar más cálido y se quedaron inmóviles en los alrededores de enormes cantidades de algas marinas, creyendo que era el mar de los Sargazos. De camino a casa se cree que Himilco había tocado las Azores y la isla de Madeira. Una descripción del volcán sugiere que visitó Tenerife. «La elevada cima maravillosa de la montaña —dice Plinio— llega por encima de las nubes a las proximidades del círculo de la luna, y por la noche parece que está todo en llamas, retumbando lejos con el ruido de gaitas, trompetas y cimbales.» [115] Este cuadro del «Monte Atlas» procede posiblemente de fuentes cartaginesas. Los magos que acompañaban a Himilco le impidieron que continuara su viaje, y así parece ser que le fue robada la gloria que unos 2.000 años después cayó sobre Colón.

---

[115] *Historia Natural*, V, I.

Parece ser, sin embargo, que otros viajeros fenicios se aventuraron a cruzar el Atlántico posteriormente. Los marineros de Gades (la colonia fenicia de Cádiz) solían describir «el camino desierto en el océano del viaje en barco de cuatro días hacia el suroeste», en el cual se encontraban bancos de atunes de «maravilloso tamaño y gordura». En el *Libro de Historias Maravillosas,* atribuido a Aristóteles, se dice:

> «En las aguas del Atlántico, a cuatro días de viaje en barco desde Gades (Cadiz), las plantas marinas de las que se alimentan (los atunes) crecen hasta un tamaño poco corriente, y los atunes y congrios de esta costa eran manjares buscados en Atenas y Cartago; esta segunda ciudad, después de conseguir la posesión del sur de España, prohibió su exportación a cualquier otro lugar.»

Cuando Colón vio sobre el Atlántico enormes campos de algas, que parecían islas hundidas, entre las cuales había atunes, recordaba el informe del mar de algas dado en la obra atribuida a Aristóteles. Los animales marinos se deslizaban por las algas enredadas. El mar de los Sargazos, según parece «las praderas de algas» de Oviedo, «son la morada —dice Humboldt— de innumerables animales marinos pequeños». Los informes elogiosos de las islas del Atlántico alarmaron al senado de Cartago, que temió un éxodo hacia ellas, y se prohibieron las visitas con pena de muerte.

Algunos escritores se inclinan a identificar a las «Islas Afortunadas» con las Indias Occidentales y a tener en cuenta vagas referencias a un «gran continente saturniano» más allá del Atlántico para indicar un conocimiento tradicional de la existencia de América procediendo de Cartago. Diodorus Siculus, quien afirma que los fenicios descubrieron una gran isla en el Atlántico en la que los habitantes tenían casas y jardines magníficos, explica que los cartagineses deseaban utilizarlo como lugar de refugio en caso de necesidad.

Uno de los defensores más destacados de la teoría de que los fenicios cruzaron el Atlántico y fundaron asentamientos en América ha sido George Jones, el autor de *History of Ancient America.* Él ha tratado de las similitudes entre pirámides americanas y egipcias, el estilo griego de ciertas ruinas americanas y otros parecidos del Viejo Mundo con el Nuevo. Su opinión es que después de que Alejandro Magno tomara Tiro, restos del pueblo conquistado huyeron a las islas Afortunadas y después alcanzaron el continente americano; fundaron su primera ciudad en Copan. Leyendas americanas precolombinas sobre «los hombres blancos con barba», quienes «vinieron del Este en barcos», han sido citadas por Jones y otros para apoyar la teoría de que los «Colhuas» de América eran los fenicios.

Una reclamación celta de haber descubierto América ha sido instada en nombre del príncipe galés del norte Madoc, quien, en el siglo XII de nuestra era, emprendió un viaje por el Atlántico para encontrar paz por peleas familiares. Descubrió una tierra que le agradó, y dejando allí a 120 de su gente regresó a Gales. Allí reunió a un grupo de aventureros y luego empezó a navegar con diez barcos. Nunca se oyó hablar de él de nuevo. La tierra a la que llegó Madoc «tiene que ser por necesidad —escribió Hakluyt en su *English Voyages*— alguna parte del país del que los españoles afirman haber sido descubridores desde tiempos de Hanno».

Se ha supuesto que Madoc se asentó «en algún lugar de las Carolinas» y que posteriormente su pueblo «fue destruido o absorbido por alguna tribu poderosa de indios». En el prefacio del poema épico *Madoc* de Southey, el poeta dice que más o menos en la época en la que el príncipe galés se asentó en América, los aztecas emigraron a Méjico. Él consideró que su emigración estaba relacionada con las aventuras de Madoc.

En 1660, el Rev. Morgan Jones, un capellán galés, descubrió rastros de influencia galesa en Carolina del Sur. Él y otros fueron capturados por los indios tuscarora y fueron condenados a muerte. Jones exclamó en galés: «¿He escapado de tantos peligros y ahora he de acabar como un perro?» Un indio que le escuchó por casualidad y entendió lo que dijo, habló en galés también y dijo que él no moriría.

En el informe de sus experiencias, escritas en 1686 y publicadas en *The Gentleman's Magazine* en 1740, Jones cuenta que los indios les dieron la bienvenida a su ciudad a él y su grupo. «Ellos nos hospedaron cortés y cordialmente durante cuatro meses; durante ese tiempo tuve la oportunidad de conversar con ellos familiarmente en lengua británica (galés), y les predicaba en la misma lengua tres veces a la semana ... Están asentados en el río Pontigo, no lejos del cabo Atros.»

También se ha reivindicado que a América llegaron aventureros de habla gaélica, y que se conservan vagos recuerdos de estos asentamientos en las leyendas sobre las Islas de San Brandan, las Islas del Oeste, etc. A este respecto se ha de hacer referencia a rastros de la lengua gaélica en el istmo de Darien. Wafer en su *New Voyages* da, entre los vocabularios de las tribus de esa zona, los siguientes números que, a excepción de «div», son gaélicos [116]:

hean
div
tree
caher
cooig
deh

El hecho de que Escocia fuera responsable de una expedición a Darien quizá esté en relación con este descubrimiento.

Lord Monboddo, un escocés patriótico del siglo XVII, creyó en la colonización galesa de América e hizo una demanda en nombre de su propio país. Encontró rastro de la lengua gaélica en diferentes regiones. Un habitante de las Highlands que tomó parte en una expedición polar descubrió que después de unos cuantos días en contacto con un esquimal era capaz de conversar con él usando el gaélico. «La lengua celta —escribió su señoría— se hablaba en muchas de las tribus de Florida que están situadas en el extremo norte del golfo de Méjico.» Un caballero de las Highlands que había residido en Florida durante varios años le informó de que las lenguas de algunas tribus «tenían la afinidad más grande con el celta».

Los nombres nativos «de varias corrientes, arroyos, montañas y rocas de Florida, son también los mismos que se dan a cosas similares de las Highlands de Escocia... Pero lo que es más

---

[116] Págs. 185-188; ver tambien *Darien*, de Cullen, págs. 99-102, y Bancroft, *The Native Races of the Pacific States of North America*, vol. III, pág. 795.

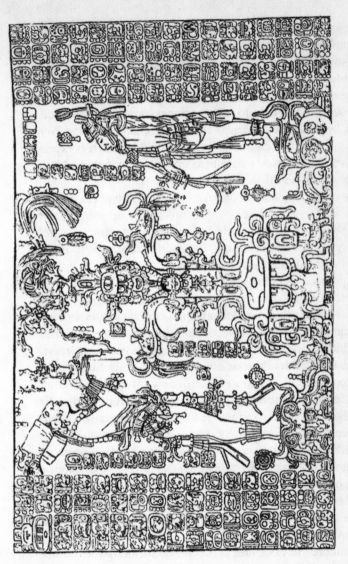

TABLA GRABADA DEL TEMPLO DE LA CRUZ FOLIADA, PALENQUE, MÉJICO

Adorador maya ofreciendo una figura simbólica a una deidad antropomórfica que está colocada sobre una concha. En la concha está el «Dios de nariz larga» (Chac = Tlaloc) de cuya mano sale una planta que rodea la cabeza del «dios maíz». La cruz del centro coronada por el pavo (pájaro de la lluvia) representa una deidad de la cual brota el maíz.

(Reproducido con permiso de «A Glimpse at Guatemala», de A. P. y A. C. Maudslay.)

notable, en su canción de guerra, no solamente los sentimientos, sino varias líneas tienen exactamente las mismas palabras usadas en el majestuoso y famoso poema de Ossian de las guerras de sus antecesores que tuvieron lugar hace unos mil trescientos años» [117].

De igual forma ha habido reclamaciones irlandesas. Las necesidades de las «Islas de América» fueron recordadas con atención por San Patricio, quien envió misioneros allí. Algunos han expresado que creen que uno de estos misioneros era recordado en Méjico como el dios Quetzalcoatl [118].

Parece no haber duda en que América fue alcanzada por los nórdicos en el siglo XI. Los dos documentos principales son el *Hauk's Book,* una colección de los primeros manuscritos del siglo XIV, y el *Flatery Book,* que fue escrito sobre 1380. En el siglo X hubo en Islandia asentamientos de nórdicos y de población mezclada de pueblos nórdicos y celtas. Erik el Rojo, hijo de un noble nórdico que se vio envuelto en una contienda que le obligó a buscar refugio en Islandia, abandonó esa isla y navegando hacia el Oeste descubrió Groenlandia. Pasó un invierno allí, y después de regresar a Islandia navegó de nuevo a Groenlandia con veinticinco barcos con el propósito de fundar una colonia. Biarni, hijo de uno de los colonos, estaba en Noruega cuando su padre abandonó Islandia para ir a Groenlandia. Él decidió seguirle. Poco después de zarpar el tiempo se volvió muy tormentoso y fue conducido por el Atlántico hasta que vio tierra baja, que es posible que fuera el cabo Cod. El tiempo se calmó y navegó durante dos días hacia el noreste y de nuevo vio tierra, que es posible que fuera Nueva Escocia. Tres días después llegó a una tierra montañosa, que pudo haber sido Terranova. El viaje continuó hasta que al final se descubrió la colonia de Groenlandia.

Unos catorce años después el país desconocido que vio Biarni fue visitado por Leif, el hijo de Brattahlid, por el cual se llamó así la colonia de Groenlandia. Lief fue contemporáneo de Olag

---

[117] Citado en *American Antiquities,* de Priest, pág. 230.
[118] Consultas en *Pre-Columbian Discoveries of America,* de De Costa, pág. xviii.

110

Tryggvason, quien había sido convertido al cristianismo en Gran Bretaña, y a instancias de ese héroe promocionó la nueva fe en Groenlandia. En el año 1002 Leif salió en su barco para navegar hacia Noruega. Perdió su rumbo y fue conducido hacia una tierra extraña cubierta de glaciares. Como a primera vista parecía una roca plana, la llamó Helluland (la tierra de piedra plana). Navegando hacia el Sur, con el tiempo Leif vio una región boscosa baja con extensiones de arena blanca a la que llamó Markland (tierra de bosques). Después de tocar tierra, se reanudó el viaje hacia el Sur. En dos días se descubrió una isla. Está situada enfrente de la parte noreste de tierra firme. Leif dirigió su rumbo entre la isla y un cabo, y pasando por un río entró en una bahía. Efectuaron un desembarco seguro. La estación era mitad de otoño y, como se encontraron uvas silvestres, Leif llamó al país Vinland (tierra de vino). Se construyeron cabañas para poder pasar el invierno en este lugar, donde el clima no era muy frío y el suelo excelente.

No puede haber duda de que tanto Biarni como Leif llegaron a América. Puede que Helluland haya sido la costa de Labrador, pero algunos se inclinan a favor de Terranova, y Markland puede haber estado en Nueva Escocia.

Leif regresó a Groenlandia con un cargamento de madera. Su padre, Erik el Rojo, había muerto, y él le sucedió en sus propiedades y responsabilidades. Al año siguiente su hermano Thorvald visitó Vinland y pasó el invierno allí. En verano exploró la costa hacia el Oeste y hacia el Sur. Fue asesinado por los nativos, a quienes los nórdicos llamaban «skroelinger». Algunos piensan que éstos eran esquimales y otros que eran pieles rojas. Los skroelinger tenían canoas de piel y dormían debajo de ellas.

En el año 1020 Thorfinn Karlsefni equipó una expedición y salió en busca de Vinland. En uno de sus barcos había dos escoceses llamados Hake y Hekia, quieres eran muy rápidos a pie. Thorfinn pasó el invierno en Vinland y su esposa dio a luz a un hijo del cual descendió Thorvaldsen, el escritor danés. En primavera, Thorfinn exploró la costa más al Oeste y al Sur, y, según algunos escritores, fue al sur de Nantucket, en Long Island Sound, a la que llamó Straumsfjord. Se quedó algunos meses con su grupo en un lugar al que él llamó Hop, que Gathorne Hardy identifica con un riachuelo del extremo occidental de Long Island Sound, cerca de Nueva York [119]. Después de pasar tres inviernos en América, Thorfinn, con parte de su compañía, regresó a Groenlandia.

Otro grupo colonizador fue guiado a Vinland por Freydis, hermana de Leif, una mujer sedienta de sangre que mató a varios hombres y mujeres porque le molestaban. Ella regresó a Groenlandia.

Parece ser que se fundó un centro de comercio en Vinland. Se dice que los colonos habían sido visitados por un sacerdote cristiano llamado Jon o John que se estableció en Islandia. Fue «asesinado por los infieles».

Se cuenta la historia de un noble islandés llamado Bjorn Asbrandson, que partió hacia Vinland pero fue conducido al sur de ésta, a la región llamada por los nórdicos Hvitramannaland (tierra de los hombres blancos). Allí se convirtió en jefe de una tribu de pieles rojas. La tripulación de una embarcación nórdica fue capturada por los indios algunos años después y fue puesta en libertad por Bjorn, quien conocía a uno de ellos. Él habló profusamente sobre sus amigos islandeses, pero decidió quedarse en la nueva tierra.

Una referencia interesante a los colonos nórdicos de América está contenida en una carta procedente de Nueva Inglaterra publicada en 1787 por Michael Lort, vicepresidente de la London Antiquary Society. Fue escrita medio siglo antes y dice:

> «Existía una tradición corriente en los indios más antiguos de estas partes de ir a una casa de madera, y hombres de otra región estaban en ella, subían nadando el Assoonet, como llamaban entonces a este río (Taunton), quienes luchaban con los indios con éxito enorme.» [120]

Es difícil decir hasta dónde penetraron por el Sur estos aventureros nórdicos. Algunos piensan que la «tierra del hombre blanco» se extendía hacia Florida. Brasseur de Bourbourg tuvo en cuenta el encontrar indicios de influencia escandinava en las lenguas de América Central, y a este respecto prestó atención a las

---

[119] *The Norse Discoveries of America*, Londres, 1921.
[120] Citado por Baldwin en *Ancient America*, Londres, 1872, págs. 283-284.

tradiciones de las naciones de América Central que señalan un origen del noreste [121].

Parece no haber duda de que el Atlántico fue cruzado por exploradores nórdicos aproximadamente dos siglos antes de que Colón descubriera América. Es posible, también, que marineros galeses, irlandeses y escoceses hubieran encontrado el camino al Nuevo Mundo cuando salieron, como hicieron los chinos, a buscar la «Isla de los Benditos». Los fenicios, que circunnavegaban África y comerciaban en el océano Índico, pueden de igual manera haber penetrado más allá del mar de los Sargazos, con el cual parecen haber estado familiarizados. Pero la civilización de la América precolombina contiene elementos que apuntan a un proceso de desviación cultural, no cruzando el Atlántico sino cruzando el Pacífico. El dragón de América se parece más a la «bestia maravillosa» de China y Japón que a la de Europa Occidental y norte de África; el «disco alado» americano se parece al polinesio, mientras que los símbolos elefante de Copan no son de origen africano, sino indio. Además, no hay testimonio de que aventureros atlánticos abrieran rutas comerciales y mantuvieran relaciones comerciales constantes con el Nuevo Mundo. El comercio nórdico entre Groenlandia y Nueva Escocia nunca fue muy importante, y verdaderamente no es de Noruega, Islandia o de los asentamientos nórdicos de las islas Británicas de donde proceden las creencias y costumbres de mejicanos, mayas o peruanos.

En el capítulo siguiente se mostrará que había en tiempos más antiguos actividades marineras nórdicas y celtas que se pueden atribuir a los «vikingos» más orientales del Pacífico, de quienes se sabe que han sido comerciantes durante 1.500 años aproximadamente, y que las migraciones del sureste de Asia a Polinesia y más allá se mantuvieron durante muchos siglos.

---

[121] *Nouvelles Annales.*

Capítulo VII

RELACIONES AMERICANO-ASIÁTICAS

Mujer hurón en Tartaria.—Pruebas de momificación.—Distribución geográfica de la momificación.—Momias americanas.—Momia del estrecho de Torres.—Vestigios de cirugía egipcia.—«Movimientos culturales».—Pruebas de corazas.—Coraza asiática occidental en América.—Influencia americana en Asia nororiental.—Barcos koryak de tipo asiático egipcio.—Pruebas de los cultos marfil y ajea.—El pilar sagrado y la diosa pez.—Los «vikingos del Este».—Navegantes que usan la piedra.—Creencias jade en Asia y América.—Costumbre de aplastar la cabeza.—«Hombres piedra» en Corea, Indonesia e isla de Pascua.—Culturas extendidas por navegantes.

Muy poco se puede dudar ahora de que influencias culturales llegaron a la América precolombina procedentes de Asia. Parecería, también, que las influencias culturales americanas «se movieron dentro» de una parte de Asia. La teoría de aislamiento americano se derrumba completamente cuando se establecen estos hechos.

Se dieron pruebas interesantes sobre antiguas relaciones comerciales entre el Viejo Mundo y el Nuevo hace muchos años, pero se han oscurecido por la doctrina moderna del origen independiente. «Charlevoix, en su ensayo sobre el origen de los indios, dice —como ha observado el Dr. Daniel Wilson [122]— que Père Grellon, uno de los padres jesuitas franceses, encontró una mujer hurón en las llanuras de Tartaria, quien había sido vendida de tribu en tribu hasta que pasó del estrecho de Bering a Asia Central. Por

---

[122] *Prehistoric Man*, Londres, 1865, pág. 599.

las relaciones comerciales que muestra este incidente, no es difícil concebir una entremezcla de vocabularios, y que tal migración ha tenido lugar hasta una amplitud considerable está probado por las estrechas afinidades entre las tribus de ambos lados del estrecho (de Bering).»

Un vínculo importante entre el litoral asiático nororiental y las islas Aleutianas y entre éstos y América se permite por la práctica de la momificación. La prueba a este respecto ha sido examinada detenidamente por el profesor G. Elliot Smith, autoridad principal en el tema. Durante más de nueve años de residencia en Egipto él tuvo oportunidades únicas, como profesor de anatomía de la Escuela Gubernamental de Medicina de El Cairo, de estudiar la antigua práctica de la momificación. Desde entonces él ha extendido sus investigaciones a todas las partes del mundo, y ha descubierto que la «práctica de la momificación tiene una distribución geográfica que corresponde exactamente con la zona ocupada por el curioso surtido de otras prácticas ya enumeradas». Estas prácticas incluyen:

> «La construcción de monumentos megalíticos, la adoración del sol y la serpiente, la costumbre de perforar las orejas, la práctica de la circuncisión, la curiosa costumbre conocida como covada, la práctica del masaje, la historia compleja de la creación, el diluvio, la petrificación de seres humanos, el origen divino de los reyes y un pueblo elegido surgido de una unión incestuosa, el uso del símbolo de la cruz gamada, la práctica de la deformación craneal, etc.» [123]

Elliot Smith muestra que los asiáticos orientales, los isleños de las Aleutianas y ciertas tribus de pieles rojas practicaban el mismo método de momificación. Él habla como anatomista con el testimonio proporcionado por H. C. Yarrow en su artículo «Una contribución más al estudio de los indios norteamericanos» [124], y con el resumen hábil de L. Reutter [125] sobre la práctica de embalsamar entre los incas y otros pueblos del Nuevo Mundo. Además escribe sobre las momias peruanas que él mismo ha examinado.

---

[123] *The Migrations of Early Culture*, Londres, 1915, pág. 3.
[124] *First Report, Bureau of American Ethnology*, Washington, 1881.
[125] *De l'embaumement avant et après Jésus-Christ*, París, 1912.

Los siguientes extractos sobre el embalsamamiento en el Nuevo Mundo son de especial interés:

> «La costumbre de conservar el cuerpo no era general en cada caso, porque entre ciertos pueblos solamente los cuerpos de los reyes y jefes eran embalsamados. Las tribus indias de Virginia, de Carolina del Norte, los congarees de Carolina del Sur, los indios de la costa noroeste de América Central y los de Florida practicaban esta costumbre al igual que los incas.»

Se dan detalles sobre los métodos de embalsamamiento practicados por varias tribus. En Kentucky, por ejemplo, se seca el cuerpo y se rellena de arena fina, se envuelve en pieles o se apelmaza y se entierra en una cueva o en una cabaña.

> «En Colombia los habitantes de Darien solían quitar las vísceras y rellenar la cavidad del cuerpo de resina, después ahumaban el cuerpo y lo conservaban en sus casas... Los muiscas, los aleutianos, los habitantes de Yucatán y Chiapa también embalsamaban los cuerpos de sus reyes, o de sus jefes, y de sus sacerdotes, con métodos parecidos a los descritos, con modificaciones que varían de tribu a tribu... Únicamente entre las gentes del Nuevo Mundo que practicaban el embalsamamiento los incas lo emplearon solamente para sus reyes, jefes y sacerdotes, pero también para la población en general. Estas gentes no estaban confinadas a Perú, sino que habitaban también en Bolivia, Ecuador, así como en parte de Chile y de la Argentina.»

Los indios virginianos quitaban toda la piel y después la colocaban de nuevo sobre el esqueleto.

> «Gran cuidado y habilidad tenía que haber para evitar que la piel se encogiera. Parece ser que las dificultades de este procedimiento llevaron a ciertas tribus indias a renunciar al intento de evitar que la piel se encogiera. Así los indios jíbaros de Ecuador, al igual que ciertas tribus de la zona occidental amazónica, practican la conservación de la cabeza solamente, y, después de quitar la calavera, permiten que los tejidos más blandos se encojan hasta un tamaño no mucho mayor que una pelota de críquet.»

Elliot Smith muestra que la práctica de la momificación tuvo su origen en el antiguo Egipto y se extendió por gran parte del mundo antiguo. En contestación a las teorías de aquellos que creen que es «natural» que la gente quisiera conservar a sus muertos de esta manera, él habla extensamente de una momia del estrecho de Torres que examinó en un museo australiano. Revelaba señales de cirujía de origen egipcio, y especialmente «nuevos métodos introducidos en Egipto en la Dinastía XXI» (1090-945 a.C.). Los médicos orientales malinterpretaron por completo «una operación técnica elaborada» y no pudieron haberla inventado [126]. En el antiguo Egipto «llevó más de diecisiete siglos de constante práctica y experimentación adquirir los métodos ejemplificados en las momias del estrecho de Torres». Relacionadas con la práctica de la momificación en esta zona y en otras hay muchas ceremonias y prácticas particulares «así como tradicionaes relacionadas con la gente que introdujo la costumbre de momificar». El Dr. Haddon, escribiendo sobre «ceremonias fúnebres» de la zona del estrecho de Torres [127], dice:

> «Un culto al héroe, con intérpretes enmascarados y danzas complicadas, se extendió desde tierra firme de Nueva Guinea hacia las islas adyacentes: parte de este movimiento parece haber estado relacionado con un ritual fúnebre que hace hincapié en una vida después de la muerte... Hay que admitir que la mayoría de las ceremonias fúnebres y muchas canciones sagradas proceden del Oeste.»

Los vestigios de embalsamamiento en África Oriental y Occidental y en las islas Canarias son parecidos a los que se obtienen en varios puntos entre el mar Rojo y el estrecho de Torres. «Los procedimientos técnicos» en estas zonas africanas «no se adoptaron en Egipto hasta la época de la Dinastía XXI» (pág. 63). Langdon dice respecto al embalsamamiento en Babilonia [128] que «no es característico de los entierros babilonios y la costumbre puede deberse a influencia egipcia». En la India los antiguos arios, quie-

---

[126] Elliot Smith, *The Migration of Early Culture*, págs. 21 y sigs.
[127] *Reports of the Cambridge Anthropological Expedition To Torres Straits*, Cambridge, 1908, vol. VI, pág. 45.
[128] Hastings, *Dictionary of Religion and Ethics*.

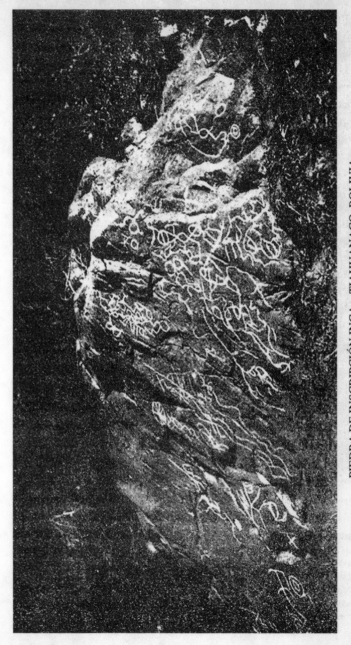

«PIEDRA DE INSCRIPCIÓN INCA», TIAHUANACO, BOLIVIA
Con petroglifos parecidos a los encontrados en megalitos y rocas de la Europa Occidental y del Sur.

119

REPRESENTACIÓN DE UNA CEREMONIA DE SANGRE

(Museo Británico)

Este panel esculpido se grabó inicialmente debajo del dintel de una puerta de uno de los templos de la gran ciudad maya de Yaxchilan, en el sur de Méjico. Un sacerdote con un báculo de ceremonia se muestra a la izquierda, supervisando una ceremonia de sangre, posiblemente realizada por un neófito, que está arrodillado a la derecha. Obsérvense los magníficos detalles del traje del sacerdote. El neófito, con un atuendo no menos espléndido, está dedicado a echar sangre suya pasando por una raja de la lengua un trozo largo de cuerda con espinas afiladas sujetas a ella.

Una palangana en el suelo recoge las gotas de sangre según caen.

nes no quemaban a sus muertos, destripaban al cadáver y rellenaban la cavidad de *ghee* [129]. Pruebas interesantes sobre métodos de momificación se han recogido en Birmania, Ceilán, sureste de la India, Tíbet, Polinesia, etc., que se encontrarán en el libro del profesor Elliot Smith [130]. Él sostiene que la cultura compleja asociada con la momificación fue llevada desde Indonesia, «allá en el Pacífico, y finalmente llegó a la costa americana, donde dio fruto en el desarrollo de las grandes civilizaciones del litoral e istmo del Pacífico, desde donde poco a poco levantó la masa de la vasta población aborigen de las Américas».

Siguiendo sus investigaciones en otro campo Berthold Laufer, el erudito oriental americano bien conocido, tratando del problema de la coraza en la antigua China, escribe, después de examinar la prueba:

> «En general se mantiene la opinión de que la coraza, los últimos retoños con los que nos encontrarmos en la esquina más al noreste de Asia y más al noroeste de América, tuvo su origen en Asia occidental.» [131]

Como esta conclusión es de importancia trascendental, es necesario revisar la prueba en la que está basada. «Los salvajes americanos —escribe O. T. Mason [132]— estaban equipados con coraza de cuerpo cuando los encontraron por primera vez. Donde abundaban el uapití, el alce, el búfalo y otros grandes mamíferos terrestres, allí era posible cubrir el cuerpo con un traje impermeable de piel de animal sin curtir.» La coraza de piel parece «en casi todas los sitios en Norteamérica, incluso en la zona oriental —como dice Laufer—, la forma más antigua de protección del cuerpo en la guerra». Como en el caso de la momificación, los tra-

---

[129] Mitra, *Indo-Aryans*, Londres, 1881, vol. I, pág. 135.
[130] *The Migrations of Early Culture: A Study of the Significance of the Geographical distribution of the Practice of Mummification as Evidence of the Migrations of Peoples and the Spread of Certain Customs and Beliefs* (Londres, 1915). (Migraciones de la cultura antigua: Estudio del significado de la distribución geográfica de la práctica de la momificación como prueba de las migraciones de pueblos y de la difusión de ciertas costumbres y creencias).
[131] *Chinese Clay Figures*, Chicago, 1914, vol. I, pág. 291.
[132] *The Origins of Invention*, pág. 390.

jes variaban entre las tribus. Los indios del río Thompson, por ejemplo, tenían «la coraza de madera cubierta de piel de uapití». Algunos indios fortalecían su coraza con listones de madera, o carrizo, o láminas de hueso. «No se pueden encontrar diferencias fundamentales —comenta Laufer— en el empleo de madera y hueso o marfil, que presentan simplemente cambios materiales puramente técnicos.»

La coraza la conocían los chinos y los japoneses, pero hay indicios que muestran que se usaba en América en tiempos anteriores a los japoneses. El pueblo esquimal usaba coraza como hacían también los su-shen, un pueblo antiguo del noreste de Asia. Aquí nos referimos a las relaciones entre los habitantes de la última zona y América. Laufer acepta y enfatiza la opinión de que los tipos de cultura de Asia nororiental

> «tienen características fuertes y pronunciadas que apenas tienen paralelo con el resto del Mundo Asiático, y que debido a las condiciones geográficas la zona entera se ha mantenido más pura e intacta a corrientes externas que cualquier otro grupo cultural de Asia. Las profundas investigaciones de Bogoras y Jochelson nos han mostrado que en la lengua, tradiciones populares, religión y cultura material, las afinidades de los chukchi, koryak, yukagir y kamchatdal, van con los americanos, no con los asiáticos» (pág. 267).

Esta opinión es de especial interés hasta donde se establece el hecho de que hubo un contacto cultural en la antigüedad entre Asia nororiental y América. El testimonio dado por la momificación, sin embargo, no puede pasarse por alto. Además, hay otro testimonio de importancia transcendental. E. Keble Chatterton [133] hace referencia al informe de Jochelson sobre barcos koryak que se usaban en el mar de Okhotsk en el Pacífico noroccidental, y muestra que su tripulación mantiene similitudes destacadas con aquellas del Antiguo Egipto:

> «Así, además de copiar de los antiguos el conducir con un remo, el extremo de proa de sus barcos de vela termina en una horquilla a

---

[133] *Sailig Ships and their Story*, págs. 32 y sigs.

través de la cual se pasa la cuerda del arpón, estando grabada esta horquilla algunas veces con una cara humana que ellos creen que servirá de protector del barco. En vez de escálamos tienen, como los antiguos egipcios, anillas de correa a través de las cuales se meten el remo o zagual. Su vela, también, es un rectángulo de pieles de reno curtidas cosidas unas con otras. Pero es su mástil el que se parece especialmente a los egipcios y birmanos... Posiblemente vino de Egipto a la India y China y por el norte hasta el mar de Okhotsk.»

Rendel Harris, trabajando en otra esfera, ha acumulado muchas pruebas importantes para demostrar que las creencias relacionadas con el marfil y ajea, y las deidades asociadas a estas plantas, se movieron hacia el Este a través de Siberia hasta alcanzar el Kamchatdal. Krasheninnikoff, uno de los primeros exploradores rusos de Siberia, escribió un informe de sus viajes durante los años de 1733 a 1743. Una traducción francesa de esta obra titulada *Voyage en Sibérie, contenant la descripcion de Kamtchatka*, fue publicada en París en 1768. Rendel Harris, refiriéndose a ella [134], dice que «hay dos ídolos en la morada subterránea de Kamchatdal, uno de los cuales tiene forma de mujer, con su mitad inferior en forma de pez; el otro es un herma o pilar con cabeza tallada». Compara los ídolos de los kamchatkans con «la hermosa pareja de hermas dionisíacas de la Casa de los Vettii en Pompeya» y continúa:

> «Apenas menos interesante que el pilar revestido de marfil y el herma asociado es la diosa con terminación de pez. Los arqueólogos empezarán en seguida a recordar las formas de pez varias de religiones griegas y orientales, el Dagon y Derceto de los filisteos, los Oannes de los asirios, Eurynome de las leyendas griegas y similares.... El descubrimiento de la primitiva santidad del marfil, la ajea y el muérdago forman un fuerte vínculo entre los antiguos griegos y otros pueblos antiguos, tanto de Oriente como de Occidente.»

Como veremos, la diosa ajea llegó a Méjico.

El flujo y reflujo de influencias culturales entre América y Asia nororiental tienen que investigarse todavía en detalle. Sin embargo, puede haber poca duda de que los navegantes estaban activos

---

[134] *The Ascent of Olympus*, pág. 98 y sigs.

en la antigüedad y ninguna absolutamente de que las embarcaciones usadas eran de origen egipcio asiático. El barco de mar fue un invento egipcio y pasó de pueblo a pueblo, y de país a país, hasta que al final llegó a América [135].

Han tenido que venir pruebas de China para dar luz a actividades de al menos un pueblo activo e influyente en la zona que se considera. Eran conocidos para los antiguos chinos como los su-shen y los yi-lou. Es importante observar que los su-shen usaban corazas de piel de animal y corazas de hueso. «Es un hecho destacado —dice Laufer— que los chinos no atribuyen la coraza de hueso a ninguna otra de las numerosas tribus con las que llegaron a familiarizarse durante su larga historia y cuya cultura nos han descrito ellos.» Las armas características de la tribu eran «arcos de madera, ballestas de piedra, coraza de piel de animal y hueso». Además tenían «hachas de piedra que representaban un papel en su culto religioso» [136].

Laufer se refiere a los su-shen como «los Vikingos del Este». Ocupaban una zona hacia el noreste de China «más allá de las fronteras de Corea». Se desconoce el límite norte de su país. En el siglo VII de nuestra era sus incursiones y batallas en el mar les hicieron famosos en Japón y China. «Durante mil años antes de esa época —dice Laufer— los chinos estaban familiarizados con esta tribu y su peculiar cultura... De informes chinos podemos fundar el hecho de que los su-shen vivieron en una edad de piedra durante al menos mil quinientos años hasta la Edad Media, cuando llegaron a unirse a la gran corriente de tribus nómadas tungúsicas.»

Los su-shen eran comerciantes, así como piratas. En el tercer siglo de nuestra era llevaban coraza de hierro como tributo a los chinos. Laufer escribe a este respecto:

> «Como los su-shen no eran capaces de hacer corazas de hierro, ni estaban familiarizados con la técnica de fundir y forjar hierro, tenían que haberlas recibido por consiguiente por el canal del comercio procedente de una región que produjera hierro, como encontramos en

---

[135] Ver testimonios, *Myths of China and Japan*, cap. II.
[136] *Chinese Clay Figures*, págs. 262-263.

la antigüedad en el interior de Siberia, en Asia Central y, al comienzo de nuestra era, también en Corea.» [137]

Laufer hace hincapié en este aspecto del problema oponiéndose a la opinión de que las culturas americanas nunca tuvieron relación alguna con Japón, y continúa:

> «Los hilos de conexión histórica que van de América a Asia no terminan en Japón, sino que en primer lugar, hasta donde concierne a los tiempos de la antigüedad, lo hacen en un territorio que se podría definir como la parte norte de las modernas Manchuria y Corea. Desde la antigüedad la variada población de esta región ha compartido hasta cierto punto elementos culturales que van a componer las características de la provincia cultural del Pacífico Norte. No es suficiente para el estudio de las relaciones americano-asiáticas tener en consideración solamente las condiciones etnológicas actuales, como se ha hecho, sino que se tiene que reconstruir primero la etnología antigua de ese región.»

El testimonio de la coraza de hueso es importante sin duda para establecer la existencia de contacto cultural entre los Mundos Nuevo y Viejo. Esto se pone de manifiesto claramente cuando encontramos el escrito de Laufer:

> «La coraza de hueso existió en la antigüedad en la parte occidental del Viejo Mundo en tribus escitias, y este caso muestra que, respecto a la coraza de hueso del noreste asiático y la americana, no necesitamos recurrir a la teoría de explicarla como una imitación de hierro en hueso.»

Una discusión importante sobre los su-shen se encontrará en las *Transactions of the Asiatic Society of Japan* [138]. Parker muestra que los su-shen «habitaban en agujeros cavados en el suelo, marcando la profundidad la alta categoría del ocupante». Por tanto, tenían hábitos de vida similares a los misteriosos koro-pok-guru de Japón. Sus cabezas de flecha estaban «hechas de piedra verde».

---

[137] *Chinese Clay Figures*, págs. 271-272.
[138] E. H. Parker, *On Race Struggles in Corea*, vol. XVIII, págs. 157 y sigs.

El jade rojo y verde eran valiosos para ellos, y de cuando en cuando enviaban su jade a China. Este hecho se debería tener presente cuando encontremos que la jadeíta era tan preciada para los mejicanos y estaba asociada a Chalchilcuitlicue, la diosa consorte del dios de la lluvia Tlaloc, cuya residencia en la montaña era «Montaña Ajea». Los su-shen hacían sacrificios «a los poderes espirituales, los dioses de la tierra y de las estrellas. Adoraban al Cielo en la décima luna... en el este de su estado había una gran cueva llamada *Sui-shen*, a la cual iban todos en peregrinación también en la décima luna». Los chinos registraron de un pueblo coreano oriental que «ellos sabían como observar las estrellas y podían profetizar la abundancia o escasez del año. Siempre hacían sacrificios al cielo en la décima luna, cuando bebían vino, cantaban y bailaban noche y día; esto se llamaba «bailando al Cielo». También hacían sacrificios al tigre, al que consideraban con un poder espiritual».

Otro grupo antiguo del sur de Corea «apreciaba los guijarros y perlas» pero no valoraba el oro. Se hacen referencias a los tatuajes en esta zona y a una costumbre bien conocida en América a la que se alude como sigue: «Cuando nacía un hijo les gustaba aplastar la cabeza y siempre la presionaban con piedras.» Se usaron barcos «para inmigrar» en esta zona. Hay referencias a los «hombres piedra» de Corea. El *Shih-i-ki* (obra china) habla de estatuaria de piedra humana en el «Mar Negro». El *Yu-yang Tsah-tsu* habla de un hombre piedra de quince pies de altura en el estado de *Lai-tsz,* y de un hombre de piedra que solía espantar a los tigres en una montaña llamada *Sün-yang*.

Los escritos sagrados japoneses hacen eco «en una mezcla desconcertante —como dice Laufer— de tradiciones asiático continentales y malayo polinesias» [139]. De igual manera encontramos una mezcla de costumbres y creencias importadas en Corea y en la zona al norte y noreste, en la cual se han hallado rastros de influencias asiáticas y americanas. Los su-shens navegantes comerciaron con Siberia, y su coraza de hueso pasó a América, donde fue imitada por tribus de pieles rojas. Los barcos de tipo egipcio

---

[139] *Chinese Clay Figures*, pág. 272.

estaban usándose en el Pacífico Norte. Parece ser que en Corea navegantes antiguos introdujeron la costumbre que prevalece en la isla de Pascua de erigir hombres de piedra. La misma costumbre se observa en Indonesia. Menhires sencillos (piedras verticales) relacionadas con los Dólmenes de Kopa tenían cada uno «la forma de un hombre». Los rostros «se parecen un poco a aquellos de las imágenes de la isla de Pascua» [140].

No podemos dejar de reconocer la influencia inmensa y extendida ejercida en la antigüedad por pueblos navegantes, quienes iban lejos en busca de objetos preciosos, e introdujeron nuevos modos de vida y pensamiento en varias regiones aisladas. En Asia nororiental su cultura se encontró y se mezcló con las culturas que se movieron desde Siberia. El testimonio que ofrece la coraza de hueso y la momificación dejan pocas dudas de que los su-shen y otros pueblos como ellos transportaron elementos culturales a América. Pero no sería sólo en esta zona donde se puede rastrear una conexión entre el Nuevo Mundo y el Viejo. En el capítulo siguiente se mostrará que se disponía de otras rutas para el movimiento de influencias asiáticas a América, y que el testimonio acumulativo a este respecto es de un carácter sorprendente.

[140] Perry, *The Megalithic Culture of Indonesia*, pág. 19.

Capítulo VIII

RUTAS MARÍTIMAS DE ANTIGUOS NAVEGANTES DEL PACÍFICO

La hipótesis china.—Mito de la «Bolsa de sangre» en China y América.—
Migraciones por el estrecho de Bering.—Patria asiática de los indios piel
roja.—Ruta de la Corriente Negra por el Pacífico.—Mitos y cuadros budistas
parecidos en Japón y en Méjico.—Ruta polinesia hacia América.—Barcos parecidos en Polinesia y América.—Rastros fenicios en Polinesia.—Comercio del
mar de Salomón.—Importaciones desde el estado malayo de Pahang.—Colonias antiguas en el Lejano Oriente.—Armenoides llegan a Polinesia.—Creencias y costumbres de perla y concha en los Mundos Viejo y Nuevo.—Polinesios y americanos buscaban el Pozo de la Vida y el Paraíso Terrenal.—Búsqueda
de la «planta de la vida».

Ha sido recalcado por algunos escritores que China fue la
fuente principal de la civilización precolombina en América. Se ha detallado una cantidad de vínculos interes-
santes para apoyar esta hipótesis. Una, que hasta ahora no se ha
observado, se puede referir aquí. En los anales chinos medio
míticos se habla de Wu-yih, uno de los últimos reyes de la Dinastía de Shang, quien se supone haber gobernado desde 1198 hasta
1194 a.C., que él hizo una imagen de un hombre al que llamó
«el Espíritu del Cielo» y «jugaba con él» (es decir, jugaba a los
dados o a algún juego parecido al ajedrez con la imagen o su
sacerdote). Cuando la imagen no tenía éxito, Wu-yih «le des-
honraba» y hacía una bolsa de cuero que rellenaba de sangre. Él
tenía la bolsa «colocada en alto» y disparaba a ella, y llamaba a

esto «disparar al Cielo». Un día fue matado por un rayo y el pueblo consideró el trágico suceso como venganza justa y apropiada del Cielo [141]. Parecería que Wu estuviera a favor de algún culto antiguo herético que había sido introducido en China y que fue suprimido y olvidado al final. Herodoto (Libro II, cap. 122) cuenta que el faraón Rhampsinitus de Egipto jugaba a los dados con la diosa Ceres, «unas veces ganando y otras veces sufriendo la derrota»: el suceso llevó a fundar un festival especial cuyo significado es oscuro.

Disparar a los dioses con el propósito de dominarlos está referido en un clásido hindú, el *Maha-bharata*. Un rey disparó cientos de flechas al océano, cuyo dios se levantó y exclamó: «¡Oh, héroe, no (me) dispares tus saetas! Dime, qué te haré. Con estas flechas poderosas que disparas, aquellas criaturas que se han refugiado en mí están siendo asesinadas, ¡oh, tigre entre reyes! ¡Oh, señor! Concédeles seguridad.» [142] De igual manera los antiguos celtas tiraban armas al mar. Evidentemente el disparo a la bolsa de sangre tenía un significado ritualista.

Es de especial interés hallar la bolsa de sangre entre los indios de Nicaragua quienes habían emigrado de Méjico. Cuando sacrificaban a las deidades del venado y el conejo, recogían la sangre coagulada de un animal sacrificado y la envolvían en un trapo, que era colocado en una cesta y suspendido en el aire. Una ceremonia de esta clase no es posible que tenga un origen independiente en China y en América. Pero no significa que pasara a América desde China. Los chinos y los indios de Nicaragua la recibieron con toda probabilidad y asociaron creencias de los transportadores de la cultura antigua, quienes siguieron varias rutas por el Viejo Mundo y hacia el Nuevo. En China la ofrenda de la bolsa de sangre estaba relacionada con una costumbre que impera en la India, y fue adquirida por los celtas de alguna fuente sin identificar.

Los chinos eran un pueblo agrario. No se aficionaron al mar antes de que hubieran echado raíz en América los primeros elementos de la civilización precolombina. Antes de que empezaran

---

[141] Legge, *The Shu King*, pág. 269, nota 5.
[142] *Açwameda Parva*, sec. XXIX, slokas 1-5.

a construir juncos, sus costas habían sido visitadas por pueblos marítimos que de la misma manera visitaron Japón, donde la cultura anterior a la ainu de los koro-pok-guru floreció durante algún tiempo; estos pueblos marítimos también se asentaron alrededor del mar de Okhotsk, donde los koryaks tienen todavía barcos que se parecen a los que inventaron los antiguos egipcios. Como se ha observado, Chatterton piensa que estas embarcaciones koryaks pasaron en un principio «de Egipto a la India y China, y por el norte hasta el mar de Okhotsk»[143]. Parece ser que los antepasados de los koryaks adquirieron su conocimiento de fabricación de barcos y navegación de pueblos con una civilización más elevada, quienes en la antigüedad fueros atraídos a su zona de producción de oro.

Como hemos visto, el testimonio ofrecido por la momificación, coraza protectora de hueso, etc., indica que hubo movimientos raciales y culturales por el estrecho de Bering y por la ruta de las islas Aleutianas al Nuevo Mundo. Estos comenzaron en un período temprano y al parecer están relacionados con movimientos raciales de Asia Central y Siberia. El profesor Elliot Smith ha seguido el rastro de los pieles rojas hasta su tierra natal originaria en la zona transcaspiana. «No muy lejos de la cabecera del Yenesie —escribe— todavía persisten parientes.»[144] Esta zona fue alcanzada en un período temprano por exploradores procedentes de centros de civilización antigua en busca de metales preciosos y gemas. Sus operaciones tuvieron resultados trascendentales. Al parecer su influencia se sintió en la provincia Shensi de China ya en el 1700 a.C. Parece haber calado en el noreste de Asia también y haber puesto en marcha movimientos raciales que permanecen muy oscuros.

El movimiento racial del Norte desde Asia hacia América parece haber sido constante y continuo. Ha quedado impreso en los caracteres físicos de la vasta mayoría de habitantes aborígenes del Nuevo Mundo. Pero, desde un punto de vista cultural, las intrusiones más importantes fueron las de los navegantes que cruza-

---

[143] *Sailing Ships and their Story*, págs. 32-33.
[144] *Journal of the Manchester Geographical Society*, vol. XXXIII, 1917, pág. 21.

ron el Pacífico vía Oceanía y la ruta de la Corriente Negra desde Japón. Como las minorías que se inmiscuyen en otros lugares, estos marineros y exploradores parecen haber revolucionado la vida social de las gentes entre las que se asentaban, aunque su impresión física puede haber sido leve y menos permanente. «Puede que pueblos inmigrantes —escribe el Dr. Haddon— llevaran una cultura y una lengua que afectara permanentemente a los pueblos conquistados; sin embargo la población aborigen, si se les permitía sobrevivir en cantidad suficiente, afectará al final a la pureza racial de los recién llegados, y el tipo racial indígena tiende a reafirmarse y a llegar a predominar una vez más.» [145]

La «Corriente Negra» (*Kuro Siwo*) fluye continuamente en dirección Norte a lo largo de la costa oriental de Japón, y luego se extiende en una curva hacia la costa oeste de Norteamérica. Embarcaciones japonesas han sido transportadas con frecuencia por esta corriente. «Los monzones de enero del noreste —escribe Bancroft— son apropiados para soplar a cualquier barco de cabotaje desafortunado que se le ocurriera estar fuera directo en el *Kuro Siwo*.» Las embarcaciones son llevadas a la deriva hacia las islas Sandwich o a Norteamérica, «donde se dispersan a lo largo de la costa desde Alaska hasta California». Se han registrado casos de juncos japoneses que han sido llevados por la Corriente Negra a América en tiempos históricos. Bancroft, resumiendo el testimonio de Brooks y otros a este respecto, escribe:

> «En la mayoría de los casos los supervivientes se quedaban permanentemente en el lugar al que les habían llevado las olas... Muchísimas palabras japonesas se van a encontrar en la jerga chinook, pero en todos los casos abreviadas, como si procedieran de una fuente extranjera... Cuántos años ha sido esto así sólo se puede dejar a la conjetura.»

Bancroft se inclina a resaltar las opiniones de Brooks, quien explica las similitudes existentes entre los indios californianos y los japoneses «por una constante infusión de sangre y costumbres

---

[145] *The Wanderings of Peoples*, págs. 4-5.

japonesas, tras varios años, suficiente para modificar al original de dondequiera que viniera» [146].

El mismo Japón fue objeto de varias intrusiones raciales antes de que se abriera su período histórico. El koro-pok-guru, un pueblo marinero, se asentó antes que los ainu, y a los ainu les siguieron los coreanos y malayos. Bien pudiera ser que un porcentaje de antiguos navegantes, con destino a Japón desde el Sur o desde las costas chinas, fueran transportados a América por la Corriente Negra. Bancroft escribe más sobre este aspecto del problema:

> «Viollet-le-Duc señala algunos parecidos sorprendentes entre los templos de Japón y de América Central. Se afirma que la gente de Japón tenía conocimiento del continente americano y que está señalado en sus mapas. Montanus nos cuenta que tres capitanes de barco, llamados Henrik Corneliszoon, Schaep y Wilhelm Byleveld, fueron cogidos prisioneros por los japoneses y llevados a Jeddo, donde les mostraron una carta de mareas en la que estaba dibujada América como un país montañoso que se unía a Tartaria por el Norte. Por supuesto los nativos (de América noroccidental) tienen la tradición de siempre de que los extranjeros llegaron y estuvieron entre ellos mucho antes de la llegada de los europeos. En California había en la época de la conquista (española) indios de varias razas, algunos de tipo japonés.» [147]

En una conferencia dada ante la Asociación Británica en 1894, el profesor E. B. Taylor trató de un vínculo importante entre Japón y Méjico [148]. Este distinguido antropólogo demostró que la concepción de pesar el corazón de los muertos en el Juicio de Osiris hizo su primera aparición en el Antiguo Egipto. De ahí se podía seguir la pista «en una serie de variantes, sirviendo para trazar líneas de relaciones a través de las religiones védica y zoroástrica extendiéndose desde el Budismo oriental a la Cristiandad occidental». Tylor continúa:

---

[146] Bancroft, *The Natives Races of the Pacific States of North America*, vol.V, págs. 52-53.

[147] Bancroft, *op. cit.*, págs. 53-54 y nota 114.

[148] «Sobre la difusión de creencias míticas como testimonio en la historia de la cultura» (*Informe de la Asociación Británica*, 1894, pág. 774).

«La doctrina relacionada con el Puente de los Muertos, que separa a los buenos, los que pasan por encima, de los malvados, que caen al abismo, aparece primero en la religión persa antigua, alcanzando de igual manera los extremos de Asia y Europa. Por medio de estas creencias míticas casi se han constituido lazos históricos, relacionando las grandes religiones del mundo y sirviendo de líneas a lo largo de las cuales se va a llevar a cabo su interdependencia.»

Luego Tylor habla de las influencias asiáticas «bajo las cuales tomó forma la cultura precolombina de América», y muestra que:

«En la religión del antiguo Méjico cuatro grandes escenas del viaje del alma en la tierra de los muertos son mencionadas por los primeros escritores españoles después de la conquista, y están representadas en un grupo en la escritura pintada azteca conocida como Códex Vaticano. Las cuatros escenas son, primera, el cruce del río; segunda, el espantoso viaje del alma entre las dos montañas que entrechocan; tercera, la escalada del alma por la montaña equipada con cuchillos de obsidiana afilados, y cuarta, los peligros del viento llevando tales cuchillos en su ráfaga.»

El profesor Tylor mostró estos cuatro cuadros mejicanos, y también cuadros que más o menos se corresponden de cielos o purgatorios budistas procedentes de pergaminos de templo japonés. En estos segundos:

«Primero se muestra el río de la muerte, que las almas vadean; segundo, las almas tienen que pasar entre dos enormes montañas de hierro, que son empujadas una hacia la otra por dos demonios; tercero, las almas culpables escalan la montaña de cuchillo, cuyas hojas cortan sus manos y pies, y cuarto, fortísimas ráfagas de viento chocan contra sus laceradas formas volando las hojas de los cuchillos por el aire.»

Tylor alega que «el aspecto de versiones análogas tan cercanas y complejas de ideas budistas en Méjico constituían una correspondencia de un orden tan elevado como para descartar cualquier explicación excepto la transmisión directa de una religión a otra».

No sigue necesariamente que los japoneses llevaran las doctrinas ilustradas en los cuadros mejicanos al Nuevo Mundo. Tanto Japón como Méjico han podido recibirlas de una fuente común.

UNA PUERTA MEGALÍTICA, TIAHUANACO, BOLIVIA

MONUMENTO TRILITO EN NUKUALOFA, ISLAS TONGA, POLINESIA

XOLOTL COMO DIOS PERRO

El dios Xolotl (pronunciado *shol-ot'l*) en el *Codex Vaticanus A,* con parte de la interpretación del sacerdote italiano recibida de los aztecas. Esta deidad fue en uno de sus aspectos un «perro del Hades», y, como el dios egipcio de cabeza de perro Anubis, un guía de almas. El dios de la muerte indio Yama tenía forma de perro. Los aztecas sacrificaban un perro para conducir a los muertos al otro mundo. Xolotl es aquí una deidad compleja. Estaba relacionado con el fuego, el rayo, el sol y también con la fertilidad, la tierra y los sacrificios. Aquí se muestra con penitencial y otros símbolos sobre la cabeza, un símbolo solar debajo de la oreja, un collar de conchas que da vida y el símbolo de concha Quetzalcoatl en el pecho.

136

La ruta oceánica o polinesia hacia América parece haber transportado profundas influencias culturales. Entre los polinesios se han detectado rasgos físicos que les relacionan con los nativos de la India y de la península malaya, e incluso con los armenoides de Asia Occidental y con la raza mediterránea. Sus leyendas están llenas de informes de sus largos viajes por mar y hay muchas pruebas que demuestran que en un principio pasaron de Indonesia a sus islas coralinas. Alcanzaron la isla de Pascua por el Este y Madagascar por el Oeste.

William Ellis, el bien conocido misionero y autor de *Polynesian Researches* [149], ha comentado las coincidencias de lengua, mitología, etc. de los polinesios con los hindúes, los nativos de Madagascar y los americanos. El menciona una tradición:

> «Los primeros habitantes de las Islas de los Mares del Sur vinieron en un principio de una región en la dirección de la puesta del sol, a la cual dicen que dieron varios nombres, aunque los habitantes actuales no recuerdan ninguno de ellos.»

Observa, además, que el obispo Heber, una autoridad sobre hindúes, dijo «que muchas cosas que vio en los habitantes de la India le recordaban las láminas de los *Viajes de Cook*». Ellis consideraba, sin embargo, que «los parecidos entre los habitantes polinesios y malayos de Java, Sumatra y Borneo, y de Ladrone, Carolina y las islas Filipinas son todavía mayores», y escribió más a este respecto:

> «Hay también muchos parecidos en la lengua, modales y costumbres entre los isleños de los mares del Sur y los habitantes de Madagascar en el Oeste; los habitantes de las islas Aleutianas y Kuriles en el Norte... y también entre los polinesios y los habitantes de Méjico y algunas partes de Sudamérica. Las facciones generales y el matiz frecuente del cutis, la práctica de tatuar que prevalece entre los aleutianos y algunas tribus de América, el proceso de embalsamar los cuerpos muertos de sus jefes y de conservarlos sin enterrar, el juego del ajedrez entre los araucanos, la palabra para Dios *tew* o *tev*, la con-

---

[149] Londres (1.ª ed.), 1829, vol. II, págs. 37 y sigs.

gelación de niños, sus juegos, su forma de arreglarse el pelo, adornándolo con plumas; las numerosas palabras de su lengua, que se parecen a las de Tahití, etc.; sus vestidos, especialmente el poncho, e incluso la leyenda del origen de los incas, que es no poco parecida a la de Tü, quien también descendía del sol.» [150]

Los polinesios tenían la costumbre de hacer largos viajes por mar. Incluso en tiempos de Ellis viajes de 700 a 1.200 kilómetros no eran infrecuentes, tal como él informa. Elsdon Best [151] ha demostrado «cómo exploraron los maoríes el océano Pacífico y trazaron los caminos del mar para siempre». En su importante monografía trata largo y tendido de sus embarcaciones, sus métodos de navegación, sus almacenes de alimentos y agua y las razones por las cuales empezaron sus viajes de exploración. Desde las islas Samoanas, una de las cuales parece ser la Hawaiki de sus leyendas, los polinesios alcanzaron y habitaron Nueva Zelanda por el Sur y Hawaii por el Norte [152]. Parte de los habitantes de la isla de Pascua procedían de las islas Salomón [153]. De hecho, dentro del área cubierta por las islas de los Mares del Sur, los polinesios viajaron a una distancia dos veces mayor de la que separa sus islas del continente americano. ¿Es posible que, habiendo alcanzado Hawaii, las Marquesas y la isla de Pascua, pudieran haberse saltado las islas Galápago fuera de la costa de Sudamérica y la tierra montañosa de más allá? Cuando descubrimos que los americanos precolombinos tenían tantas costumbres y creencias en común con los polinesios, y que utilizaban barcos parecidos en los cuales llegaron y habitaron las Indias Occidentales, la teoría de que ellos nunca descubrieron o pudieron haber descubierto América parece peligrosa y poco convincente.

El Dr. D. Macdonald, de la misión de las Nuevas Hébridas, quien ha encontrado indicios de influencia fenicia en las lenguas océanicas, escribe sobre los marineros de los mares del Sur:

[150] Ellis, *op. cit.*, vol. II, pág. 46.
[151] «Viajes maoríes y sus embarcaciones» (*Transactions and Proceedings of the New Zeland Institute*, vol. XLVIII, 1916, pág. 447.
[152] Westervelt, *Legends of Old Honolulu*, 1915, págs. 12-13.
[153] Routledge, *The Mystery of Eastern Island*, págs. 296-298.

«Desde cualquier punto del que emigrara la raza oceánica al mundo de la Isla, lo hicieron en embarcaciones de altura, y debiéramos deducir razonablemente que antes de hacerlo estaban en posesión de tales embarcaciones de forma habitual, o eran un pueblo de embarcaciones de altura, comercial, como lo son la mayor parte de ellos hoy.» [154]

Se refiere a las flotas de Salomón, que eran tripuladas por fenicios y, según Josephus, llegaron a la península malaya. La razón por la que Salomón entró en el comercio marítimo, que se había establecido antes de su época, está revelado en los detalles bíblicos de las cosas que él importaba. Desde Ofir sus marineros fenicios traían oro (*I Reyes*, IX, 28) y madera de sándalo y piedras preciosas (*2 Crónicas*, IX, 10). Ellos hacían largos viajes:

> «porque el rey tenía naves que iban a Tarsis con los súbditos de Juram, y cada tres años llegaban las naves de Tarsis, que traían oro, plata, marfil, monos y pavos reales» (*2 Crónicas*, IX, 21) [155].

Se ha indicado que Tarsis estaba en España, pero ese país no posee monos ni pavos reales. Los pavos reales y monos y el marfil parecen haber procedido del Este, y parece ser que de la tierra a la que se refiere Josephus como *Aurea Chersonesus*, «la cual —como él observa— pertenece a la India». Por tanto es de especial interés encontrar a sir Hugh Clifford [156] referirse al «reciente descubrimiento en el estado malayo de Pahang (el hogar de monos, marfil y pavo real) de inmensas minas de oro de una fecha muy antigua y de un trabajo que no tiene igual en Asia suroriental». Tiene en cuenta que este descubrimiento «da una razón más que suficiente para la denominación "dorado" tanto tiempo aplicado al Chersonese».

Ofir parece haber sido un mercado o puerto comercial de Arabia al cual llevaban la riqueza de los países que producían metales y piedras preciosas, perlas, etc., intrépidos marineros de la anti-

---

[154] *The Oceanic Languages*, Londres, 1907, págs. 4 y sigs.
[155] Traducción de la Biblia (*N. del T.*).
[156] *Further India*, 1904, pág. 13.

güedad. Estos marineros buscaban metales, joyas, hierbas, árboles que producen incienso, etc., que tenían un valor religioso y por tanto un valor comercial. Fundaron colonias que se convirtieron en centros a partir de los cuales radiaron los elementos de antigua civilización. Sus artes y oficios, y sus creencias religiosas y costumbres, fueron adquiridos por varios pueblos extranjeros, y desde los diferentes centros de civilización que estaban establecidos, los colonos y sus descendientes mezclados comenzaron viajes de exploración y llegaron a Sumatra, Java, Borneo, las Filipinas, Formosa, Japón, las costas de China e incluso por el Norte hasta la región de Koryak alrededor del mar de Okhotsk; también pasaron por las Célebes hacia Nueva Guinea y las islas de los Mares del Sur. India estaba impregnada de su influencia mucho antes de que fuera invadida por los arios. Después de que éstos entraran en contacto con la civilización drávida pasaron de su etapa védica de cultura religiosa a la brahamánica.

El profesor Elliot Smith, quien observa que en el curso de sus andanzas los antiguos marineros «llegaron a entremezclarse con etíopes y árabes e indios y malayos», llama la atención sobre el hecho, ya referido, de que «el sustrato del grupo original que pobló Polinesia estaba compuesto de marineros del Mediterráneo y del golfo Pérsico, en cuya constitución entró en buena parte la rama sur emprendedora de la raza armenia», y escribe:

> «Los marineros errantes fueron los colonizadores de Polinesia, la cual se convirtió por tanto en la población más marinera exclusivamente de la historia del mundo.»

Un porcentaje de viajeros fueron inducidos, como la leyenda homérica de soñadores, a decidirse por islas de coral, pero, dice el profesor Elliot Smith, refiriéndose a la «oleada» principal de marineros:

> «Si podemos juzgar su comportamiento en otros lugares, deberíamos asumir que, a medida que visitaban isla tras isla de Polinesia sin descubrir oro ni perlas, ellos no se quedaban, sino que seguían adelante, más allá, en busca de tales riquezas... Los viajeros más enérgicos e intrépidos... siguieron adelante hasta que consiguieron

su recompensa como pioneros de la civilización del Viejo Mundo en América.» [157]

Señales de buscadores de perlas antiguos sobreviven en tradiciones, topónimos y creencias religiosas hawaianas. Los nativos tienen sus dragones con perlas, su «Puerto Perla», sus piedras dragón e incluso su diosa reptil parecida a la naga que vive en un «gran estanque profundo». La tradición hawaiana del dragón se parece mucho a la de China y Japón, y a la tradición del naga de la India [158].

Wilfrid Jackson ha demostrado [159] que los antiguos marineros que buscaban perlas y conchas de perla, que tenían un valor religioso, llegaron a América, y que las creencias y costumbres de la concha y perla en el Nuevo Mundo eran idénticas a las del Viejo Mundo. En el primer capítulo de este libro se trata con detalle la identidad de las creencias y costumbres del Nuevo Mundo y del Viejo relacionadas con el oro. El profesor Elliot Smith, la mayor autoridad viva sobre momificación, da pruebas, como se ha mostrado, en su *The Migrations of Early Culture* [160], de que las costumbres de la momificación y creencias en diferentes partes del Viejo Mundo proporcionan testimonio importante sobre la extensión de éstos en América.

En el capítulo siguiente se habla de las costumbres de enterrar en el agua en los Mundos Viejo y Nuevo. Pudiera parecer que éstas estaban relacionadas con la búsqueda del Pozo de la Vida y del Paraíso Terrenal [161]. Los polinesios llevaron a cabo esta búsqueda inmemorial. Ellis se remite a este respecto al «informe hawaiano del viaje de Kampapiikai a la tierra donde los habitantes disfrutaban de salud perpetua y belleza de juventud, donde el *wai ora* (fuente que da vida) quitaba todo mal interno y toda deformidad externa o deterioro paralizador de todos aquellos que eran sumer-

---

[157] *Journal of the Manchester Geographical Society*, vol. XXXIII, 1917, págs. 19-20.
[158] *Myths of China and Japan* («dragones» en el índice).
[159] *Shells as Evidence of the Migrations of Early Culture*, Londres, 1917.
[160] Londres, 1915.
[161] *Myths of China and Japan* (índice bajo «Pozo de la vida»).

gidos bajo sus aguas saludables». Observa que la expedición «que llegó al descubrimiento de Florida, se emprendió no tanto por un deseo de explorar regiones desconocidas, sino por encontrar una fuente igualmente célebre, descrita en una tradición que prevalece entre los habitantes de Puerto Rico y que existía en Binini, una de las islas Lucayo. Se decía que poseía tales poderes de restauración como para renovar la juventud y vigor de toda persona que se bañara en sus aguas» [162].

Sahagún cuenta una tradición americana en que los antepasados de Nahua, quien fundó la civilización precolombina en Méjico, cruzaron los mares en embarcaciones que buscaban el Paraíso Terrenal. «Al llegar al Sur en busca del Paraíso Terrenal —leemos— estos hombres no se engañaron en realidad, porque en la opinión de aquellos que saben está debajo de la línea equinoccial, y al pensar que debería estar en una alta montaña tampoco estan confundidos, porque, así dicen los escritores, el Paraíso Terrenal está debajo de la línea equinoccial, y es una montaña muy alta cuya cumbre casi toca la luna. Parece ser que estos hombres o sus antepasados habían consultado a un oráculo sobre este tema, o a un dios o a un demonio, o ellos poseían una tradición antigua que hubiera sido transmitida.» [163]

Como en el Viejo Mundo, las gentes que llegaron a América buscaban también la «Planta de la Vida», como hizo Gilgamesh en el poema épico babilónico, incluyendo, como se mostrará, la planta que produce leche y la ajea de la diosa madre.

Estos vínculos y otros entre los americanos precolombinos y los pueblos de Asia, norte de África y Europa no se pueden ignorar. El efecto acumulativo del testimonio es apoyar la opinión de que la civilización del Nuevo Mundo no fue de generación espontánea.

---

[162] Ellis. *Polynesian Researches*, vol. II, págs. 47-48.
[163] Citado en *Folk-lore*, vol. XXXII, núm. 3, pág. 174.

Capítulo IX

ENTIERROS EN EL AGUA Y EL BARCO DE LA MUERTE

Razas y costumbres.—Culturas que cambian por minorías que se imponen.—El pozo de los pieles rojas y entierros en el río.—El viaje al Paraíso.—Barcas cuna en el Mundo Nuevo y en el Viejo.—Entierros en el agua en Oceanía.—La vida renovada por el agua.—El Pozo lunar de Vida.—Entierros en el agua en el golfo Pérsico.—Costumbres africanas y europeas.—Entierros en lagos en Guatemala.—Entierros en canoa.—La canoa como forma de pájaro de la diosa madre.—Barco de la muerte en forma de pájaro en Borneo y América.—Barco de la Muerte en Egipto y Europa.—Historia del barco en forma de pájaro.

Se obtienen pruebas de raza antigua y «movimiento» cultural a partir de costumbres de enterramiento de la América precolombina. Éstas parecen demostrar que hubo varios movimientos en varios períodos desde zonas de cultura asiática. No significa que cada costumbre en particular fuera introducida por un pueblo diferente. Las creencias religiosas, como las lenguas, no se pueden considerar indicaciones seguras de afinidades raciales. Los hombres «rojos», «amarillos», «negros» y «blancos» no cambian sus pieles cuando cambian sus creencias. Los portadores de una cultura en particular pueden tener poco parecido físico con la gente entre la cual se originó. Tampoco es necesario que constituyan una mayoría en la zona en la que se adopta la cultura importada. Minorías que se imponen han cambiado los idiomas en varias partes del mundo, en un tiempo u otro; las minorías que se imponen han cambiado de igual manera las creencias religiosas, como hicieron los budistas cuando llegaron a China y Japón. En algunos casos se descubre que una costumbre de enterramiento en particular está restringida a la clase gobernante o al jefe y su familia. Una minoría que se impone se aferra a su costumbre de momificar o quemar a sus muertos, pero los conquistados perpetúan la costumbre preferida por sus antepasados. En algunos casos se encuentra que a la costumbre importada le ha influido la costumbre local. Un pueblo que enterraba a sus muertos en posición agachada adoptó la momificación, pero en vez de tender los cuerpos, como hacían los antiguos egipcios, los ataban en una posición agachada igual que hacían antes de ser introducida la momificación. En otros casos se encontrará que después de embalsamar el cuerpo se incineraba.

Una de las costumbres de enterramiento interesantes encontrada entre indios norteamericanos es el «enterramiento en el agua». Se «deshacían» de los muertos «sumergiéndolos en manantiales o corrientes de agua, tirándolos al mar o colocándolos a flote en canoas». El enterramiento en el agua, como otras costumbres de enterramiento, era una expresión de un sistema religioso del cual sobreviven otros vestigios, y, como la momificación, no era peculiar de la América precolombina.

La tribu de pieles rojas goshutes, en el valle del Gran Lago Salado, prefería el enterramiento en el agua. El capitán J. H. Simpson ha proporcionado pruebas interesantes a este respecto [164]:

> «El valle de la Calavera, que es parte del desierto del Gran Lago Salado, y que nosotros hemos cruzado hoy, George W. Bean, mi guía en este último salto de agua de la ruta, dice que su nombre procede de la cantidad de calaveras que se han encontrado en él, y que han surgido de la costumbre de los indios goshutes de enterrar a sus muertos en manantiales, que ellos hunden con piedras o los mantienen abajo con palos. Dice que él ha visto en realidad a los indios enterrar a sus muertos de esta forma cerca de la ciudad de Provo, donde reside.»

El mismo capitán Simpson encontró un esqueleto en el fondo de un manantial. Tuvo que sacarse del lodo antes de poder usarse el agua. Se hicieron necesarias estas medidas porque en esa

---

[164] *Exploration Great Salt Lake Valley*, Utah, 1859, pág. 48, citado en *First Annual Report of the Bureau of Ethnology*, Washington, 1881, pág. 181.

región el agua escaseaba, y a los indios no les preocupaba contaminar los pozos que usaban para propósitos corrientes. Por tanto no se puede creer que en su caso el enterramiento en agua fuera resultado de la indolencia o falta de cuidado, o porque el agua abundaba. Sin duda estaban perpetuando una costumbre que había surgido en otro lugar, y actuaban así en respuesta a los inexorables dictados de un sistema religioso que suponía serios inconvenientes para ellos mismos; de hecho, limitar el número de pozos que se podían usar implicaba un sacrificio verdadero.

La costumbre chinook es de especial interés. La narra George Catlin [165], quien vio a una mujer lanzando una «canoa de enterramiento», que era una cunita que contenía el cuerpo de un bebé.

> «Esta cunita tiene una correa que pasa por la frente de la mujer mientras que la cuna va a su espalda, y si el niño muere durante su sujeción a esta forma rígida, su cuna se convierte en su ataúd, formando una canoa pequeña en la cual yace él flotando sobre el agua en algún estanque sagrado, donde a menudo acostumbran a atar sus canoas, que contienen los cadáveres de viejos y jóvenes, o, como es frecuente el caso, subidos a ramas de árboles, donde se dejan sus cuerpos para que se descompongan y sus huesos para que se sequen mientras que son vendados en muchas pieles y envueltos de forma curiosa en sus canoas, con remos pequeños para impulsar y cazos para sacarles de apuros, y provisiones para aguantar y pipas para fumar cuando realizan su «largo viaje después de la muerte hacia sus tierras de caza previstas», el cual creen estas gentes que se va a realizar en sus canoas.»

En esta forma de enterramiento en el agua el cuerpo del difunto se supone que es llevado al Paraíso en una canoa. Una costumbre parecida se encuentra en el antiguo poema épico inglés *Beowulf*. Scyld de la Gavilla, un «héroe de civilización», llegó a los daneses por el mar siendo un bebé expósito que yacía en un bote con la cabeza sobre una almohada que era una gavilla de maíz. Se convirtió en rey de la tribu, y cuando murió, su cuerpo, según su última voluntad, fue enviado al mar en un barco.

---

[165] *History of the North American Indians*, 1844, vol. II, pág. 141.

«Ellos, sus fieles amigos, le llevaron al borde del agua, como él había pedido cuando él, protector de los scyldings, todavía manejaba sus palabras... Colocaron entonces al amado jefe, distribuidor de anillos (dinero), en el fondo del barco... su alma estaba triste, su espíritu afligido. Quién recibió esa carga, hombres, jefes de consejos, héroes bajo el cielo, no se puede decir con seguridad».

Ellos (los dolientes) «le proveyeron de no menos regalos, tesoros tribales, que aquellos que había hecho quien, en sus primeros días, salió del mar solo, niño como era» [166]. Scyld simboliza a un grupo de intrusos que habían introducido el modo de vida agrícola en la patria de los daneses. Su cuerpo fue dispuesto de acuerdo a la costumbre de los intrusos. El dios Balder fue colocado después de muerto como Scyld de la Gavilla. Su cuerpo fue colocado en una embarcación llamada Ring-horn, que fue botada. Sin embargo, el barco se prendió fuego. En este caso la costumbre del enterramiento en el agua está combinada con la costumbre de la cremación.

La referencia más antigua de dejar a un niño a la deriva en un río se encuentra en la leyenda de Sargon de Akkad, un gran monarca mesopotámico que vivió antes del 2500 a. C. La madre de Sargon era una vestal del culto al dios del sol, y a Sargon se le hace decir en la historia antigua:

«Cuando mi madre me había concebido, me llevó a un lugar escondido. Me colocó en una embarcación de juncos, tapó la puerta de la misma con brea y me dejó a la deriva en el río... El río me llevó flotando a Akki, el que saca agua, quien al sacar el agua, me sacó a mí. Akki, el que saca agua, me educó como hijo suyo y me hizo su jardinero. Como jardinero fui querido por la diosa Ishtar.»

Este mito se parece al de Scyld, al que dejaron a la deriva de niño estando vivo. Era conocido en la India, e iba acompañado allí al recuerdo del héroe legendario Karna, hijo de la princesa Pritha y del dios sol Surya. El nacimiento se ocultó y, según la versión de la leyenda del *Mahabharata,* la madre colocó a su bebé en una cesta de mimbre que fue dejada a la deriva en el río. Fue

---

[166] *Beowulf,* traducido (al inglés) por J. R. Clarke Hall, Londres, 1911, págs. 10-11.

transportada por el río Aswa al río Jumma, y por el Jumma al Ganges, y por el Ganges al país de Anga, donde un auriga rescató al niño y le crió como hijo suyo [167].

Que la leyenda está vinculada originalmente a un dios se muestra por el hecho de que el dios Heimdal, al igual que Scyld, era como Scef (Sheaf=gavilla) el «héroe de civilización» original en la mitología del Norte. Él representaba al dios del pueblo que introdujo el modo de vida agrícola [168]. El dios babilonio Tammuz llegó de niño. Un himno sumerio contiene una referencia significativa a este respecto:

> «En su infancia colocado en un barco hundido.
> En su madurez colocado en el grano sumergido.» [169]

Tammuz era el «verdadero hijo del agua profunda», según O. Jensen y H. Zimmern. La diosa Afrodita escondió a Adonis en un «arcón» y le confió al cuidado de Perséfone, reina del Hades. En el Antiguo Egipto el dios Horus fue en una de sus fases un niño vivo o muerto flotando en un arcón o barca. Fue colocado con esta forma en la constelación Argo, cuya estrella principal es Canopus. Orion, la constelación sobre Argo, estaba relacionada con Osiris.

Parece ser que las leyendas de niños vivos y muertos a la deriva en un arcón o cuna tenía un origen mitológico, y que la costumbre de poner a la deriva los cuerpos de los niños o adultos en un río u océano tuvo su origen en la creencia de que los muertos eran transportados en una barca al Paraíso. Se suponía que los faraones del Antiguo Egipto del culto al sol entraban en la barca del dios sol Ra. Los chinos creían en el río Amarillo Celestial, que era la «Vía Láctea», igual que los indios creían en un Ganges Celestial y los egipcios en un Nilo Celestial. Una historia china cuenta que un sabio navegó río arriba por el río Amarillo y finalmente se encontró a la deriva cruzando el cielo. Un remo de su

---

[167] *Indian Myth and Leyend*, págs. 173-174.
[168] *Ibíd*, pág. 21.
[169] Langdon, *Sumerian and Babylonian Psalms*, Londres, 1909.

barco cayó del cielo y se conservó en el palacio real. Al parecer la costumbre de los chinooks americanos de colocar a los muertos a la deriva en un río fue importada del Viejo Mundo. Se olvidó el Paraíso con árboles cargados de joyas y mantuvieron el Paraíso Feliz de Tierras de Caza y lo relacionaron con la creencia importada del origen celestial de los ríos.

Los enterramientos en el agua no eran frecuentes en América. Los dos ejemplos dados son los únicos que pudo encontrar el Dr. Yarrow. Es de especial interés por tanto determinar que eran mejor conocidos en Oceanía. El testimonio obtenido en la zona parece indicar que la costumbre fue importada a Polinesia y Melanesia, exactamente igual que a América sin duda, por un pueblo que había adoptado creencias complejas sobre el agua como fuente de vida. Una de las costumbres de enterramiento en el grupo de islas Shortlands fue conducir al cadáver al mar y tirarlo por la borda. «La forma de enterramiento normal en la isla del Duque de York —escribe el Dr. Georges Brown— era en el mar, generalmente en alguna parte profunda de la laguna. Se ataban grandes piedras a los dedos de los pies para que el cuerpo se mantuviera en una posición vertical en el agua... En Nueva Irlanda los muertos eran enrollados en una envoltura hecha de hojas de *pandanus* cosidas, luego les ponían peso con piedras y los enterraban en el mar. En algunos lugares eran colocados en profundos cauces de ríos o cuevas subterráneos.» [170] El Rev. George Turner dice que en Aneiteum, en las Nuevas Hébridas murieron dos miembros nativos del grupo de la misión.

> «Al morir estos dos, los nativos desearon tirar sus cuerpos al mar según la costumbre... Cuando arrojan un cadáver al mar, si es el cuerpo de un hombre, no lo envuelven en nada, sino que pintan su cara de rojo y le sumergen no lejos de la costa atándole piedras a los pies. Si es el cuerpo de una mujer, lo envuelven en cinturones de hoja que llevan las mujeres.» [171]

---

[170] *Melanesians and Polynesians*, Londres, 1910, págs. 211-212, 386 y 390.
[171] *Nineteen Years in Polynesia*, Londres, 1861, pág. 365.

El siguiente extracto, que también se refiere a Aneiteum, es de un interés muy especial porque indica cómo cambiaron las costumbres de enterramiento por la introducción de nuevas creencias religiosas, y además porque muestra que la costumbre de quemar a la viuda que prevalecía entre la gente que quemaba fue adoptada por aquellos que preferían el entierro en el agua:

> «Hace algunos años se comenzó a enterrar a los muertos en vez de tirarlos al mar; pero los maestros descubrieron que se estaba extendiendo la idea de que todo aquel al que se enterraba iba al cielo y todo el que era echado al mar iba al infierno, y por tanto dejaron de hablar sobre ello para que la gente pudiera entender que es cuestión sin importancia, como corresponde a sus intereses eternos, dónde se coloca un cuerpo después de la muerte. Hace poco murió un hombre que asistía a los servicios de forma regular y sobre el que los maestros tienen alguna esperanza. Después de su muerte ellos tuvieron éxito al salvar a su viuda de ser estrangulada. Tuvieron toda una lucha sobre ello, ya que su hermano insistía en llevar a cabo la vieja costumbre.» [172]

Ejemplos de estrangulamiento de viudas y enterramientos en el mar los da el Rev. A. W. Murray, que fue durante cuarenta años misionero en Polinesia y Nueva Guinea. A la gente enferma y loca les daban muerte. Un hombre joven que había llegado a delirar fue llevado a un río, arrojado a él y ahogado [173].

Detrás de la costumbre de enterrar en el agua, como se ha indicado, yace la creencia fundamental en el «agua de la vida». «Algunos isleños de los Mares del Sur —escribe Turner— tienen una tradición de un río en su mundo de espíritus imaginarios, llamada «agua de la vida». Se suponía que si los ancianos, cuando morían, iban a bañarse allí rejuvenecían y regresaban a la tierra para vivir otra vida de nuevo» [174]. Esta idea llegó en un principio a Polinesia procedente de la zona cultural india. Se suponía que los muertos indios se bañaban en el Ganges Celestial. A Yudhishthira, el hermano mayor de Panadava en el poema épico sánscrito *Mahabharata*, ni le queman ni muere. Él y sus hermanos empiezan a

---

[172] *Nineteen Years in Polynesia*, pág. 434.
[173] Murray, *Wonders in the Western Isles*, Londres, 1874, pág. 113.
[174] *Nineteen Years in Polynesia*, pág. 353.

149

caminar hacia el cielo, yendo primero hacia el Este al «Mar Rojo», luego hacia el Sur y luego por el Oeste hacia el Norte sagrado blanco. Todos los hermanos caen muertos por el camino excepto Yudhishthira. Después de llegar al cielo y visitar el infierno, Yudhishthira es llevado al río celestial. Su guía dice:

> «Aquí está el río celestial, sagrado y que santifica los tres mundos. Se llama Ganges Celestial. Zambulléndote en él, irás a tus propias regiones. Habiéndote bañado en esta corriente serás despojado de tu naturaleza humana. Realmente tu dolor desaparecido, tus enfermedades vencidas, estarás libre de toda enemistad... Habiéndote bañado en el río celestial Ganges, sagrado y que santifica y siempre adorado por los rishis, él (Yudhishthira) abandonó su cuerpo humano. Asumiendo luego una forma celestial, el rey Yudhishthira el Justo, como consecuencia de ese baño, llegó a despojarse de toda enemistad y dolor.» [175]

Los maoríes de Nueva Zelanda creían que la luna iba a consumirse por una enfermedad cuando estaba en cuarto menguante:

> «Cuando ella está muy débil va a bañarse al Wai-ora-a-tane (el agua viva de Tane), que poco a poco le hace recobrar su fuerza hasta que es tan grande en poder y vida como cuando se creó al principio; pero de nuevo le consume la enfermedad, y de nuevo va a bañarse en el agua.»

Otra versión es:

> «Cuando la luna muere va al agua viva de Tane, al gran lago de A-ewa (lago de dios al que se ha dejado suelto de ataduras) al agua que puede restablecer todo, incluso a la luna a su sendero en el cielo.» [176]

Está bastante claro que las costumbres de enterramiento en el agua en América y Polinesia están relacionadas con un gran conjunto de creencias complejas importadas. El enterramiento en el agua tenía una historia, cuyo origen no se puede rastrear ni en América ni en Polinesia. Nadie puede asegurar que la costumbre

---

[175] *Mahabharata*, Swargaohanika Parva, sec. III, traducción (al inglés) de Roy, págs. 9-10.

[176] John White, *The Ancient History of the Maori*, vol. I, págs. 141-142.

y las creencias asociadas tuvieran su origen en Polinesia. Las pruebas incumben a aquellos que asumen que la costumbre y creencias tuvieron origen espontáneo en América.

El Dr. H. C. Yarrow, en su «Más contribuciones al estudio de las costumbres mortuorias de los indios norteamericanos», nos recuerda que «los ictiófagos, o comedores de peces, mencionados por Ptolomeo, viviendo en la región que bordea al golfo Pérsico, confiaban sus muertos al mar de forma invariable, compensando así las obligaciones que ellos habían contraído con sus habitantes. Los lotófagos hacían lo mismo, los hiperbóreos, con un encomiable grado de previsión para los supervivientes, cuando estaban enfermos o a punto de morir, se tiraban ellos mismos al mar».

La antigua costumbre era conocida de igual forma en África. El Dr. Yarrow hace referencia al testimonio del Rev. J. G. Wood [177], quien afirma que los obongo «llevan el cuerpo a algún riachuelo cuyo curso se ha desviado previamente. Se cava una tumba profunda en el lecho del riachuelo, se coloca el cuerpo en él y se cubre cuidadosamente. Finalmente se restablece la corriente a su curso original de manera que todo rastro de la tumba se pierde pronto».

Se ha hecho referencia a los enterramientos en agua de Scyld y Balder. En la primera parte del siglo v los godos en Calabria desviaron el curso del río Vasento, y «habiendo hecho una tumba en medio de su lecho, donde su curso era más rápido, enterraron a su rey con una cantidad indigente de riquezas. Luego hicieron que el río recuperara su curso regular y mataron a todas las personas que habían tenido que ver con la preparación de esta tumba romántica».

Bancroft dice que los itzas de Guatemala, que habitaban en las islas de Lago Peten, tiraban al lago a sus muertos. La teoría de que lo hacían «por falta de espacio» no es convincente. «Los indios de Nootka Sound y los chinooks —dice Yarrow— tenían la costumbre de deshacerse así de sus esclavos muertos», y, según Timberlake, los cherokees de Tennessee «rara vez enterraban a sus muertos, sino que los tiraban al río».

Relacionada estrechamente con el enterramiento en el agua estaba la costumbre americana de colocar a los muertos en

---

[177] *Uncivilized Races of the World*, 1870, vol. I, pág. 483.

canoas, que o bien se elevaban en plataformas o se enterraban en la tierra. Según George Gibbs, que ha tratado de las costumbres de enterramiento de los indios piel roja de Oregón y Territorio de Washington [178], «la forma normal de colocar a los muertos entre las tribus pescadoras era en canoas. Generalmente se metían éstas en los bosques en algún punto prominente a corta distancia del pueblo, y algunas veces se colocaba entre las horcaduras de árboles o se elevaba del suelo sobre postes». El Dr. Yarrow dice que «este modo de enterramiento era común solamente en las tribus que habitaban en la costa noroeste», y da unos cuantos ejemplos.

La canoa era símbolo de la diosa que había tenido su origen en el agua. Como el tarro en la mitología egipcia, la canoa simbolizaba su útero, del cual renacía el alma en la vida posterior. También simbolizaba la forma de pájaro de la deidad que se suponía que llevaba almas al Paraíso, o por el aire o a lo largo de un río mítico a las regiones celestiales. En resumen, el barco en forma de pájaro era el «barco de los muertos» (el transportador de los muertos al igual que era de los vivos). Los dyaks de Borneo, que recibieron con barcos la cultura compleja asociada con el modo de vida marinero, tenían un barco de los muertos en forma de pájaro, formando la cabeza y el pico la proa elevada, y la cola extendida la popa elevada, mientras que las velas eran las alas. La proa elevada de la canoa de enterramiento americana mantenía la forma de la cabeza elevada del pájaro preferida por los dyaks, que era el *buceros* o cálao rinoceronte. Se suponía que este pájaro, por razón de su peso y la fuerza de su pico, «dispersaba las densas nubes que envuelven al sol». «El barco mismo —dice Frobenius— era un pájaro.»

> «En el barco, en esta maravillosa estructura, las almas van en busca del más allá, y no solamente las almas, sino que con ellas van todas las provisiones que están dispuestas en el tiwah, todos los alimentos y bebidas que se consumen en el tiwah, todos los esclavos y otros pobres infelices que, con ocasión de este tiwah, son asesinados abiertamente o a hurtadillas y se les priva de sus cabezas. [179]»

[178] *North American Ethnology*, 1877, I, pág. 200.
[179] Leo Frobenius, *The Childhood of Man* (traducido al inglés por A. H. Keane), Londres 1909, págs. 262-263.

Los indios norteamericanos que preferían el entierro en canoa proporcionaban de igual manera a los muertos todo lo que necesitaban en el largo viaje. La costumbre chinook se describe como sigue:

«Cuando la canoa estaba preparada, se sacó el cadáver, envuelto en mantas y se tumbó en ella sobre esteras previamente extendidas. Luego se pusieron todas las indumentarias al lado del cuerpo, junto con sus alhajas, abalorios, pequeñas cestas y varias nimiedades que ella había apreciado. Más mantas cubrieron entonces el cuerpo y esteras estiradas sobre todo. Luego, se colocó una pequeña canoa sobre el cadáver, que se ajustaba en una grande, con el fondo hacia arriba, y entonces se cubrió todo de esteras. Luego se levantó la canoa, y colocada sobre dos barras paralelas, se elevó a cuatro o cinco pies del suelo, y se apoyaba insertándose agujeros para ensamblar en la parte superior de cuatro postes resistentes previamente plantados firmemente en la tierra. Alrededor de esos agujeros se colgaron entonces mantas y todos los utensilios de cocinar de la difunta: cacerolas, ollas y sartenes, cada una con un agujero perforado, y toda su vajilla, cada pieza de la cual se rajó o rompió primero para hacerla inútil, y luego, cuando se había hecho todo, la dejaron quedarse un año, cuando los huesos serían enterrados en una caja en la tierra directamente debajo de la canoa; pero ésa, con todos sus accesorios, nunca sería molestada, sino que se dejaría que se deteriorase poco a poco.» [180]

Los dyaks no proporcionaban una barca ataúd, sino que levantaban un gran panel en el cual se pintaba el barco pájaro de los muertos. Creían que la embarcación que llevaba al alma, etc., pasaba por grandes peligros. Tenía que cruzar el «mar de fuego» o el «remolino abrasador» antes de llegar «a los campos dorados de después de la vida». Después de vivir en esta región durante un largo período de tiempo, el alma regresaba a la tierra y surgía como «un hongo, una fruta, una hoja, hierba y similares». Un ser humano come la fruta o el hongo, y el alma renace como niño pequeño [181]. Los antiguos navegantes, cuyas embarcaciones fueron los prototipos de todos los barcos de los océanos del mundo, parecen

---

[180] Citado de *Northwest Coast* de Swan, 1857, pág. 185, en *First Annual Report of the Bureau of Ethonology*, Washington, 1881, pág. 171.
[181] Frobenius, *The Childhood of Man,* págs. 262-264.

haber sido los que introdujeron las costumbres de enterramiento en barcos. Se ha hecho referencia a la costumbre escandinava de enviar a los muertos a la deriva en un barco. Otra costumbre era arrastrar hacia tierra a un barco grande y colocar al vikingo muerto en él. Sobre el barco se erigía una cámara sepulcral. Si el barco no se usaba, se construía con piedras una tumba en forma de barco. De éstas, «una de las más interesantes —escribe Du Chaillu [182]— es esa donde los asientos de los remeros están señalados, e incluso hay una piedra colocada en el lugar del mástil». Las tumbas formadas de piedra, llamadas *naus* o *navetas* por los arqueólogos, han sido encontradas en las islas Baleares asociadas con las torres llamadas *talayots*, que se parecen a los *muraghi* de Cerdeña y los *brochs* de Escocia, que fueron erigidas por antiguos navegantes [183]. Los antiguos egipcios colocaban maquetas de barcos en las tumbas. Su dios del sol navegaba a diario por los cielos en un barco que era símbolo de la diosa madre; era el «barco de la muerte» del faraón. Con el tiempo, cuando se adquirió la creencia de que los nobles y sacerdotes podían entrar en el Paraíso del culto solar, se colocaban en sus tumbas maquetas de barcos tripulados por sus sirvientes. La costumbre más antigua era colocar en las tumbas instrumentos y amuletos de adorno para uso de los muertos. Cuando las ideas osirianas y solares del Otro Mundo se fusionaron, se creía que los muertos cruzaban un río en un barco en el cual los cuatro Horus formaban la tripulación. Otra idea era que los muertos al llegar al Paraíso solar al este del cielo tenían que cruzar el largo y ventoso «Lago Lirio» hacia la isla en la cual crecía el Árbol de la Vida (el sicomoro de la diosa Hator). Como el barco cisne de Lohengrin, el transbordador se movía espontáneamente y sabía hablar. «Todo estaba vivo, tanto el asiento en el que se dejaba al rey como el remo de manejo al cual se tendía su mano, o el bajel en el que ponía los pies, o las puertas por las que pasaba. A todo esto, o a cualquier cosa que se encontrara, él debía hablar, y estas cosas extrañas debían hablarle a él.» Sin embargo, el hosco barquero, «Cara atrás» o «Mirar atrás», rara vez abría los labios. Se

[182] *The Viking Age*, vol. I, pág. 309.
[183] T. Eric Peet, *Rough Stone Monuments*, pág. 73.

tenían que hacer súplicas y amenazas para que cruzara sobre los muertos. Se pedía la ayuda del dios del sol como en el texto de pirámide:

> «¡Oh, Ra! Encomienda al rey Teti a «Mirar atrás», barquero del lago Lirio, para que él pueda llevar ese transbordador al lago Lirio, para el rey Teti, en el cual él lleva a los dioses a aquel lado del lago Lirio, que él pueda llevar al rey Teti a aquel lado del lago Lirio al este del cielo.»

Si el barquero se negaba a escuchar, se evocaba a otro barco llamado «Ojo de Khnum». Este «Ojo» es una designación paralela a «Ojo de Horus», que también se puede aplicar al barco. Las «Estrellas imperecederas», o los «Dos sicomoros del Este», llevarían al faraón si el barquero le fallaba. «El hijo de Atum no se quedará sin barca», declara un texto de pirámide. Si, después de todo, no hay barca, el halcón de Horus transportará al faraón a las regiones celestiales. «Este rey Pepi —dice un texto— vuela como una nube al cielo, como un pájaro vigía ...», o «El rey Unis bate sus alas como un pájaro zeret», o «¡El rey Unis va al cielo! ¡En el viento! ¡En el viento!» Incluso podría ascender en el humo como dice un texto de pirámide: «Él asciende en el humo del gran incienso que se quema.» [184]

En los textos egipcios se puede seguir la pista de la historia de los barcos de la muerte pájaro, e incluso de ideas respecto a la desaparición del alma preferidas por cultos que no tenían barco de la muerte.

La creencia de que uno puede llegar a las regiones celestiales ascendiendo en humo se encuentra en Polinesia. Como se mostrará en el siguiente capítulo, también está tras la costumbre de quemar a los muertos.

El barco de la muerte lo usa en la literatura babilónica Gilgamesh para llegar a la isla de su antepasado, el superviviente del diluvio. Ea, dios de las profundidades, tenía un barco con una tripulación, incluyendo a In-ab, el piloto. Una descripción de la embarcación en un texto sumerio termina con las líneas:

---

[184] Breasted, *Development of Religion and Though in Ancient Egypt*, págs. 105-110.

«Puede traer fertilidad el barco delante de ti,
Puede traer alegría el barco detrás de ti,
En tu corazón puede dar alegría de corazón.»

Ea era el dios de Eridu, el puerto sumerio y la «cuna» de la cultura sumeria. Parece ser que la concepción del «barco de la muerte», que era el barco de los dioses, como el transbordador egipcio sobre el lago Lirio, fue llevado lejos por antiguos marineros hasta que llegó a Borneo, Polinesia, China y América por un lado, y por el otro, por el Oeste y Norte hasta Escandinavia. Las barcas de la muerte pájaro de los dyaks y pieles roja tiene una historia con raíces en la tierra en la cual se inventaron las barcas. Estrechamente relacionados con estas barcas de la muerte (como símbolos de la diosa útero) son los barcos usados por los pocos preferidos que escaparon a la muerte durante la inundación.

Capítulo X

CREMACIÓN Y OTRAS COSTUMBRES DE ENTERRAMIENTO

Por qué se quemaban los cuerpos.—Dios del fuego como guía de las almas.—
Fuegos en sepulturas en el Viejo Mundo y en el Nuevo.—Fuego y sol como
dadores de vida.—Doctrina mejicana del fuego.—Costumbres de los pieles
rojas.—Bautismo de fuego en el Viejo Mundo y en el Nuevo.—Descripciones
de cremaciones de pieles roja.—Ordalías de la viuda.—Cremación como privilegio de una minoría selecta.—Analogías del Viejo Mundo.—Costumbre de quemar la cabeza.—Enterramientos erguidos en Oceanía y América.—Viudas estranguladas por melanesios y pieles roja.—Exposición de los muertos en América y
Asia.—Enterramientos en plataforma.—Enterramientos en árboles, montículos
y grietas de montañas.—Costumbres indonesias.—Teoría de «Parecido psicológico».—Significado de complejidades culturales.

El origen de la costumbre de la cremación está envuelta en
oscuridad. En el Viejo Mundo y en el Nuevo era practica-
da por gentes que la consideraban absolutamente necesaria para asegurar la felicidad de los muertos. Se suponía que era
imposible para las almas llegar, o de todas formas entrar, en el
Paraíso Celestial hasta que sus cuerpos fueran consumidos por el
fuego. Esta creencia impera muy claramente en *La Ilíada*. El fan-
tasma del desventurado Patroklos se aparece a Aquiles en un sueño
y dice:

> «Tú duermes, y te has olvidado de mí, ¡oh, Aquiles! Nunca en
> mi vida fuiste descuidado conmigo, sino en mi muerte. Entiérrame a
> toda velocidad, para que pase las puertas del Hades. A lo lejos los

espíritus me destierran, los fantasmas de hombres desgastados, no siento mezclarme con ellos más allá del Río, sino que en vano vago a lo largo de la morada del Hades de anchas puertas. Ahora dame, te ruego con lástima, tu mano, porque nunca más regresaré de nuevo del Hades, cuando me hayas dado mi merecido fuego.» [185]

En *La Odisea*, el alma del marinero Elpenor hace una petición parecida a Odiseo:

«No me dejes de llorar ni de enterrar cuando te vayas de aquí, ni me vuelvas la espalda, porque te traeré la ira de los dioses. Más aún, quémame a mí y mi armadura, a todo lo que es mío, y ponme en un túmulo en la costa del mar gris, la tumba del hombre desafortunado, que incluso los hombres que no han nacido puedan oír mi historia. Escúchame y coloca sobre el túmulo mi remo, con el que remé en los días de mi vida, mientras todavía estaba entre mis amigos.» [186]

Los aqueos de Homero, que quemaban a sus muertos, parecen haber representado un culto religioso que tuvo su origen en Asia o Europa (probablemente en el primer continente) y llegó a influir en la antigüedad. Los primeros exponentes de él barrieron Europa después de haberse introducido el trabajo en bronce. Parecen haber sido conquistadores que formaron aristocracias militares. En Suecia sólo las clases superiores eran incineradas. En Gran Bretaña la cremación y la inhumación se practicaban simultáneamente en algunas zonas, y solamente un miembro de la familia —quizá el jefe— podía ser quemado, mientras que los demás eran enterrados a la manera antigua. El testimonio de Europa Central es de un carácter parecido. Los enterramientos por cremación cerca de Salzburgo, en la Austria Alta, «eran de aquellos de la clase rica, o de la raza dominante»; en Hallstatt, «los cuerpos de la clase más rica eran reducidos a cenizas», pero en Watsch y Santa Margaret en Carniola «los enterramientos sin quemar» eran «los

---

[185] *La Ilíada*, Libro XXII (traducción al inglés de Leaf, Lang y Myers), Londres, edición de 1914, pág. 452.

[186] *La Odisea*, XI (traducción al inglés de Butcher y Lang), Londres, 1913, pág. 174.

más ricos y más numerosos», aparentemente habiendo mantenido su supremacía la gente más antigua.

Las dos costumbres, cremaciones y entierros sin quemar, se dieron entre los invasores arios de la India; un cuerpo sin quemar debía ser enterrado en la tierra o expuesto, quizá sobre una plataforma elevada. Aquellos que quemaban a sus muertos llegaron a predominar políticamente. Eran adoradores del dios del fuego Agni. El epíteto védico *agni-dagdha* se aplicaba a los muertos que eran quemados y *an-agnidagdhah* («no quemado con fuego») para aquellos que eran enterrados, mientras que *paroptah* («echar») y *uddhitah* («exposición» de los muertos) se refieren a otras costumbres [187]. El culto del dios Varuna parece haber preferido el entierro en la tierra. Un himno védico a Varuna hace referencia a la «casa de arcilla» del difunto. «El entierro —nos dicen— no era raro en el periodo rigvédico: un himno completo (X, 18) describe el ritual que lo acompaña. El difunto era enterrado al parecer con todos sus atavíos, con su arco en la mano.» La viuda era conducida fuera de la tumba de su marido muerto por el hermano de él o el pariente más cercano [188]. Si todos los arios que entraron en la India eran del mismo grupo racial y procedían de la misma zona cultural, es evidente que estaban divididos en diferentes cultos religiosos. Que la fusión de cultos estuvo progresando durante el periodo védico se hace evidente por el hecho de que Varuna y Mitra eran adorados igual que Agni y Surya.

No puede haber duda de por qué los adoradores de Agni quemaban a sus muertos. Se rezaba al dios del fuego para que él pudiera transmitir a los «padres» (antepasados) el mortal «que le presentaban como ofrenda». Se suponía que el alma pasaba a «reinos de luz eterna en un carro o sobre alas», y recuperaba allí «su antiguo cuerpo en forma completa y glorificada» [189]. «Se esperaba —escribén Macdonell y Keith— que los muertos revivirían con su cuerpo completo y todos sus miembros», aunque también se

---

[187] Macdonell y Keith, *Vedic Index of Names and Subjects*, vol. I, págs. 8-9.
[188] *Ibíd.*, pág. 8.
[189] Muir, *Original Sanskrit Texts*, V. 302.

dice *(Rigveda*, X, 16, 3) que el ojo va al sol, el aliento al viento y así sucesivamente [190].

Algunos escritores han intentado conectar la costumbre de la cremación con la costumbre de los fuegos que arden dentro o cerca de las tumbas, y como ambas costumbres se encuentran en América, bien se podría tratar de ellas antes de citar el testimonio americano.

El Dr. Dorpfeld [191] ha supuesto que los invasores aqueos de Grecia quemaban a sus muertos sólo cuando combatían en lejanas batallas, y que ellos practicaban la inhumación en su tierra natal. Piensa también que la cremación surgió de la costumbre de chamuscar los cuerpos antes del entierro por razones higiénicas. Esta opinión no está apoyada por el testimonio indio. Los muertos que no eran quemados se suponía que caminaban al Paraíso y cruzaban un río en su camino, mientras que los muertos que eran quemados eran transportados al Paraíso por el dios del fuego. En la Europa del sur y central, así como en las islas Británicas, la costumbre de la cremación sucedió a la más antigua, y estaba limitada principalmente a las clases superiores (los descendientes de los conquistadores que habían introducido nuevas creencias religiosas y costumbres).

El Dr. Dorpfeld hace referencia, para defender su teoría, a lo que él considera «quemados parciales» en tumbas de Micenas. Los fragmentos carbonizados de huesos pueden haberse debido, como sugiere Burrows, en parte a sacrificios y en parte a «carbón traído para confortar y calentar a los muertos». Burrows hace la observación a este respecto de que «hornillos de arcilla llenos de carbón se han encontrado realmente en varias tumbas de Zafer Papoura (Creta). En una de ellas, y también en la Tumba Real de Isopata, «el carbón está en un trípode de yeso que forma un hogar portátil habitual» [192]. Se encuentran a menudo depósitos de carbón en las primeras tumbas europeas, referidas normalmente como «tumbas de la Edad de Bronce», y se ha sugerido que son restos

---

[190] *Vedic Index*, pág. 9.
[191] *Mélanges Nicole* (en honor a Jules Nicole), Ginebra, 1905, págs. 95 y sigs.
[192] Roland Burrows, *The Discoveries in Crete*, Londres, 1907, págs. 211-212.

160

de fuegos usados para cocinar alimentos para los muertos. Sin embargo, podría ser que los fuegos fueran de un carácter más ceremonial. Los primeros enterramientos tenían lugar por la noche, y puede ser que las antorchas utilizadas se arrojaran a la tumba. Los fuegos de las tumbas pueden haberse encendido de igual manera cerca de las tumbas.

Los polinesios y melanesios encendían fuego cuando ocurría una muerte. El Dr. George Brown dice que en Samoa «se encendían grandes fuegos enfrente de la casa. Se mantenían ardiendo toda la noche hasta que se enterraba el cuerpo, y algunas veces durante una semana o diez día después». Aquellos que preferían el enterramiento en agua también encendían fuegos. «En casos ordinarios de enterramientos en el mar —escribe el Dr. Brown— se encendía un fuego en la playa para que el espíritu del difunto pudiera venir y calentarse si así se sentía inclinado a hacerlo.» [193]

El Rev. George Turner, refiriéndose al enterramiento de los jefes polinesios embalsamados «en una plataforma elevada sobre una canoa doble», escribe:

> «Por la tarde, después del entierro de algún jefe importante, sus amigos prendían una cantidad de fuegos a distancias de unos veinte pies uno de otro, cerca de la tumba, y allí se sentaban y los mantenían ardiendo hasta la luz de la mañana. Esto se continuaba algunas veces durante diez días después del funeral; también se hacía antes del entierro. En la casa donde yacía el cuerpo, o fuera enfrente de ella, mantenían fuegos ardiendo toda la noche los parientes más cercanos del difunto. La gente corriente tenía una costumbre parecida. Después del entierro se mantenía un fuego ardiendo en la casa toda la noche, y tenían el espacio entre la casa y la tumba muy claro para que una corriente de luz saliera toda la noche del fuego a la tumba... En Aneiteum, de las Nuevas Hébridas, también encendían fuegos, diciendo que era para que el espíritu del difunto pudiera venir a calentarse.» [194]

Turner hace referencia a la costumbre judía de encender fuegos de tumba. Cuando el rey Asá murió, su cuerpo fue tumbado en «un lecho lleno de bálsamos y aromas, preparados según el arte

---

[193] George Brown, *Melanesians and Polynesians*, Londres, 1910, págs. 396 y 402.
[194] Rev. George Turner, *Nineteen Years in Polynesia*, págs. 232 y 315.

de la perfumería. Y en su honor encendieron un fuego extraordinariamente grande» [195]. El malvado rey Jehoram, que se apartó de la fe e «hizo lugares altos en las montañas de Judá», y como su padre prefería los falsos profetas, no fue honrado de la misma manera después de morir: «Su pueblo no hizo fuego para él como los fuegos de sus padres.» [196]

Se han encontrado huellas de «fuegos» en las ruinas de ciudades sumerias de Mesopotamia. Escribiendo sobre costumbres de enterramiento, y las primeras tumbas debajo de casas, King dice:

> «De la cantidad de cenizas y del hecho de que algunos de los cuerpos parecían haber sido quemados parcialmente, el Dr. Koldeway concluyó erróneamente que los túmulos señalaban los sitios de «las necrópolis de fuego», donde él imaginaba que los antiguos babilonios quemaban a sus muertos, y las casas que él consideró como tumbas. Pero en ningún período de la historia sumeria o babilónica esta práctica estuvo en boga. Los muertos eran enterrados siempre, y ninguna aparición de fuego se tiene que haber producido durante la destrucción de las ciudades por el fuego.» [197]

Puede ser que los fuegos parecidos a aquellos que había entre los judíos no fueran desconocidos en Babilonia, y que todas las huellas de fuego en las tumbas no se debieran sólo a que los enemigos quemaban las casas.

Los dyaks de Borneo creían, como los indios, que el alma rondaba al lado del cuerpo hasta que se terminaba la ceremonia del funeral. El alma tenía un cuerpo y un alma. «El alma del alma tiembla hasta que puede mirar en los ojos ardientes de Tempontelon. Por tanto, temen no sea que el alma del alma sea privada de su fuego.» [198] La costumbre de encender fuegos funerarios puede haberse originado, por tanto, en la creencia de que, si no se proporcionaban fuegos para los muertos, se llevarían los fuegos de

---

[195] 2 *Crónicas*, XVI, 14 (traducción de la Biblia). *N. del T.*
[196] *Ibíd*, XXI, 19.
[197] *A History of Sumer and Akkad*, pág. 21.
[198] Leo Frobenius, *The Childhood of Man*, págs. 265-266.

casa, exactamente igual que se supone que la «sustancia» del alimento la quitan las hadas, a quienes se tenían que hacer ofrendas de alimento en la antigüedad. Los muertos necesitaban fuego igual que las hadas necesitaban comida. En *La Odisea* los muertos necesitan sangre (la sangre que es vida). Ellos beben la sangre, son animados por ella, y entonces son capaces de conversar con los vivos como hacen con Odiseo. En Polinesia el alma de los muertos necesitaba fuego, y podría aparecer «con una llama, siendo el fuego el agente empleado en el conjuro de los hechiceros» [199]. Cuando eran invocados los dioses, los fuegos se extinguían [200]. Aquí tenemos otra razón por la que se encienden fuegos en los funerales. Los vivos estaban protegidos por el fuego contra los ataques de los muertos. Pero la idea fundamental en la costumbre del fuego funerario parece ser que los muertos son animados por el fuego (la «chispa de la vida»). La creencia india de que el fuego era vida se encuentra en el *Mahabharata*:

> «Mudita, la esposa favorita del fuego Saha, solía vivir en el agua [201]. y Saha, que era el regente de la tierra y del cielo, engendró en esa esposa suya un gran fuego sagrado llamado Advuta. Hay una tradición entre los bramanes cultos de que este fuego es el gobernante y alma interior de todas las criaturas.»

Otro pasaje dice:

> «Que otro fuego que tiene su sede en los aires vitales de todas las criaturas y anima todos los cuerpos, se llama Sannihita. Es la causa de nuestras percepciones de sonido y forma.»

Hay varias clases de fuegos. El fuego «llamado Bharata» concede «desarrollo» a todas las criaturas, «y por esta razón se llama Bharata (el amado). «El fuego que da fuerza al débil se llama Valada («el que da fuerza») [202]. Un himno babilónico al fuego declara que «de todas las cosas que se pueden nombrar, tú (fuego) for-

---

[199] Ellis, *Polynesian Researches* (1.ª ed.), vol. I, pág. 518.
[200] *Ibíd*, vol. I, págs. 120-121.
[201] Aquí el fuego como «sustancia de vida» se vincula con la perla, el oro, etc., tomado del agua.
[202] *Vana Parva*, secciones CCXX-CCXXIII.

mas la estructura» [203]. Los americanos poscolombinos identificaban al fuego con el sol y los consideraban a ambos como dadores de vida. La palabra algonquina para el sol es *Kesuk* , que significa «dar vida» [204]. En la mitología zuñi «el sol formó la semilla del mundo» [205]. «Sabed que la vida de vuestro cuerpo y el fuego de vuestro corazón son una y la misma cosa, y que ambos proceden de una fuente», declaró un sabio shawnee [206]. La palabra para sol se deriva de la palabra para fuego en algunos dialectos sudamericanos. En muchas lenguas americanas las palabras para fuego, sangre y el color rojo están relacionadas estrechamente. Brinton da los siguientes ejemplos:

«Algonquino: *skoda*, fuego, *mi-skoda*, rojo; Kolosch: *kan*, fuego, *kan*, rojo; Ugalentz: *takak,* fuego, *takak-uete*, rojo; Tahkali: *cun,* fuego; *tenil-cun*, rojo; Quiché: *cak*, fuego, *cak*, rojo, etc. Del adjetivo *rojo* procede con frecuencia la palabra para *sangre*, como en iroqués: *onekwensa*, sangre, *onekwentara*, rojo; algonquino: *miskwi*, sangre, *miskoda*, rojo, etc. y en simbolismo el color rojo se puede referir a cualquiera de estas ideas.» [207]

Los nahuas de Méjico consideraban al fuego como «el padre y la madre de todas las cosas y el autor de la naturaleza». Para ellos «el fuego era el generador activo, el dador de vida, la fuente de la existencia animada». Los adoradores ario-indios del dios del fuego Agni le relacionaban con el sol; un himno védico declara que «el sol tiene la naturaleza de Agni». En la mitología brahamánica el Creador existía en la forma de Agni antes de que se formaran los mundos.

En Méjico, el dios del fuego era «el padre y la madre de todos los dioses». El fuego se llamaba Tota, nuestro Padre, y Huehueteotl, el Dios más antiguo. Cuando nacía un niño se encendía un

[203] *Records of the Past*, III, 137.
[204] Roger Williams, *Language of America*, pág. 104.
[205] Cushing, *Zunian Creation Myths*, pág. 379.
[206] *Narrative of John Tanner*, pág 161.
[207] Brinton, *The Myths of the New World*, pág. 163.

fuego y se mantenía encendido «para alimentar su vida» durante cuatro días. «El bebé pasaba por un bautismo de fuego al cuarto día de su vida» [208].

Puede haber poca duda de que la costumbre de encender fuegos funerarios, que, como hemos visto, prevaleció en Polinesia, y también era conocido en América, está relacionado estrechamente con la creencia de que el fuego es una fuerza de animación. El calor corporal y el calor del sol están relacionados al ser idénticos al fuego. El Dr. Yarrow, en su exhaustivo artículo sobre las costumbres mortuorias de los indios norteamericanos, cita de un escritor sobre los algonquinos:

> «Los algonquinos creían que el fuego encendido por la noche sobre la tumba era para alumbrar al espíritu en su viaje. Por casualidad para ser explicada por la santidad universal del número, los algonquinos y los mejicanos lo mantenían durante cuatro noches consecutivas. Los primeros cuentan la tradición de que uno de sus antepasados regresó de la tierra del espíritu e informó a su nación de que el viaje allí duraba exactamente cuatro días, y que reuniendo combustible cada noche hacía mucho al gran esfuerzo y fatiga con la que el alma se encontraba, todo lo cual se podía evitar.»

Una tradición general entre los yurok de California sobre el uso de fuegos la da Stephen Powers [209]:

> «Después de la muerte ellos mantenían un fuego encendido cierto número de noches en las proximidades de la tumba. Ellos mantenían, creo, al menos los «indios grandes» lo hacían, que los espíritus de los difuntos están obligados a cruzar un palo muy grasiento, el cual es un puente sobre el abismo de la tierra en cuestión, y que ellos necesitan fuego para alumbrarse en su oscuro viaje. Un alma recta atravesaba el palo más rápido que una malvada, de ahí que regularan el número de noches para encender una luz según el carácter para la bondad o lo contrario que el difunto poseía en este mundo.»

---

[208] Brinton, *op.cit.* págs. 169 y 198.
[209] *Contribution to North American Ethnology*, vol. II, pág. 58.

El Dr. Yarrow añade: «El Dr. Emil Bessels, de la expedición Polaris, informa al escritor de que una creencia algo similar se obtiene entre los esquimales:

El fuego animador da tanto luz como calor, y porque animaba purificaba. La luz también procede de las joyas enterradas con los muertos; ellas brillaban en la oscuridad. En China, jade, oro, perlas, coral, etc., brillaban por la noche porque estaban impregnadas de Yang (sustancia de vida) que estaba concentrada en el sol. Es imposible seguir la pista en América del origen de las varias costumbres de fuego y las creencias relacionadas con el fuego. Sin duda fueron importadas, como lo fueron en Polinesia, por un pueblo o pueblos que habían adquirido las doctrinas del fuego que predominaban en Asia. Costumbres y creencias similares se distribuyeron por toda Europa. En Escocia se encendían "nuevos fuegos" o "fuegos de fricción" con una ceremonia, igual que en Méjico.»

Martin y Pennant testifican la existencia en las Highlands de la costumbre del bautismo de fuego. «Ha ocurrido —dice el segundo— que, después del bautismo, al niño se le cruza el fuego tres veces, con el propósito de frustrar todo intento de malos espíritus y mal de ojo», y supone que el rito era originalmente de purificación. El fuego se llevaba alrededor de la madre mañana y noche hasta que era bautizado un niño, según Martin. El fuego estaba relacionado con el sol, como en América. Los dichos gaélicos: «El mal nunca viene del Este», y «Ningún mal viene del fuego», testifican esto, así como la costumbre de pasar a los niños a través de un círculo de fuego para quitar los efectos del mal de ojo. Los adoradores de la diosa Bride (Brigit) mantenían fuegos perpetuos ardiendo, como hacían los adoradores americanos de deidades de fuego. A estas creencias y otras similares se les puede seguir la pista en toda Europa. No estaban relacionadas directamente con la costumbre de quemar a los muertos. Los adoradores del fuego persas, por ejemplo, no aprobaban la cremación.

En América la costumbre de la cremación también era bien conocida. El Dr. Yarrow dice que la practicaban especialmente las tribus «que vivían en la ladera occidental de las Montañas Rocosas, aunque tenemos testimonios sin dudas de que también la practicaban tribus de más al Este». Un informe interesante de un entierro con cremación, como el que practicaban los tolkotins de Oregón, lo da Ross Cox[210]. Dice que el cadáver se conservaba durante nueve días para que los amigos y parientes pudieran tener oportunidad de venir de lejos para verificar la muerte. La pira medía unos siete pies de largo y era de ciprés partido con una cantidad de madera gomosa en los intersticios. Cuando se prendía para quemar el cadáver, los que estaban allí parecían estar «en un estado elevado de alegría». A la viuda se la sometía a una dura ordalía. Ella dormía al lado del cadáver hasta el día del entierro. También yacía al lado del cuerpo en la pira, y no se le permitía levantarse de ella después de haber prendido el fuego hasta que su cuerpo no estaba cubierto de ampollas. La narración continúa:

> «Cuando los amigos del difunto observan que los tendones de piernas y brazos empiezan a contraerse, ellos obligan a la desafortunada viuda a ir de nuevo al montón, y a fuerza de una dura presión enderezar esos miembros.»

Si la viuda había sido infiel a su marido, o había faltado a sus deberes, era arrojada a la pira y tenía que ser rescatada por amigos. Cuando el fuego se apagaba ella recogía los huesos y tenía que llevarlos consigo hasta que eran enterrados finalmente. Durante este período ella era tratada como un esclavo.

Stephen Powers, describiendo una ceremonia de cremación de los Se-nél de California, escribe:

> «El cadáver era el de un cacique rico, y cuando yacía sobre la pira funeraria, le colocaron en la boca dos monedas de oro y otras monedas más pequeñas en orejas y manos, sobre su pecho, etc., además de sus mejores galas, sus mantos de pluma, penacho, ropa, dinero de concha, sus arcos elaborados, flechas pintadas, etc.»

Los dolientes tiraban regalos a la pira ardiendo.

Se han encontrado indicios de cremación en los cementerios precolombinos de Norteamérica. En algunos casos las costumbres

---

[210] *Contribution to North America Ethnology*, 1877, vol. III, pág. 341.

de inhumación y cremación se practicaban, como en Europa, en la misma zona simultáneamente. Brinton muestra, a este respecto, que entre algunos pueblos la cremación era «un privilegio limitado normalmente a una minoría selecta», y escribe:

> «Entre los algonquinos-ottawas solamente aquellos del distinguido totem de los Great Hare, entre los nicaragüenses ninguno a excepción de los caciques, entre los caribes exclusivamente la casta sacerdotal tenía derecho a este peculiar honor.
>
> »Los primeros daban como razón para costumbre tan excepcional, que los miembros de tan ilustre clan como el de Michabo, los Great Hare, no se pudrirían en la tierra como la gente normal, sino que subirían a los cielos sobre las llamas y el humo. Los de Nicaragua parecían pensar que era el único camino hacia la inmortalidad, manteniendo que sólo ofreciéndose ellos mismos en la pira de su cacique escaparían a la aniquilación en la muerte, y a las tribus de la Alta California les convencían de que los que no eran quemados al morir eran responsables de ser transferidos a las clases más bajas de los animales.» [211]

Los descendientes de los que introdujeron culturas nuevas, y de los caciques o conquistadores, eran enterrados según sus propios ritos ancestrales o tribales, mientras que la masa del pueblo perpetuaba sus propias costumbres peculiares. Una explicación parecida se propone para la costumbre de momificar a los jefes y grandes sacerdotes solamente. En Tíbet, como nos informa L. A. Waddell, «los cuerpos de los gran lamas y unos cuantos de los otros grandes sacerdotes eran embalsamados y consagrados dentro de tumbas doradas *(chortens)*, y los restos de los sacerdotes más ricos se quemaban algunas veces... Sin embargo, el método normal de deshacerse de los cuerpos, es separando la carne de los huesos y tirando los trozos a los perros y buitres para que sean consumidos... Los cadáveres de los pobres, criminales, aquellos que mataban por accidente, leprosos y algunas veces las mujeres estériles, eran arrastrados con una cuerda, como un animal muerto, y arrojados a ríos y lagos» [212]. Tíbet es una tierra de encuentro de culturas de varias zonas de origen, y las costum-

---

[211] Brinton, *The Myths of the New World*, págs. 169-170.
[212] *Customs of the World*, vol. I, págs. 573-574.

bres de las clases más altas eran aquellas de la cultura o culturas ascendentes políticamente.

Costumbres oceánicas revelan un testimonio parecido. «En el grupo de las Shortlands —escribe el Dr. George Brown— los muertos, si eran gente normal, eran enterrados, pero el modo ordinario de enterramiento es envolver el cuerpo en esteras con piedras pesadas que añaden peso y luego transportarlo a ciertos lugares donde se tira al agua. Sin embargo, los cuerpos de los jefes y de gente de alguna importancia son quemados.» En Nueva Irlanda la costumbre de la cremación estaba limitada al extremo norte de la isla: en otras partes se prefería el entierro en el agua[213]. Aquí la costumbre es tribal y no está limitada a una clase. En otros lugares la momificación era la preferida de la casta gobernante. «El embalsamamiento —escribía Turner— se conoce y practica con sorprendente habilidad en una familia de jefes en particular. Diferente al método egipcio, como fue descrito por Herodoto, se realiza en Samoa exclusivamente por mujeres.»[214] Como los faraones egipcios, los sacerdotes polinesios «se suponía que tenían un lugar aparte (en la vida de después) asignado a ellos»[215]. En Indonesia, Perry ha encontrado indicios de que ciertas costumbres de enterramiento estaban relacionadas principalmente con la clase gobernante, los descendientes de los intrusos[216].

No sólo estaban limitadas ciertas costumbres de enterramiento a tribus o familias en América; también hay señales de una mezcla cultural en algunas de estas costumbres. El Dr. Yarrow cita del general Tompkins, del Ejército de Estados Unidos, un informe de una curiosa costumbre de enterramiento preferida por los pieles rojas achomawi de California. El general cuenta que es costumbre de este pueblo

> «enterrar el cuerpo en la tierra en posición vertical, incluso con los hombros casi en el suelo. La tumba se prepara cavando un agujero de la profundidad y circunferencia suficientes para admitir el cuerpo,

---

[213] George Brown, *Melanesians and Polynesians*, Londres, 1910, págs. 386 y 390.
[214] *Nineteen Years in Polynesia*, pág. 231.
[215] *Ibíd*, pág. 237.
[216] *Megalithic Culture in Indonesia*, págs. 26, 168-169, 179 y sigs.

siendo cortada la cabeza. En la tumba se colocan los arcos y flechas, abalorios, adornos, etc., que pertenecían al difunto; cantidades de comida que consistían en pescado seco, raíces, hierbas, etc., se colocaban también con el cuerpo. Entonces se rellenaba la tumba, cubriendo el cuerpo sin cabeza; luego se traía un haz de leña y lo colocaban en la tumba miembros diferentes de la tribu, y sobre este haz se colocaba la cabeza, se prendía la pila y la cabeza se consumía hasta las cenizas... Yo me di cuenta mientras se estaba quemando la cabeza, de que las ancianas de la tribu se sentaban en el suelo, formando un gran círculo, dentro del cual se formaba otro círculo de jóvenes en pie balanceando sus cuerpos de un lado para otro, y cantando una cancioncilla triste. Este fue el único entierro masculino del que fui testigo. La costumbre de enterrar mujeres es muy diferente, siendo envueltos o atados sus cuerpos en pieles y guardados en cuevas, con sus objetos de valor, y en algunos casos colocándose comida en su boca. De cuando en cuando se deja dinero para pagar la comida en la tierra del espíritu» [217].

Las cabezas las momificaban, en vez de quemarlas, algunos pieles rojas, polinesios, etc. Que la costumbre de quemar la cabeza no se originó en América es evidente cuando descubrimos que se practicaba en Melanesia. En las Salomón «algunas tribus enterraban al jefe con la cabeza cerca de la superficie, y sobre la tumba encendían un fuego, que consumía la carne de la cabeza; posteriormente desenterraban la calavera para conservarla. En algunas Salomón occidentales los cuerpos de jefes y miembros de sus familias se quemaban normalmente, y se conservaban las cenizas y calaveras y algunos otros huesos» [218].

La postura erguida está relacionada, como hemos visto, con el enterramiento en agua en la isla del Duque de York. También la preferían algunos que enterraban a sus muertos en la tierra. «En algunos casos —escribe el Dr. Brown— pero muy rara vez, creo, un jefe era enterrado en posición vertical. Esta tumba se llamaba *tung na tauba*; pero no puedo decir lo que significa, siendo la interpretación

---

[217] Dr. Yarrow, «Una contribución más al estudio de las costumbres mortuorias de los indios norteamericanos», pág. 151. La costumbre china de colocar jade, oro, perlas, etc., en las bocas de los muertos sugiere otra razón para la costumbre del piel roja de colocar monedas, etc. en las bocas de los muertos.

[218] *Customs of the World*, pág. 42.

real de las palabras el agujero u hoyo de la serpiente grande (*tauba*).» [219] Algunos pieles rojas como los algonquinos o dakotas creían que el «Brig o'Dread» (nombre escocés) que cruzaba el río de la muerte estaba formado por una serpiente; otros, como los hurones e iroqueses, creían que el puente estaba formado por un árbol.

El enterramiento erguido era practicado en Irlanda. Joyce escribe a este respecto:

> «De cuando en cuando los cuerpos de los reyes y caciques eran enterrados en posición de pie, ataviados con el traje de batalla completo, con la cara en dirección a los territorios de sus enemigos.»

En el *Book of the Dun Cow*, un héroe es enterrado «con la cara vuelta hacia el Sur sobre los lagenians (como si estuviera) luchando con ellos, porque fue el enemigo de los lagenians durante su vida». De otro héroe se dice: «Fue matado en esa batalla y enterrado en pie en ese lugar.» Esqueletos colocados en pie en tumbas se han encontrado en un túmulo en el Condado de Meath y en un hito en el Condado de Mayo [220].

Un caso interesante de entierro erguido en América ha sido descrito por E. A. Barber, quien escribe [221]:

> «En la orilla de Nueva Jersey del río Delaware, a corta distancia debajo de Gloucester City, se encontró enterrado el esqueleto de un hombre en posición de pie.»

Le faltaba la calavera.

> «Una exhumación cuidadosa y un examen crítico realizado por Klingbeil reveló el hecho de que alrededor de las extremidades inferiores del cuerpo se habían colocado un número de piedras grandes, que revelaban señales de fuego, en conjunción con madera carbonizada, y los huesos de los pies se habían consumido sin duda.»

---

[219] *Melanesians and Polynesians*, pág. 386.
[220] P. W. Joyce, *A Smaller Social History of Ireland*, pág. 536.
[221] *American Naturalist*, 1878, pág. 629.

En Polinesia se recurría a quemar el pie para que el enfermo se animara. «He visto —dice Turner— a un pobre hombre muriéndose de una herida de flecha en el cuello, y la planta del pie quemándose hasta quedar en carne viva.»[222] En casos de enterramientos con cremacion en Oregón, el doctor, que había asistido al hombre que yace en una pira, «por última vez pone a prueba su habilidad para devolver la animación al difunto» antes de que se prenda fuego[223].

Las viudas pieles roja no eran quemadas con los muertos como en la India. Como en la época védica de la India ellas debían ser retiradas de la tumba por parientes, u obligadas a soportar humillaciones e incluso tortura. Algunas viudas se suicidaban, mientras que los viudos huían «a zonas distantes para evitar el tratamiento brutal que la costumbre ha establecido como una especie de rito religioso»[224].

Las mujeres eran estranguladas por algunas tribus de pieles roja cuando morían maridos o parientes. Los natchez de Louisiana practicaban esta costumbre.

> «Se ata una cuerda alrededor de sus cuellos con un nudo corre-
> rizo, y ocho hombres de sus parientes las estrangulan tirando, cuatro
> por un lado y cuatro por otro.»[225]

Los melanesios estrangulaban a las viudas de la misma manera. Turner nos informa de que, en la isla de Aneiteum,

> «era corriente, a la muerte de un jefe, estrangular a sus esposas, que
> debían acompañarle a las regiones de los difuntos. La costumbre se
> ha encontrado en varias partes del Pacífico.»[226]

---

[222] *Nineteen Years in Polynesia*, pág. 92.
[223] Dr. Yarrow, «Una contribución más al estudio de las costumbres mortuorias de los indios norteamericanos», en *First Annual Report of the Bureau of Ethnology*, Washington, 1881, pág. 145.
[224] Dr. Yarrow, *op. cit.*, págs. 145-146.
[225] *Ibíd*, pág. 187.
[226] *Nineteen Years in Polynesia*, pág. 93.

Algunas costumbres de enterramiento americanas están limitadas a tribus en particular. Sin embargo, no quiere decir que sean de origen independiente. De hecho, cuando se descubre que predominaron costumbres idénticas en Asia, y eran extremadamente frecuentes en algunas áreas, surge la sospecha de que fueron importadas a América en algún período u otro. Esta sospecha se afianza hasta la certeza cuando se demuestra que una costumbre en particular tiene una historia en Asia, y tiene sus raíces en un grupo de creencias firmes, y no tiene historia en América, y se perpetuó allí simplemente por un uso tradicional en ocasiones especiales. Un caso concreto es la costumbre de ofrecer los muertos a pájaros y animales. En el Tíbet, como hemos visto, se deshacían así de los cuerpos de la gente corriente, mientras que los sacerdotes eran quemados o embalsamados. Los caddoes o «indios Timber» ni momificaban ni quemaban a sus grandes hombres. La gente corriente era enterrada, y aquellos dignos del honor más alto eran tratados como los plebeyos del Tíbet. Yarrow da la siguiente cita a este respecto:

> «Si se mata a un caddo en batalla, el cuerpo nunca se entierra, sino se deja para que sea devorado por animales o pájaros de presa, y la condición de tales individuos en el otro mundo se considera que es mucho mejor que la de las personas que mueren de muerte natural.» [227]

La costumbre era una expresión de ideas religiosas y limitada a los guerreros. Al parecer fue introducida por un pueblo que efectuó su asentamiento por conquista o procedía de una zona de fuera de América, donde los guerreros, como descendientes de la casta luchadora, eran honrados después de la muerte según las creencias que predominaban en la zona de origen de donde vinieron los conquistadores originales.

La costumbre de exponer a los muertos tuvo su origen, hasta donde llega nuestro conocimiento, en Irania. Algunos pueblos luchadores pastores que entraron en la India al principio de la época védica exponían a sus muertos como se ha indicado. Pare-

---

[227] *Nineteen Years in Polinesia*, pág. 103.

cen haber sido más numerosos, o por lo menos más influyentes, en el Tíbet antes de que la cremación y la momificación fueran introducidas por maestros religiosos y limitada a ellos y sus sucesores. En Persia, sin embargo, la costumbre de exponer a los muertos a pájaros y animales de presa era muy frecuente. Cuando los cadáveres eran devorados «su alegría era muy grande —escribe M. Pierre Muret[228]—; ellos se extendían en elogios a los difuntos, considerándolos cada uno de ellos felices sin duda, y venían a felicitar a sus parientes por lo ocurrido. Porque como creían con seguridad que eran introducidos en los Campos Elíseos, estaban convencidos de que procurarían la misma dicha para todos los de su familia». Los partos, medos y caspios preferían esta costumbre. Los perros, llamados *canes sepulchrales*, eran entrenados y los mantenían los bactrianos e hircanios para devorar cuerpos muertos. «Se consideraba apropiado —dice Yarrow, citando a Brushier y Muret— que las almas de los difuntos tuvieran cuerpos fuertes y sanos para habitar en su interior.» Los parsis (descendientes de los persas) de la India todavía exponen a sus muertos sobre sus «torres de silencio», para que puedan ser devorados por los buitres. Monier Williams, que escribió sobre la costumbre parsi en el «Times» (28 de enero, 1876), fue informado como sigue por un parsi sobre las creencias relacionadas con ella:

> «Nuestro profeta Zaratustra, que vivió hace 6.000 años, nos enseñó a considerar a los elementos como símbolos de la deidad. La tierra, el fuego, el agua, dijo, nunca deberían ser profanados, bajo ninguna circunstancia, por el contacto con carne putrefacta. Desnudos, decía, vinimos al mundo, y desnudos deberíamos dejarlo. Pero las partículas descompuestas de nuestros cuerpos deberían ser disipadas tan rápido como fuera posible, y de tal manera que ni la Madre Tierra ni los seres que ella sustenta debieran contaminarse ni lo más mínimo... Por eso, Dios envía a los buitres.»

Originariamente los buitres eran por sí mismos formas de la deidad. Al igual que Agni, el dios del fuego, consumía los cuerpos y transportaba las almas en el humo a las regiones celestiales;

---

[228] *Rites of Funeral Ancient and Modern*, 1683, pág. 45.

JARRONES FUNERARIOS, PUEBLO ZAPOTECA, OAJACA, MÉJICO

(Museo Británico)

175

LA GRAN PIRÁMIDE, TEMPLO DE CHICHEN-ITZA, YUCATÁN

así, al parecer, hacían los pájaros y perros que devoraban a los muertos y llevan a las almas al otro mundo.

Los enterramientos en plataforma en algunas tierras están relacionados con creencias similares a las de los antiguos persas. Sin embargo, en América, los muertos de los que se deshacían así estaban protegidos en canoas o cajas, o envueltos cuidadosamente en tablas planas. Las tumbas «plataforma» son corrientes en Asia. Al igual que en América, parecen estar apoyadas en estacas en forma de Y. También se colocan en las horquillas de los árboles. El símbolo Y está relacionado en el antiguo Egipto con el dios Shu, que soporta el firmamento. Cuatro símbolos Y representan los pilares del cielo de los cuatro puntos cardinales [229]. Plataformas apoyadas en estacas en forma de Y parecen haber sido símbolos del cielo; el cadáver tumbado sobre la plataforma se ofrecía así al cielo; la canoa, apoyada en estacas en forma de Y, era sin duda símbolo de la barca del sol que navegaba por el cielo y a la que metía el alma del faraón muerto. La horquilla del árbol era la preferida, al parecer, porque los pilares de los cuatro puntos cardinales estaban representados a menudo como árboles. También estaban representados como montañas. La costumbre de enterrar a los muertos en los árboles, o en ataúdes hechos de árboles sagrados, y la de enterrar en grietas de montaña, que era conocida tanto en América como en Asia, puede haber estado relacionada con la creencia de que los muertos eran devueltos a la forma de árbol o montaña de la Gran Madre. Las pirámides e hitos eran símbolos de los pilares del mundo también. Estaban relacionados especialmente con el culto al sol, que consideraba al sol hijo de la Diosa Madre. El sol salía del «Monte del Amanecer» y regresaba al «Monte del Atardecer», o salía del «Árbol de la Vida» que sostenía al mundo. Los túmulos de enterramiento en América y Asia eran como los templos babilónicos, «montañas» sagradas (símbolos de la deidad, que fue el dador de vida al principio y que animaba al cuerpo después de la muerte).

---

[229] Ver ilustración de Breasted, *A History of Egypt*, pág. 55.

El Dr. O. G. Given, un médico americano, proporciona las siguientes notas sobre las costumbres de enterramiento de los kiowas, comanches y apaches.

«Ellos entierran en el suelo o en grietas de rocas... Estuve presente en el entierro de Halcón Negro, un jefe apache, hace unos dos años, y subí el cuerpo en mi carro ligero por la ladera de una montaña hasta el lugar del entierro. Encontraron una grieta en las rocas de unos cuatro pies de ancho y tres pies de profundidad.» [230]

En esta grieta enterraron al jefe y rellenaron la tumba con rocas sueltas. Perry ha tomado nota de esta costumbre de enterramiento en Indonesia: «La costumbre de colocar a los muertos en hendiduras de las rocas se encuentra entre la gente del valle Simbuang-Mapak.» Los kabui naga algunas veces «colocan a los muertos en una excavación en la ladera de una colina y cierran la abertura con piedras» [231]. De hecho la mezcolanza de costumbres de enterramiento en Indonesia se repite en América. Por tanto, podría ser que la mezcla de culturas implicadas tuviera lugar en Asia, y que el pueblo migratorio que llegó a Oceanía y América fuera trasportador de una variedad de costumbres y creencias. No hay duda de que una mezcla de cultura nueva tuvo lugar en países nuevos. Las costumbres de enterramiento de los americanos precolombinos eran de carácter complejo desde el mismo comienzo. Como se ha mostrado en los ejemplos dados, cada costumbre estaba enraizada en creencias religiosas que no eran peculiares en América y no se puede demostrar que se hubieran originado allí. Algunos creen que costumbres de enterramiento similares en Polinesia, América y Asia fueron de origen independiente. Una teoría como ésta es difícil de considerar y no está apoyada por testimonio positivo. «Es un hecho evidente —escribe Thomas A. Joyce— que físicamente los americanos tienen una relación estrecha en comparación con los asiáticos. De ser así, es natural algún parecido psicológico, y esto, sujeto a modificaciones producidas por el entorno, llevaría a la evolución de cultura y arte en las cuales

---

[230] Yarrow, *op. cit.* pág. 142.
[231] *Megalithic Culture of Indonesia*, págs. 22-23.

se debería esperar que aparecieran ciertas analogías.»[232] Aquí una teoría descansa sobre otra, y el término «natural» de Robertson se repite una vez más. Si un «parecido psicológico» depende de la raza, ¿cómo vamos a explicar la existencia de las mismas costumbres de enterramiento entre mongoles, papúes, drávidas, ario-indios y egipcios? Si era «natural» para una tribu de pieles roja quemar a sus muertos, como hacían ciertos pueblos polinesios, melanesios y ario-indios, ¿era natural, también, que otros pieles roja hayan embalsamado a sus muertos, como hacían los antiguos egipcios, ciertos pueblos polinesios y melanesios, etc.? Si la momificación tiene una historia segura en una parte del mundo, ¿no tiene historia en otras partes? Si la cremación está relacionada con un grupo seguro de creencias en la India y con el mismo grupo de creencias complejas en el Nuevo Mundo, ¿tenemos justificación para asumir que el origen de la costumbre americana fue natural y espontánea, especialmente cuando descubrimos que pueblos emigrantes de Asia y Europa distribuyeron la costumbre de la cremación por todas partes? La teoría de «parecido psicológico» se derrumba cuando descubrimos una variedad tan grande de costumbres de enterramiento entre tribus afines fisicamente. No se puede discutir cuándo se toma en consideración el hecho de que ciertas costumbres estaban limitadas a las clases sacerdotales o gobernantes y otras costumbres predominaron entre los plebeyos. Los sacerdotes y jefes de una tribu en particular no tuvieron necesariamente mentalidades diferentes de las de sus parientes. «Algún parecido psicológico» es seguramente «natural» entre miembros de la misma tribu nómada.

Las culturas, al igual que las lenguas, no ofrecen una indicación segura de afinidades raciales. Los portadores de una cultura en particular no fueron necesariamente los que la originaron. Ellos pueden haber formado una minoría pequeña en una comunidad, aunque la influencia ejercida por ellos puede haber sido muy grande. En algunos ejemplos parecen haber cambiado las costumbres de enterramiento de un tribu entera; en otros, parecen

---

[232] *Mexican Archaeology*, pág. 371.

no haber hecho más que establecer una costumbre de enterramiento para la familia que fundaron. El jefe y su familia podían ser momificados o quemados, mientras que la gente corriente continuó con sus antiguas costumbres de enterramiento. Un cielo especial estaba reservado para el jefe, sacerdote o guerrero: era el cielo de la religión importada; la gente corriente continuaba creyendo que ellos compartirían en la vida posterior el destino de sus antepasados en el cielo de la fe ancestral. En casi cada país del mundo se encuentra que la división de la sociedad en clases como resultado de la conquista estuvo acompañada en la antigüedad por complejos culturales en la vida religiosa. La fusión de la fe más antigua con la nueva tenía un aspecto político que estaba reflejado en las costumbres de enterramiento varias de un único pueblo. Entre pueblos como el de los pieles roja de América, que estaban principalmente en la etapa de civilización de la caza, la existencia de la momificación, cremación y costumbres de enterramiento en el agua no se pueden explicar aplicando la teoría psicológica. Todos habrían enterrado a sus muertos como harían los cazadores de todas partes, y todos los cazadores habrían mostrado a este respecto un «parecido psicológico». El hecho de que no lo hicieran enfatiza el argumento de que la gran variedad de costumbres que se tienen para deshacerse de los muertos se debió a la introducción de cuando en cuando de una variedad de sistemas religiosos de los cuales eran expresiones las costumbres de enterramiento, quedando como registros históricos. Los pieles roja, los isleños de las Aleutianas, los indonesios y los polinesios momificaban a sus muertos, y actuando así mostraron una habilidad quirúrgica que ellos nunca crearon, sino que habían adquirido. Los métodos que adoptaron tenían una historia, pero a la historia no se le puede seguir la pista en el Nuevo Mundo; sólo se encuentra en el Viejo.

Capítulo XI

LA DIOSA LECHE Y SU VASIJA COMO SÍMBOLO

Teorías antiguas sobre orígenes.—Espuma como leche.—La madre vaca.—Vasija de leche y vasija de agua.—Leche en ríos, vegetación y en el cielo.—Vasija como símbolo en el Viejo Mundo y en el Nuevo.—El Santo Grial y la vasija de la abundancia.—Diosa india de la leche y «Océano de Leche».—Hombres santos «Bebedores de espuma».—Madre vaca como abuela de caballos, árboles que dan leche y loros.—Madre tierra en la India y América.—El mito zuñi de la vasija del mundo.—El océano batido.—Gemelos surgen de la espuma del océano.—El Mundo de los Muertos.—La separación de cielo y tierra.—Diosa leche mejicana de muchos pechos.—Planta pita productora de pulque.—Savia de pita como leche y néctar.—Jarra de pulque como «Vasija Madre».—Gemelos surgen de la espuma de pulque.—Mayauel, la diosa pita, y la Artemisa efesia.—Artemisa en forma de higuera.—Elixir de leche en Méjico, India, Grecia y Escocia.—Árboles que dan leche en diferentes tierras.—Diosa romana de la leche y río de leche.—Mitos del océano batido en el Viejo Mundo y en el Nuevo.—Pita como «Árbol de la vida».—Vínculos pez entre Mayauel y Artemisa.—Dioses pulque de la Guerra, Muerte y Cosecha.

En varios países antiguos la madre diosa era la fuente de toda vida: celestial, humana, animal, vegetal y mineral[233]. La diosa cósmica del antiguo Egipto era Hator. Era considerada por los sacerdotes que teorizaban como «la personificación del gran poder de la naturaleza, que estaba concibiendo y creando permanentemente, y dando a luz y criando, y manteniendo todas las cosas, tanto grandes como pequeñas»[234]. Se consideraron varias

---

[233] Se creía que los minerales crecían como las plantas.
[234] Budge, *Gods of the Egyptians*, vol. I, pág. 431.

teorías sobre su origen. Según Plutarco, a Isis (que al final absorbió los atributos de Hator) se la llamaba a menudo con el nombre de Athene, que significa «procedo de mí misma» [235].

Sin embargo, en el primer período, la diosa era simplemente la madre gigantesca que había existido desde el principio (el primer ser de quien nada se conocía, la personificación del principio de la vida). Uno de sus símbolos antiguos era la vasija de agua. Esta vasija fue a la vez el piélago primigenio y el útero infatigable de la naturaleza. De la vasija del mundo salían los dioses, seres humanos, los cuerpos celestiales, el agua que fertiliza la tierra y hace que brote la vegetación, las gemas..., conteniendo sustancia de vida, etc.

Los sacerdotes daban vueltas a la cabeza para descubrir cómo se originó la vida dentro de la vasija del mundo. Una de sus teorías era que el agua fue puesta en movimiento por el viento, y empezó a borbotear y hacerse espuma. De la espuma surgió el primer dios y la primera diosa, o la flor de loto multiplicadora, de la cual salió el dios sol. Algunos suponían que la madre diosa misma había salido de la espuma, como hizo Afrodita desde la espuma de las olas cuando se rompían.

En los mitos que han sobrevido hasta nosotros las concepciones sencillas de las primeras gentes se encuentran fusionadas con las teorías acumuladas de siglos. Fue mucho tiempo después cuando la idea de una madre diosa que había tenido un origen ocupó las mentes de los pensadores más que el problema de cómo llegó a existir.

Según el testimonio proporcionado por varias mitologías antiguas, la espuma dentro de la vasija, o sobre el océano primigenio simbolizado por la vasija, fue identificada con humedades del cuerpo: transpiración, saliva, lágrimas, semen o leche.

La teoría de que el principio de la vida estaba en la leche tiene una historia interesante. En un período remoto los egipcios domesticaron a la vaca, y consideraban a la madre vaca como el creador de toda vida. Su leche alimentaba a los niños, y en su leche estaban «las semillas de la vida». La vasija de leche estaba identifi-

---

[235] *De Iside et Osiris*, cap. IX.

cada con la vasija de agua después de que las teorías de aquellos que habían imaginado una madre vaca se fusionaron con las teorías de aquellos que habían imaginado una vasija del mundo.

La idea de la madre vaca primigenia se encuentra en la mitología del Norte, la cual conserva no pocas concepciones arcaicas. Ymir, el gigante del mundo cósmico, nació donde el viento cálido del sur abrasador hizo que los vapores de hielo del oscuro Norte helado se derritieran y formaran gotas vivas de humedad. Simultáneamente tuvo su origen la vaca cósmica Audhumla. De sus ubres salían cuatro chorros de leche —los cuatro ríos primigenios de los puntos cardinales— y «así —dice la *Prose Edda*— alimentó ella a Ymir». El cuerpo de Ymir se usó para hacer el mundo:

> De la carne de Ymir se formó el mundo,
> De sus huesos se hicieron las montañas,
> Y el Cielo de la calavera de ese gigante helado,
> De su sangre las olas del mar [236].

Aquí rocas, tierra, el cielo y el mar tienen su origen en el aire, calor y humedad, y el mar está identificado con la sangre: el fluido de la vida. El fluido tuvo su origen en la humedad, y el primer hombre se sustentó con leche.

La vasija de arcilla de los primeros adoradores de la madre vaca fue la lechera más antigua. Se observó que la crema subía a la superficie de la leche como lo hacía la espuma en la superficie del mar. Se utilizó una mano de mortero para batir la crema, y se produjo mantequilla. La mantequilla se identificó con la grasa; ambos eran líquidos solidificados que podían derretirse cuando se sometían al calor.

El descubrimiento de que un líquido como la leche se solidificaba cuando se batía está reflejado en el mito indio del «Océano Batido». Como se mostrará, este mito del batido fue adoptado por pueblos que no tenían animales domésticos que dieran leche.

La descendencia de la diosa madre incluía, como se ha indicado, las formas varias de vegetación que habían tenido origen en

---

[236] O. Bray, *The Elder Edda*, pág. 47.

sus lágrimas, o en los de aquellos sus divinos hijos. La vegetación se alimentaba de la leche de la diosa, que bajaba en ríos inundantes como espuma, o como arcilla blanquecina o amarillenta, y ciertos árboles y hierbas producían una savia parecida a la leche, que se consideraba un elixir y se suponía que era la leche de la diosa.

Al igual que la diosa vaca cósmica, la Hator egipcia se representaba con un cuerpo salpicado de estrellas; sus miembros eran los cuatro pilares en los que se apoyaba el mundo. En su forma humana, como la diosa Nut, ella se tendía sobre la tierra, formando sus piernas y brazos los pilares de los puntos cardinales; su cuerpo, como el de la vaca, también estaba salpicado de estrellas. En una interesante representación de la diosa [237] la luna sale de sus pechos, a la palma del dios Shu, como una charca de leche; el sol, como indican otras ilustraciones, salía de su útero.

En el sistema egipcio antiguo de jeroglíficos un cuenco de agua representa el principio femenino. Su valor fonético es «nu». El principio masculino en las aguas cósmicas («nu») es Nun y el femenino Nut [238]. Como la diosa del cielo, Nut personificaba las aguas sobre el firmamento; también era la diosa del piélago primigenio.

En Babilonia la vasija simbólica la sostiene un dios que vierte el agua fertilizante, es decir, los ríos Éufrates y Tigris. Hapi, el dios Nilo, es representado igualmente como un hombre con una vasija o jarra de agua.

La «vasija de agua» india era un objeto sagrado fundamentalmente. Cada asceta tenía una. Cuando se le quitaba, era incapaz de purificarse y entonces podía ser atacado y asesinado por demonios. Un asceta famoso tuvo un hijo que salió de una vasija de agua de santo en cuyo interior había caído la semilla de la vida, y fue llamada Drona («vasija del nacido»). «El más destacado de todos los que empuñaban armas, el preceptor Drona, había nacido —dice un texto— en una vasija de agua.» [239]

---

[237] Breasted, *A History of Egypt*, pág. 55.
[238] F. Ll. Griffith, *Archaelogical Survey of Egypt*, 1898, pág. 3, y Elliot Smith, *The Evolution of the Dragon*, 1919, pág. 178.
[239] *The Mahabharata (Adi Parva)*, secciones CXXXI, CXXXIX y CLXVIII.

JARRONES DE CERÁMICA, PERÍODO PROTO-CHIMU, REGIÓN DE TRUJILLO, PERÚ

(Museo Británico)

«ORDEÑANDO» LA PLANTA MAGUEY PARA LA PREPARACIÓN
DE PULQUE, LA BEBIDA NACIONAL MEJICANA

El maguey, o planta pita *(Agave americana)*, es una especie de cactus espinoso
con tallos «carnosos» y una cantidad generosa de jugo lechoso que, cuando
fermenta, se llama «pulque».

186

La vasija simbólica y las doctrinas asociadas a ella llegaron al Nuevo Mundo. Como dice Brinton, «la vasija o jícara como símbolo de agua, fuente y conservadora de vida, es una figura destacada en los mitos y en el arte de la América antigua. Como Akbal o Huecomitl, la gran vasija o vasija original en leyendas aztecas y mayas, ella representa un papel importante en el drama de la creación; al igual que Tici (Ticcu) en Perú, ella es el símbolo de las lluvias, y como jícara la mencionan con frecuencia caribes y tupis como padres de las aguas atmosféricas. Grandes imágenes reclinadas, que llevan vasijas, se han exhumado en el valle de Méjico, en Tlascala, en Yucatán y en otros lugares. Representan al dios de la lluvia, el portador de agua, el patrón de la agricultura» [240].

La vasija simbólica es un proveedor de comida inagotable, porque contiene el fluido del cual han venido todas las cosas: el agua y su espuma y la arcilla de color rojo sangre que fertiliza la tierra reseca cuando los ríos suben y se desbordan, o cuando, después de un período de sequía, cae la lluvia del cielo. Figura como símbolo de vida en mito, ritual y romance. Los hombres la buscaban igual que los Mundos Viejo y Nuevo buscaban el Pozo de la Vida (esa «vasija» terrenal en la cual se recogía el agua que daba vida). El recuerdo de la vasija permaneció durante siglos en la Europa Occidental después de haberse extendido el Cristianismo. En un romance artúrico está cristianizado como el «Santo Grial». Cuando Galahad y sus compañeros encontraron el Grial, ellos:

«vieron ángeles, y dos llevaban velas de cera y un tercero una toalla, y el cuarto una lanza que sangraba de forma asombrosa, que tres gotas cayeron en una caja que él sostenía con la otra mano [241]. Y pusieron las velas sobre la mesa y el tercero la toalla sobre la vasija, y el cuarto la lanza sagrada vertical sobre la vasija.»

Del Grial salió un niño cuyo semblante «era tan rojo y brillante como el fuego». Este niño entró en un trozo de pan de mane-

---

[240] Brinton, *The Myths of the New World*, pág. 152.
[241] Aquí la sangre es el fluido fertilizante de la vida. El fuego está simbolizado por las velas.

ra que «el pan estaba formado de un hombre carnal». Los caballeros se alimentaron del Grial con «dulces»[242].

La «Vasija de la Abundancia» pagana más antigua se encuentra en la literatura popular gaélica y galesa. En el *Mahabharata* hindú, el sol envía una vasija de cobre al jefe de los pandavas del cual se podía obtener una provisión inagotable de «frutas y raíces, y carne y vegetales». Al sol se le consideraba en la India como a los «soles de agua» de América, como fuente de alimento y agua:

> «Convirtiendo los efectos del calor del sol (vapores) en nubes y vertiéndolos en forma de agua, haciendo que broten las plantas... Así es el sol mismo el que, empapado por influencia lunar, se transforma, sobre los brotes de semillas, en vegetales sagrados.»[243]

Tanto en el Viejo Mundo como en el Nuevo se puede seguir el rastro de las ideas complejas antiguas sobre la vasija, la diosa madre salpicada de estrellas y sus animales, en mitos y en las artes y oficios. Un testimonio interesante a este respecto lo proporcionan en América las vasijas de cerámica halladas recientemente en Honduras[244].

En la India, la vaca Hator es Surabhi, «la madre de todas las vacas», cuyas hijas dieron a luz no sólo a terneros, sino a caballos, aves de plumas largas, nagas (serpientes), árboles que dan leche, etc.

Surabhi está situada en *Rasa-tala*, el «séptimo estrato debajo de la tierra». La leche que produce «es la esencia de todas las cosas mejores de la tierra». Contiene amrita (soma); la misma Surabhi «surgió en los días de la antigüedad de la boca del Antepasado satisfecha de beber el amrita y de vomitar las mejores cosas»[245].

Se cuenta en el *Mahabharata*[246] que:

---

[242] Malory, *Morte Darthur*, Libro XVII, cap. XX.

[243] El *Vana Parva* del *Mahabharata* (traducción al inglés de Roy), págs. 11 y sigs.

[244] *Man* («Un dragón americano»), noviembre, 1918; Elliot Smith, *The Evolution of the Dragon*, pág. 182.

[245] La vaca y los brahmanes.

[246] *The Udyoga Parva* (traducción al inglés de Roy), págs. 309 y sigs.

«Solamente un único chorro de su leche cayendo a la Tierra creó lo que se conoce como el sagrado y excelente «Océano de Leche». Todo alrededor del borde de ese océano está siempre cubierto de espuma blanca que parece un cinturón de flores. Los mejores ascetas que se conocen por el nombre de *bebedores de espuma* habitan alrededor de este océano, subsistiendo a base de esa espuma solamente. Se llaman *bebedores de espuma* porque no viven de otra cosa que no sea espuma.»

Del «Mar de Leche» procede el «amrita» (el elixir o néctar de los dioses), la diosa Lakshmi, el príncipe de los corceles, la mejor de las gemas y el vino llamado «Varuni».

«Esas aguas que producen estas cosas preciosas se han mezclado todas con la leche.»

La leche Celestial «se vuelve *sudha* (alimento de los nagas, los dioses serpiente) en aquellos que viven de *sudha*; *swadha* (alimento de los *Pitris*, las almas de los antepasados), en aquellos que viven de *swadha*, y *amrita* (alimento de los dioses) en aquellos que viven de *amrita*» [247].

En una descripción del *Mahabharata* de las regiones de los cuatro puntos cardinales, Surabhi está colocada en el Oeste:

«Es en esta región donde Surabhi, retirándose a las costas del extenso lago adornado con lotos dorados, vierte su leche.»

El Oeste es la región donde «los ríos que siempre alimentan al océano tienen sus manantiales. Aquí en la morada de Varuna están las aguas de los tres mundos» [248].

Surabhi, «la madre de todas las vacas», tiene —como se ha indicado— varias hijas, incluyendo a Rohina, de la cual «han surgido todas las vacas»; Gandharvi, de la cual han surgido «todos los animales de la especie caballo», y Anala, que «engendró siete

---

[247] *Vana Parva* del *Mahabharata*, sec. CI.
[248] *Udyoga Parva* (traducción al inglés de Roy), págs. 328-329. Los «tres mundos» son: 1) el celestial, 2) el terrenal y 3) el mundo de los muertos.

clases de árboles que producían frutas carnosas». Los árboles hijos de Anala son:

> «La palma datilera, la palmera, la hintala, el tali, el datilero peque-
> ño, la nuez y el coco.»

La hija de Surabhi Shuki es «la madre de la especie loro» [249]. Aquí tenemos no sólo caballos y vacas, sino también loros y árboles productores de leche relacionados con la vaca Hator india. Como hemos visto, Surabhi está situada en el otro mundo. Se puede aludir a ella como «diosa de la Tierra» (es decir, una «diosa del mundo»). En el *Bhishma Parva* del *Mahabharata* leemos:

> «La Tierra, si sus recursos se desarrollan adecuadamente según sus cualidades y habilidad, es como una vaca que siempre produce, de la cual se pueden ordeñar el fruto triple de virtud, beneficio y placer.»

Roy observa que Nilakantha explica este pasaje como sigue:

> «Los dioses dependen del sacrificio realizado por los seres huma-
> nos, y en lo que se refiere a los seres humanos, su comida la propor-
> ciona la Tierra. Las criaturas superiores e inferiores, por tanto, son
> mantenidas todas por la Tierra; entonces la Tierra es su refugio. La
> palabra Tierra... se usa algunas veces con el significado de mundo y
> algunas veces el elemento del mismo nombre.» [250]

El famoso rishi Vashishta tenía una vaca llamada Nandini que producía «todo lo que se deseaba de ella».

> «Cuando se dirigían a ella, ¡oh, da!, ella producía el artículo que
> se pedía. Y ella producía varias frutas y maíz tanto silvestre como cul-
> tivado en jardines y campos, y leche, y muchas viandas nutritivas
> excelentes rellenas de las seis clases diferentes de zumo, y el néctar
> mismo, y varias otras clases de cosas agradables de gusto ambrosía-
> co, para beber y comer, y para lamer y sorber, y también muchas
> gemas [251] preciosas y vestiduras de varias clases.»

---

[249] *Adi Parva* del *Mahabharata* (traducción al inglés de Roy), pág. 163.

[250] Traducción al inglés de Roy del *Bhishma Parva*, págs. 33-34.

[251] La relación entre gemas, leche y agua se pone de manifiesto hasta en las referencias a la diosa Lakshmi, «que lleva un collar de mil corrientes y un cinturón del mar de leche» (*Dasakumara*).

Esta vaca maravillosa tenía «ojos saltones como los de la rana» y podía hablar y llorar, «llorando de una forma tan lastimera»; cuando se enfurecía sus ojos se volvían rojos, y era «terrible mirarlos, como al sol en su gloria del mediodía». Entonces ella atacaba a un ejército. De su cola salían fuego y demonios; luego demonios y salvajes salían de partes de su cuerpo, llegando a existir muchos «de la espuma de su boca» [252]. Aquí tenemos a la vaca Hator relacionada con el sol, el fuego, la rana, joyas, vegetación, etc.

Estos extractos del *Mahabharata* arrojan una considerable luz a las ideas religiosas y mitos de los americanos precolombinos. La madre Tierra (o «madre mundo») de los pieles rojas zuñi tiene «un cuenco en terrazas» que es sencillamente la «vasija madre» con el símbolo escalonado de Isis multiplicada sobre ella. Ella usa su cuenco como batidora. Se cuenta de ella:

> «Ella cogió un gran cuenco en terrazas en el que vertió agua; escupió sobre el agua, y batiéndola rápidamente con los dedos, pronto se montó en espuma como las espumas del jabón, y la espuma subió alrededor del borde del cuenco. La madre Tierra sopló la espuma [253]. Desprendió escama a escama y, rompiéndolo, lo echó pulverizado al cuenco. «Mirad —dijo ella—, este cuenco es como si fuera el mundo, el borde son sus límites más lejanos y las terrazas ribeteadas de espuma alrededor, mis características, a las que ellos llamarán montañas... de donde subirán nubes blancas, se alejarán flotando y, rompiéndose, derramarán polvo para que mis hijos puedan beber el agua de vida, y de mis sustancias añadir a la carne de su ser.» [254]

---

[252] *Adi Parva* del *Mahabharata* (traducción al inglés de Roy), págs. 501-504.

[253] Aquí nos encontramos con la idea del viento y del agua como germen de la doctrina del *Fung-shui* (viento y agua) chino, el dios tigre blanco del Oeste fuente del viento, y el dios dragón verde del Este fuente del agua. En la ceremonia del bautismo azteca la comadrona sopla en el agua antes de rociar al niño con ella. El viento es el «aliento de vida» y el «agua» (en forma de espuma, leche o sangre) contiene la sustancia de vida. En Japón las montañas, ríos, etc., son *kami,* así como seres divinos. Los himnos védicos hindúes relacionan montañas y nubes y vacas. Indra conduce «vacas nube» y golpea «rocas nube».

[254] Cushing, «Zuni Bradstuff» (*Indian Notes and Monographs*, vol. VIII, Nueva York, 1920, págs. 23-24).

El comentario zuñi sobre el cuenco muestra lo mucho que se parecen la vasija solar de cobre del *Mahabharata* indio y la vasija egipcia de Hator.

> «¿No es el cuenco el emblema de la Tierra, nuestra madre? De él extraemos tanto la comida como la bebida, como un bebé extrae el alimento del pecho de su madre.» [255]

La espuma proporcionada por la diosa madre fue transformada por el dios sol zuñi en dioses destinados a servir a los seres humanos en los úteros cueva oscuros de la diosa de la tierra:

> «El Sol antiguo se compadeció de los hijos de la Tierra. Para que ellos pudieran ver su luz rápidamente, echó un vistazo a la tapa de espuma que flotaba en el exterior sobre las grandes aguas. Inmediatamente la tapa de espuma se infundió de vida y tuvo dos hijos gemelos.»

Su escudo estaba «tejido» de nubes para que pudiera «oscurecer la tierra con gotas de lluvia», su arco era el arco iris que «despejaba las sombras de tormenta» y sus «flechas» los rayos que «abren las montañas a la fuerza» [256]. Con el arco «ellos despegaron los abrazos del padre cielo del pecho de la madre tierra» y con sus flechas abrieron las montañas a la fuerza para poner en libertad a los seres humanos de los «úteros cueva de la madre tierra» [257].

El lobo, el perro o el coyote es el dios amigo que «abre el camino» en algunos mitos tribales. Según los pieles roja lenni lenape la raza primigenia fue liberada del Mundo de los muertos por un lobo que escarbó el suelo; el conejo que escarba, un animal sagrado, puede haber estado relacionado con la diosa madre por una razón similar. Otras tribus de pieles roja como los mandans y min-

---

[255] Cushing, «Zuni Bradstuff» (*Indian Notes and Monographs*, vol. VIII, Nueva York, 1920, pág. 24).

[256] En el *Mahabharata* Indra mata a su poderoso rival, Vritra, con la ayuda de espuma. Encontró «en el mar una masa de espuma tan grande como una colina... Y tiró a Vritra la masa de espuma mezclada con el rayo. Y Visnú, habiendo entrado en aquella espuma, puso fin a la vida de Vritra». (*Udyoga Parva*, Traducción al inglés de Roy, pág. 25).

[257] *Ibíd*, págs. 24-25.

netarres en el río Missouri creían que sus antepasados salían de una montaña, escalando hacia arriba. No pocos pueblos suponían que cuevas y fisuras de las rocas llevaban al Mundo de los Muertos. Las tribus sudamericanas tenían, como las de Norteamérica, mitos sobre el Mundo de los Muertos en el cual moraban sus antepasados en felicidad antes de venir a la superficie de la tierra[258]. Después de la muerte las almas de los muertos regresaban a la tierra de los antepasados debajo de las montañas y ríos y océano. Esta creencia se encuentra reflejada en costumbres de enterramiento. Los muertos eran colocados en cuevas, en las fisuras de las montañas, en tumbas revestidas de piedra, o en pozos y en el mar, para así poder llegar a la tierra del gozo de la madre tierra. En China y en Japón, en Polinesia, Indonesia y la India, y hacia el Oeste hasta las islas Británicas, quedan huellas de la antigua concepción de un paraíso del Mundo de los Muertos que se parece al de Osiris en Egipto.

También se puede observar de pasada que el mito sobre la separación del cielo y de la tierra que era conocido por los indios zuñi se encuentra también en Polinesia, donde Rangi está separado de Pappa, y en el Antiguo Egipto, donde Shu separa a Nut de Seb.

Otra forma de la diosa mundo —la de muchos úteros de los indios zuñi— es la diosa tierra de muchas bocas de los mejicanos, quien algunas veces se representaba como una rana con una boca manchada de sangre en cada articulación de su cuerpo. La diosa madre dio a luz a la humanidad; después de la muerte ella «devoraba» a los muertos; ella era también la devoradora de sacrificios.

El hábito de multiplicar los órganos de las deidades era frecuente entre los hindúes y otros pueblos del Viejo Mundo. Normalmente se considera como una expresión de «grandes poderes en cualquier dirección dada». Sin embargo, al mismo tiempo tenía una historia, como encontraremos al tratar de la diosa madre de muchos pechos.

La diosa madre mejicana de este orden fue Mayauel. «Ellos se inventan —escribe Kingsborough[259], citando sus autoridades—

---

[258] Brinton, *Myths of the New World*, págs. 257 y sigs.
[259] *Mexican Antiquities*, vol. V, págs. 179-180.

que Mayauel era una mujer con cuatrocientos pechos, y que los dioses, a causa de su productividad, la convirtieron en el maguey, que es la vid de ese país (Méjico) del cual hacen vino... Ellos fabricaban tantas cosas con esta planta llamada maguey, y es tan útil en ese país, que el demonio aprovechó la ocasión para inducirles a creer que era un dios y a adorarle y ofrecerle sacrificios.»

Es obvio que, en primer lugar, la diosa de muchos pechos es una fuente de leche que amamanta a su descendencia humana. Sin embargo, antes de que la consideremos en ese aspecto, sería bueno hablar de la planta de maguey con la que estaba estrechamente relacionada.

La planta de maguey, o pita *(Agave americana)*, es una especie de cactus espinoso con tallos «carnosos» y una cantidad generosa de jugo lechoso. Es de crecimiento lento. La fábula de que tarda cien años en llegar a la madurez ha dado origen a su nombre de *Century Plant*. En Méjico, donde se ha cultivado durante mucho tiempo, es un arbusto verde intenso con hojas duras espinosas o puntiagudas, un poco parecida a las del lirio, agrupadas en una gran roseta. Al cabo de unos ocho años, sale un tallo largo del centro de la roseta, y se corona finalmente con una voluminosa florescencia. La pita florece una sola vez. Después de que se forma el fruto y madura, y las semillas se libran, la planta entera muere.

La pita se cultiva principalmente por su savia. Tan pronto como el mejicano se da cuenta de que está empezando a levantar el tallo vacía el tronco central. Dentro de la cavidad, que es lo bastante grande para sostener una cubeta, el jugo lechoso de la planta fluye libremente durante tres o cuatro meses. Tiene que vaciarse una o dos veces al día. El jugo se transporta en pieles o se vierte en tarros y barriles. En pocos días fermenta y adquiere un sabor fuerte y un olor muy desagradable.

El jugo fermentado se llama «pulque». «Es la bebida principal de la gente —escribe un viajero americano [260]—. Sabe como el suero de la leche ácido y de mal olor, es blanco como ella, pero claro. Ellos se aglomeran alrededor de los coches que lo llevan,

---

[260] *A Winter in Mexico*, de Gilbert Haven, Nueva York, 1875, pág. 81.

vendiendo una medida de una pinta por tres centavos... Fermenta con fuerza, y los barriles se dejan descorchados y los hocicos de los cerdos (bolsas de piel) sin amordazar para evitar que explote. Verás a los nativos metiendo sus narices en el hocico del puerco y bebiendo la leche de este coco cochino, incluso aunque ellos lo están descargando sobre la plataforma.»

Una bebida muy alcohólica destilada de pulque se llama *mexical* o *aguardiente de maguey*. Una parte de la planta se usa en medicina y se hacen dulces de la raíz, mientras que las fibras del maguey proporcionan cáñamo y papel, y las espinas se pueden usar para afileres y clavos.

«La abundancia del jugo producido por el maguey de apenas cinco pies de altura —escribe un recopilador [261]— es de lo más sorprendente, ya que las plantaciones están en el suelo más árido, con frecuencia sobre rocas apenas cubiertas de tierra. A la planta no le afecta ni la sequía, ni el granizo ni el frío. Dicen que la bebida vinosa se parece a la sidra; su olor es el de la carne putrefacta; pero incluso los europeos, cuando han sido capaces de superar la aversión inspirada por el olor fétido, prefieren el pulque a cualquier otro licor.»

El nombre de «pulque» procede de la lengua de los nativos de Chile. En el antiguo Méjico el jugo embriagador de la planta se llamaba «octli» y la planta de la pita misma «metl».

Según Sahagún [262], la diosa Mayauel fue simplemente la descubridora de la planta pita. Pero todas las deidades figuran como «descubridores» de las hierbas medicinales, piedras preciosas, elixires, etc., que se supone que contienen su propia «sustancia de vida», y a la cual dieron origen llorando lágrimas fertilizantes o derramando sangre. Al igual que la diosa con cuatrocientos pechos, mencionada en el *Codex Vaticanus A*, sin duda a Mayauel se le consideraba en Méjico personificación de la planta pita.

«La diosa —escribe Seler— está representada en todas partes colocada delante o sobre la planta pita, que los artistas de picto-

---

[261] *The Modern Traveller*, Londres, 1825, vol. I, pág. 178, citando a Bullock y Humboldt.
[262] X, XXIX.

grafía siempre entienden la forma de reproducir la verdad tolera-
blemente de la naturaleza, con sus hojas duras curvadas ligeramente hacia fuera y provistas de espinas en las puntas y a lo largo
de los bordes y con su espiga de flor alta». Seler procede entonces a dar detalles más importantes sobre las representaciones pictóricas de la interesante diosa mejicana de muchos pechos:

> «En la página 31 de nuestro manuscrito sobre la raíz de la plan-
> ta se ve además una serpiente, mientras que en el *Codex Laud* 9 (nota
> de Kingsborough) la planta sale sobre una tortuga que descansa sobre
> un dragón diseñado con la forma de una serpiente de coral. La diosa
> misma está pintada aquí en el *Codex Bergia* con un traje blanco, pero
> que tiene un borde con una banda ancha pintada en el color de la joya
> verde (chalchiuitl); por consiguiente, hasta cierto punto se parece a
> la diosa del agua. En la nariz lleva una chapa azul que se estrecha en
> forma de escalón y se parece a *yacapapalotl de Xochiquetzal*. Como
> con el Dios Sol, su pelo de color llama está atado con una cadena de
> joyas que lleva una cabeza de pájaro tradicional sobre el frontal. El
> penacho de plumas (*iuitemalli*) también sobre la cabeza de la diosa
> es como el que lleva el Dios Sol de la página 14 del *Codex Borgia*.
> Sin duda con este emblema se pretendía dar expresión a la "bebida
> fuerte"... En la página 89 de nuestro manuscrito la diosa lleva en una
> mano un cuenco del cual sale haciendo espuma el licor salpicado de
> flores, en la otra un plato lleno de cuchillos de piedra, porque el pul-
> que es la "bebida afilada".» (*Codex Vaticanus B*, pág. 152.)

Algunas veces el jugo de pulque abultado se muestra atravesado por una flecha con sangre saliendo de la «herida». Seler continúa:

> «Una peculiaridad notable se muestra en la página 31 de nuestro
> manuscrito, donde se ven las cabezas de un hombre pequeño y de una
> mujer pequeña en el pulque que sobresale de la boca del jugo. La cara
> del primero está pintada de rojo, el color de los hombres; la de la mujer
> tiene un color amarillo, y debajo de la nariz le cuelga la chapa nasal
> azul en forma de escalón *yacapapalotl* de la diosa *Xochiquetzal*[263].
> Es obvio por esta pintura, y también sin duda por las figuras *tlaitz-*
> *copiutli* que decoran el jugo de pulque, que el vino y la mujer están
> comprometidos en una relación. Incluso ahora, por ejemplo, entre los

---

[263] La diosa del amor y de la flor.

indios de Vera Paz, la ceremonia del matrimonio se concluye oficial-
mente llevando el novio la botella de brandy a la novia.»

Un animal blanco está relacionado con la diosa de la planta pita.
La cabeza se puede comparar con la del zorro o coyote; la cola es
larga. En una de las páginas del *Codex Vaticanus B* (núm. 31) este
animal «lleva en una mano un cuenco de pulque» y en la otra un
abanico, o un anillo salpicado de campanas. Seler observa que a
este mismo animal se le va a reconocer en «el sacerdote con cabeza de animal, quien, en las famosas páginas 25 y 28 del manuscrito maya Dresden introduce al representante del año nuevo».

Se debe advertir aquí que nuestra admiración por las profundas investigaciones de Seler no han de cegarnos al hecho de que
algunas de sus conclusiones no son convincentes. Es diferente,
por ejemplo, creer que a la diosa de la planta pita se le dio un pena-
cho de pelo de las mismas plumas que las del dios sol simplemente
porque el pulque es una «bebida fuerte», que un plato de cuchillos de piedras estaba colocado al lado del cuenco porque el pulque es «la bebida afilada» y que «el vino y la mujer estaban com-
prometidos en una relación» por las figuras «que decoran» el
cuenco de pulque. Las plumas, los cuchillos y las figuras tenían
sin duda un significado mucho más profundo que el que los comen-
tarios de Seler nos llevarían a suponer. Tanto más se indica por la
vasija atravesada por un cuchillo de la cual sale sangre.

Mayauel, la diosa de cuatrocientos pechos, parece haber sido
en primer lugar, como se ha dicho, una proveedora de leche, la
que mantiene la vida. Ella recuerda a la Artemisa de Éfeso de cuatrocientos pechos, más conocida por su nombre romano de «Diana
de los efesios... a quien —como Pablo bien sabía— adora toda
Asia y el mundo» [264]. Como otras deidades antiguas Artemisa tenía
muchas formas. Se la mostraba asociada con varios animales,
incluyendo el león, el oso, el carnero, el toro, el corzo, el venado,
el verraco, la liebre, etc. que eran formas de ella misma [265]. Fomentaba la vida esencialmente y aborrecía al águila porque devoró a

---

[264] *Hechos de los Apóstoles*, XIX.
[265] Farnell, *Cults of the Greek States*, vol. II, pág. 435.

la «liebre preñada», como nos informa Esquilo. Farnell observa que ella era en una de sus formas una diosa serpiente y una diosa árbol. Una moneda de Myra «la muestra en el centro de un tronco partido del cual están saliendo dos serpientes. Sus árboles incluyen el mirto y el pino [266]. De especial interés es la forma de Artemisa «sobre un jarrón revelado por Gerhard, donde está colocada en una postura rígida e hierática, con sus antebrazos sostenidos en paralelo a su cuerpo y una antorcha en cada mano; sobre ella hay una higuera silvestre, de la cual cuelga una especie de bolsa de caza que contiene una liebre como exvoto» [267].

Por supuesto era como diosa higuera como se representaba a Artemisa con muchos pechos. Los higos eran considerados en la antigüedad como «tetas». Algunos mantienen que este nombre se dio por su forma, pero Siret [268] ha señalado que la verdadera razón era porque las partes verdes de la higuera, incluido el fruto, destilan en abundancia un jugo blanco parecido a la leche. «Por esa razón nosotros lo llamamos lactescente.» Los antiguos decían «lactífero» o «ruminal». Creían, no sin razón, «que la leche vegetal de la que estaba rellena prestaba a las partes jovenes de la planta el mismo servicio que los animales a sus jóvenes».

Un hecho interesante sobre la higuera es que nunca florece. El fruto es una flor sin desarrollar. Canon Tristram nos ha recordado a este respecto que «el fruto del higo... es un receptáculo alargado, suculento, hueco, que contiene las flores imperfectas en el interior. De ahí que las flores de la higuera no sean visibles hasta que se corta el receptáculo» [269]. Como los frutos (tetas) aparecen antes que las hojas, el árbol fue personificado como una diosa con muchos pechos.

El prototipo de Artemisa y de otras diosas higuera fue la diosa madre Hator de Egipto, cuyo árbol (el «Árbol de la Vida») era el sicomoro. «La peculiaridad del sicomoro —escribe el doctor

---

[266] Farnell, *Cults of the Greek States*, vol. II, pág. 523.
[267] *Ibíd*, págs. 523-524.
[268] *L'Anthropologie*, vol. XXX, págs. 235 y sigs.
[269] Citado por Inglis, *Bible Illustrations from the New Hebrides*, Edimburgo, 1890, pág. 81.

Inglis— es esta: todo el fruto se adhiere al tronco, y no, como en la higuera común, a la extremidad de las ramas.» [270]

Hator, la diosa sicomoro, estaba relacionada con el cielo y el sol; como deidad solar era el «Ojo de Ra», y aquí, quizá, encontraríamos la relación solar de la diosa mejicana Mayauel con el dios sol cuyas plumas (rayos) llevaba ella en el pelo. En su forma de Nut, diosa del cielo, o en su forma de vaca, Hator se representaba con un cuerpo salpicado de estrellas. Su leche, como se dijo, formó la «Vía Láctea», que era conocida como la «Leche de Hera» para los griegos y como la «Leche de Juno» para los romanos. Las almas de los faraones muertos eran amamantadas por la diosa y alimentadas de la leche y alimento de la higuera sicomoro de la Vida en el paraíso egipcio [271].

El elixir de leche de los árboles o plantas sagrados productores de leche era conocido en varios países antiguos. Se suponía que eran especialmente eficaces para los niños. En Méjico el líquido de la planta pita parece haber sido considerado como leche, como indica el hecho de que Mayauel que la personificaba era, en una de sus formas, una mujer de muchos pechos. Mendieta nos cuenta que los mejicanos tenían «una especie de bautismo» y «cuando el niño tenía unos días, se hacía pasar a una anciana, quien sacaba al niño al patio de la casa donde había nacido y lo lavaba cierto número de veces con el vino del país (pulque), y otras tantas veces con agua; luego le ponía nombre y realizaba ciertas ceremonias con el cordón umbilical». Otra ceremonia tenía lugar al final de cada cuarto año, cuando se seleccionaban padrinos para aquellos nacidos durante los tres años anteriores. Los niños pasaban sobre un fuego y se les agujereaban las orejas. Luego se realizaba una ceremonia «para hacerles crecer» y «terminaban dando pulque a los pequeños en diminutas tazas, y por eso la fiesta se llamaba la "Borrachera de los Niños".» [272]

---

[270] Citado por Inglis, *Bible Illustrations from the New Hebrides*, Edimburgo, 1890, pág. 83.

[271] Breasted, *Religion and Thought in Ancient Egypt*, pág. 137.

[272] Bancroft, *The Native Races of the Pacific States of North America*, vol. III, pág. 376.

Es evidente que estas elaboradas ceremonias tenían una historia. Sin embargo, no podemos seguir la pista a esa historia en América. A los niños no se les daba pulque simplemente porque les emborrachaba.

Como elixir para los niños el pulque era considerado, en primer lugar, como la leche de la diosa planta (la leche de la diosa misma). Este hábito tuvo su origen en el Viejo Mundo, y probablemente en el antiguo Egipto, cuando la «leche» del sicomoro era un elixir. En Grecia se daba a los niños recién nacidos la «leche» del higo que no emborrachaba. Una costumbre parecida parece haberse tenido en la antigua Gran Bretaña. Los Highlanders de Escocia consideraban al avellano como un «árbol de leche»; la «leche» es el jugo blanco de la avellana verde. Una receta tradicional de un tónico para niños débiles es «de miel de panal y de leche de avellana» (en gaélico, *cìr na meala 'is bainne nan cnò)*. La miel es de especial importancia porque en gaélico la abeja es una de las formas asumidas por el alma. Farnell nos recuerda que la abeja era uno de los símbolos de Artemisa[273].

En sus «sacrificios sobrios», de los cuales el vino estaba excluido, los griegos ofrecían cuatro libaciones. Éstas eran «libaciones de agua», «de miel», «de leche» y «de aceite». Algunas veces se mezclaban todas.

El elixir de leche era conocido en la India, como se ha mostrado. El soma (amrita) se parece al pulque. Se preparaba con una planta. Se mezclaba con leche, y «en algunos casos la miel se mezclaba con soma». Hay referencias en la literatura religiosa arioindia al sabor «fuerte». «Se alude con frecuencia a los efectos del soma de estimular y excitar a los bebedores.» Hay «muchas referencias al mareo causado por él»[274]. Un río Soma (Su-soma) se menciona en el *Rigveda*[275]. «Madhu» (aguamiel) «denota» algunas veces o «soma» o «leche» o con menos frecuencia «miel». Están registrados tabúes contra el uso de la miel»[276].

---

[273] *Cults of the Greek States*, vol. II, pág. 481.
[274] Macdonell y Keith, *Vedic Index*, vol. II, págs. 474 y sigs.
[275] *Ibíd.*, pág. 460.
[276] *Ibíd.*, págs. 123-124.

Los árboles productores de leche eran los «nietos» de la madre vaca. Encontramos testimonios confirmados sobre las creencias relacionadas con estos árboles en el *Bhishma Parva* del *Mahabharata*, que arroja luz no sólo sobre la costumbre americana de dar pulque a los niños, sino sobre la costumbre de representar en la espuma del pulque, como en la página 31 del *Codex Vaticanus B*, a «un hombre y una mujer pequeños» o niños gemelos. Estos niños eran el primer hombre y la primera mujer o deidades gemelas como aquellas que tienen su origen en la espuma del mito zuñi.

Se cuenta en el *Mahabharata*[277] que en el país de Kurus al norte «hay algunos árboles que se llaman "árboles productores de leche"». Éstos siempre dan leche y las seis clases diferentes de alimentos que saben a amrita (soma). Aquellos árboles también dan ropa y sus frutos son adornos (para uso del hombre)... Allí nacen los gemelos (sexos contrarios)... Ellos beben la leche, dulce como el amrita, de aquellos árboles «productores de leche». Y los gemelos nacidos allí (de sexos contrarios) crecen equitativamente».

En la India el amrita con alcohol (soma) se obtiene de una planta «productora de leche», y consideran que son idénticos la leche y el néctar. La «leche de higo» de Grecia y la «leche de avellana» de Gran Bretaña no fermentaban antes de dársela a los niños. Cuando surgió por primera vez la costumbre de dar a los niños la savia de los árboles parecida a la leche, se creía que el líquido blanco era idéntico al que salía de los pechos de la diosa que personificaba al árbol. Era leche celestial, y como la leche de la madre vaca Surabhi, la Hator de la India, «la esencia de todas las mejores cosas de la tierra». Los americanos precolombinos recibieron y mantuvieron las ideas del Viejo Mundo a este respecto. En el *Codex Vaticanus A* una ilustración representa a un grupo de niños que cogen leche de las ramas de un árbol. Aquí el árbol es sin duda una forma de la diosa madre compleja, la Hator de América. En un mito de la creación azteca[278] los primeros padres de la humanidad «nacieron de una vasija». Se colocan fragmentos de hueso en una vasija y se rocía sobre ellos la sangre de los dioses. Sur-

---

[277] *Bhishma Parva*, traducción al inglés de Roy, págs. 24 y sigs.
[278] Bancroft, *The Native Races*, vol. III, pág. 59 y nota 17.

gen un chico y una chica y son alimentados por el dios Xolotl de la «leche» del maguey. Los españoles llamaron al maguey «cardo», y tradujeron el nombre azteca del elixir como «la leche del cardo».

Una variante interesante del mito del árbol de la leche madre se encuentra en el informe chino de las islas míticas relacionadas con Fu-sang, una de las «Islas de los Benditos» del Lejano Oriente. La isla en cuestión está situada al este de Fu-sang. Se cuenta que las mujeres de allí tienen cuerpos peludos. Se meten en un río en primavera y cuando se bañan quedan embarazadas. En vez de pechos tienen mechones blancos en la parte posterior de sus cabezas (u órganos peludos en la nuca del cuello) de los cuales sale un licor (leche) que alimenta a los niños. Aquí tenemos a las «mujeres árbol», fertilizadas por el agua, cuyo pelo (ramas) da leche como las ramas de los árboles productores de leche.

La leche celestial de la diosa madre, que era representada como un árbol productor de leche, un animal o una mujer de muchos pechos, se suponía, como se ha dicho, que alimentaba toda vida. Bajaba en ríos como el Nilo, el Ganges [279] o el río Amarillo de China, que se suponía que manaba de la Vía Láctea. Siret [280] nos recuerda que el antiguo nombre del Tíber era Rumon, una palabra que se deriva de Ruma o Rumen, que significa leche y la teta que la produce. El agua del río se ha asimilado con la leche terrestre de la antigua diosa latina Deva Rumina, la niñera divina a quien se ofrece leche en vez de vino. En la tierra la diosa estaba representada por el ruminal, o higuera productora de leche, debajo de la cual encontró el pastor a los gemelos Rómulo y Remo, quienes fueron amamantados por la deidad madre en forma de loba, al igual que el Zeus cretense fue amamantado por la oveja con cuernos de un culto y la cerda de otro, y el expósito real chino fue amamantado por una tigresa. Los pieles roja haidas de la costa noroccidental de América tenían una «madre osa». Ella era una

---

[279] La confluencia de ríos es sagrada en la India. En el punto de confluencia de las oscuras aguas del río Jumma con las del Ganges, las aguas de este segundo «son tan blancas por la difusión de partículas de tierra que, según el credo de los nativos, el río mana con leche». (H. H. Wilson, *Essays on Sanskrit Literature*, vol. II, pág. 361, nota 358.)

[280] *L'Anthropologie,* vol. XXX, págs. 235 y sigs.

hija de jefe que se casó con el rey de los osos, y nació un jefe que era mitad humano y mitad oso.

En la India, como hemos visto, la leche de la diosa en forma de vaca se mezclaba con las aguas del «Mar de Leche» y se identificaba con la espuma. La misma doctrina antigua se encuentra en Egipto, donde Hapi, dios del Nilo, se representaba algunas veces con pechos de hembra de los cuales salía leche. La diosa buitre del Alto y Bajo Egipto, que eran homólogas hembras de Hapi, amamantaban las almas de los faraones en el Paraíso [281].

Estas huellas de un culto antiguo que creía en la leche universal como la primera nutrición de todas las formas de vida son de indudable importancia al hablar de las supervivencias más o menos oscuras de la religión precolombina en América. Las creencias relacionadas con el elixir de leche se habían fusionado con aquellas relacionadas con otros elixires antes de que surgiera la costumbre de hacer que se emborracharan los niños con pulque. Al principio la leche de un árbol o de un animal de culto se daba a los jóvenes de acuerdo con una concepción muy antigua de la Naturaleza, personificada como una madre o nodriza. Este hecho fue reconocido por Plutarco [282] cuando discutía el problema de por qué leche y no vino se ofrecía a Bona Dea (Deva Rumina); él expresa la creencia de que, como protectora de los niños, «no aceptaba vino porque sería dañino para estos pequeños seres».

Sin embargo, como encontramos en el mito del *Mahabharata* del Océano de Leche, leche y vino eran asimilados después de entrar en uso licores fermentados. La vid se convirtió en un Árbol de la Vida rival de la higuera. Otras plantas que producían un líquido que fermentaba como el zumo de la uva fueron consideradas igualmente como fuentes del elixir de la vida. En la India, el amrita (soma) se fabricaba de la savia de alguna planta sin identificar. Esta savia era considerada como principio activo de toda vida. La madre vaca india Surabhi surgió de la saliva del Creador cuando estaba bebiendo amrita. Ella tuvo su origen en el amrita, y su leche,

---

[281] Breasted, *Religion and Thought in Ancient Egypt*, pág. 130 (se suponía que todos los buitres eran hembras).

[282] *Quest. Rom.*, c. 57.

cuando se batía, producía amrita, el vino llamado Varuni, la gema que contenía su «sustancia de vida», etc.

Fue mucho tiempo después de que la concepción original de la Madre de Todo se hubiera llegado a oscurecer y de que las doctrinas sobre el elixir de leche se hubieran fusionado con aquellas correspondientes a elixires sin alcohol, cuando los mitos y costumbres relacionados con Mayauel y la planta pita se establecieron en América. Las creencias se localizaron en Méjico como estaban en otras partes. Se había olvidado que el elixir original era sencillamente leche vegetal, y que una bebida alcohólica no se daría a niños ni se ofrecería a la diosa que protegía a los niños. A los niños les daban el zumo de la planta pita porque se había perpetuado la costumbre de darles «leche» vegetal. Si la costumbre hubiera tenido origen en América, nosotros podríamos seguir la pista de su historia en ese país. Sería posible demostrar que un pueblo que domesticó a la vaca o a la cabra o a la oveja tenía una diosa que tenía forma de vaca, cabra u oveja, y había estado relacionada con un árbol como la higuera cuyos frutos se llamaban «tetas» y estaba personificado por una deidad humana con cuatrocientas tetas. En vez de ello, encontramos la Artemisa de muchos pechos del Viejo Mundo identificada con un cactus, que no tiene parecido con la higuera excepto en que produce un líquido lechoso.

Además, sería posible dar cuenta del símbolo de la vasija madre relacionado con Mayauel. De que su tarro de pulque es la vasija simbólica allí se puede dudar poco. Sangra cuando el cuchillo de piedra la atraviesa, y en su espuma aparecen los gemelos que surgen de igual forma de la espuma del océano en el mito zuñi. La espuma es el elixir de leche y era bebido, porque era amrita, por los ascetas indios llamados «bebedores de espuma». Era el alimento y bebida de los dioses, los nagas y las almas de los muertos.

Todavía más pruebas de que las doctrinas complejas relacionadas con plantas productoras de leche y de que la vasija madre no se originaron en América las ofrecen indicios que sobreviven del mito del batido del Viejo Mundo. Los mejicanos, que no tenían animales domésticos, no sabían nada sobre la mantequilla. No obstante encontramos que tanto ellos como los indios zuñi habían recibido y adoptado el mito del batido.

En la mitología india, el Mar de Leche es batido para que el amrita, la diosa Lakshmi, la mejor de las gemas y ciertos animales de culto pudieran llegar a existir. Este mito era sin duda el mito de creación original del antiguo pueblo que consideraba a la leche como la fuente de toda vida. En la India el mito sobrevive de una forma muy compleja. La mano de mortero que bate es Monte Meru, sobre el cual se sienta el dios supremo. Está situado sobre el lomo de una tortuga, un avatar del dios azul indoegipcio Visnú. Un naga (deidad serpiente) se usa como cuerda que bate. Los dioses agarran su cabeza y los asuras (demonios) su cola, y baten el Océano de Leche. La forma india del mito llegó a Japón. En una ilustración japonesa la montaña descansa sobre una tortuga, y el dios supremo se sienta en la cumbre, agarrando en una de sus manos una jarra de agua parecida a la del dios babilonio Ea y a la del dios del Nilo egipcio Hapi. El sol sale del océano batido [283]. El mito de la creación japonés Shinto, como se cuenta en el *Ko-ji-ki* y *Nihongi,* es igualmente un mito de batir. Deidades gemelas, Izanagi, el dios, e Izanami, la diosa, están sobre «el puente flotante del cielo» y se meten en el océano bajo la «Lanza Joya del Cielo». Con esta mano de mortero baten las aguas primigenias hasta que se cuaja y forma la leche [284].

Este mito complejo de batir llegó a América. En el *Codex Cortes* (pág. 19 B) hay una representación maya grotesca pero reconocible del océano batido. Sin embargo, la tortuga está en la cumbre de la mano de mortero montaña en vez de debajo de ella, y la otra forma del dios serpiente aparece sobre su avatar. Alrededor de la mano de mortero montaña está retorcida una serpiente, llamada «cuerda» por Seler. Dos dioses oscuros, sin duda formas demoníacas de las deidades, como los asuras indios, sostienen un extremo de la cuerda serpiente mientras que el otro extremo lo agarra el dios de cabeza de elefante. A la cuerda está unido un símbolo del sol *(Kin)* [285].

---

[283] Ver ilustración en *Shells as Evidence of the Migrations of Early Culture,* de Jackson.
[284] *Myths of China and Japan*, págs. 347-350.
[285] Seler, *Zeit. für Ethnol.*, 42, pág. 48, fig. 724.

En el mito zuñi la madre mundo bate el océano con su mano. Pero entonces Monte Meru era una forma de la diosa, mientras que la leche del «Océano de Leche» era su «sustancia de vida». La madre zuñi escupe en su cuenco; su saliva era sustancia de vida. La saliva, como la leche, la sangre, etc., era una mezcla que daba vida al cuerpo.

Al igual que la montaña, la planta o árbol productores de leche era una forma de la diosa. La planta pita de la diosa mejicana de muchos pechos Mayauel se identificó con la montaña usada para batir el océano. En la página 31 del *Codex Vaticanus B* hay una serpiente «sobre la raíz de la planta», y en el *Codex Laud 9* «la planta sale sobre una tortuga que descansa sobre un dragón dibujado con la forma de una serpiente coral» [286].

La planta pita también es considerada por los mejicanos y otros pueblos nahua como el Árbol de la Vida, igual que era el sicomoro de la diosa Hator en Egipto, y como eran la vid, la datilera y el granado en Asiria. En el *Codex Vaticanus B* [287] la pita se representa de una forma muy convencional como eran los árboles cósmicos asirios, hindúes y otros. La punta doble de la flor sale en el centro, y el gran tallo (que es más parecido al tronco de un árbol) está adornado con símbolos espirales significativos similares a aquellos de los troncos de los Árboles de la Vida asirios, mientras que las flores están tratadas de una manera que es marcadamente asiria. En la parte inferior de la planta, la cual tiene cuatro hojas convencionales, que representan sin duda los cuatro puntos cardinales, la bulba central que almacena pulque «forma», como pone Seler, «una especie de cueva». Está llena de líquido. «Desde el techo de la cueva cuelga una especie de estaca que está chupando un pez.» Esta «estaca» es sin duda una teta. Sin embargo, Seler ve en él solamente un tubo, que era en realidad un símbolo de una teta. «Sabemos —escribe— que en el agujero cortado del corazón de la planta pita se recoge la savia dulce clara, que se extrae por medio de un tubo de succión (una jícara bastante larga) y que después de la fermentación produce el pulque.» Seler pasa por alto el hecho de que la jícara era una forma de la «vasija madre».

---

[286] Seler, *Codex Vaticanus B*, Berlín y Londres, 1902-1903, pág. 152.
[287] Seler, *Zeit. für Ethnol.*, págs. 42, 196, fig. 410.

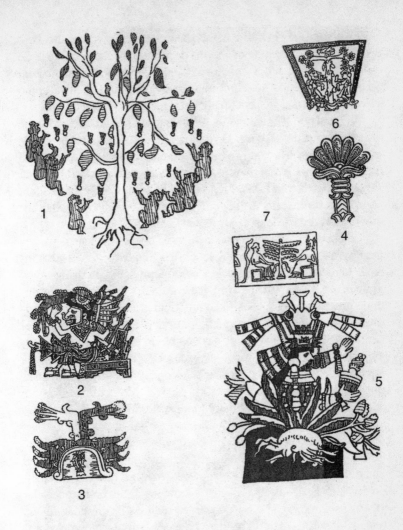

LA DIOSA MEJICANA DEL ÁRBOL DE LECHE

1. El árbol productor de leche (*chichiual quauitl*) que alimentaba a los niños en el «Paraíso de los Niños» (*Codex Vaticanus A*).—2. Mayauel, diosa de la planta de pita, amamantando a un pez (*Codex Borgia*).—3. Planta pita como árbol de la vida, con un pez en la «vasija madre» (*Codex Vaticanus B*).—4. Datilero de la vida asirio convencional.—5. Mayauel saliendo de la planta pita (*Codex Vaticanus A*).—6. Uno de los cuatro árboles de la vida de los cuatro puntos cardinales (*Fejérváry Codex*).7.—Árbol de la vida babilónico.

POPOCATEPETL, «LA MONTAÑA DE HUMO», VISTA DESDE TLAMACAS

Es importante observar que la llamada «cueva» de la planta de pita (como la «planta de la vida») está formada por un símbolo U al revés (una de las formas de las vasijas simbólicas de la madre diosa del Viejo Mundo). La «cueva» es, sin duda, como el cuenco de la diosa del mundo zuñi, la «vasija» llena de agua del océano primigenio (el «Mar de Leche»). El pez está bebiendo la leche amrita (la leche elixir de la vida).

Que Mayauel, como diosa que preserva la vida, proporciona leche no sólo para seres humanos y animales, sino también para peces, se muestra claramente en el *Codex Borgia* [288]. Dice Seler: «Mientras que las otras diosas, e incluso la Mayauel del *Codex Fejérváry*, tienen un niño en el pecho, esta Mayauel del *Codex Borgia* está amamantando a un pez.»

Parecería absurdo que un pez estuviera colocado en el pecho de una diosa en forma humana. Pero este absurdo tiene una historia. La diosa Neith de Egipto, a la que se ha considerado generalmente haber sido originalmente una deidad libia, era representada en una de sus formas como una mujer «con un cocodrilo mamando en cada pecho» [289]. El cocodrilo era un forma del dios Sebek al que llamaban «hijo de Neith» ya en la Edad de las Pirámides [290]. Neith, como Gran Madre, era una deidad proveedora de leche y los cocodrilos eran sus gemelos.

Artemisa era, como Mayauel, relacionada con el pez. Era diosa de los lagos, pantanos y corrientes, así como de montañas, árboles y hierbas. Farnell [291] presta atención a una representación arcaica interesante de Artemisa como una «diosa pez» sobre un jarrón extraño encontrado en Beocia. A cada lado suyo hay bestias que gruñen, consideradas como leones, y dos aves de agua opuestas heráldicamente como los leones. Una cabeza de toro aparece debajo de uno de sus brazos extendidos. En la parte inferior del vestido de la diosa hay un pez con la cabeza apuntando hacia arriba

---

[288] Ver ilustración reproducida en el *Codex Vaticanus B* de Seler, fig. 409, pág. 196.
[289] Budge, *Gods of the Egyptians*, vol. I, pág. 451; Lanzone, *Dizionario*, lámina 175, núm. 3.
[290] *Ibíd.*, pág. 32, nota 1.
[291] *Cults of the Greek States*, vol. II, pág. 522, lámina XXIXa.

como en la «cueva» de la planta pita de la diosa americana Mayauel.

Farnell, tratando de esta relación entre Artemisa y el pez, hace referencia a la forma mitad pez, mitad mujer de la diosa que Pausanias vio en Figalia [292]. Deidades con terminaciones de pez estaban representadas en el arte babilónico. Es de especial interés descubrir que kamschatdales marineros tenían una diosa con terminación de pez [293]. La India tenía un pez avatar de Visnú, y el dios se representaba saliendo de la boca de un pez. Los japoneses tienen esta última forma del dios del mar, y también los nagas indios en sus formas mitad humana, mitad reptil. En Polinesia el dios del Mundo de los Muertos tenía una cabeza humana y un cuerpo «recostado en una gran casa en compañía de espíritus de jefes difuntos», mientras, «se decía que el extremo de su cuerpo se extendía al mar, en la forma de una anguila o serpiente» [294].

Los kamschatdales y otras tribus siberianas, quienes adoraban a la forma mitad pez de la Artemisa del Lejano Oriente, «fabricaban para ellos mismos bebidas alcohólicas y estupefacientes que tenían un valor religioso como el pulque de los mejicanos. Se comían un hongo embriagante y también lo convertían en bebida con el fin de producir estados de inspiración proféticos» [295].

Según la tradición mejicana, el arte de hacer pulque fue descubierto por primera vez en «la montaña llamada a partir de entonces Popoconaltepetl, «montaña de espuma». Sahagún cuenta que «todos los ancianos y ancianas principales eran invitados, y delante de cada invitado se colocaban cuatro copas de vino nuevo». Uno de los invitados se bebía una quinta copa y se emborrachaba. Por vergüenza era forzado a huir con sus seguidores a la región de Pánuco, y fundaron la nación que después se conoció como Huasteca [296]. Las cuatro copas estaban dedi-

---

[292] *Cults of the Greek States*, vol. II, pág. 522.
[293] Rendel Harris, *The Ascent of Olympus*, pág. 98.
[294] Turner, *Nineteen Years in Polynesia*, pág. 237.
[295] Rendel Harris, *The Ascent of Olympus*, pág. 100.
[296] Bancroft, *The Native Races of the Pacific States of North America*, vol. V., págs. 207-208.

cadas sin duda a los cuatro dioses de los puntos cardinales y la ofensa del invitado era sin duda de significado religioso. Los borrachines de pulque ilegales eran golpeados hasta morir en el antiguo Méjico [297].

La planta pita (metl) estaba relacionada con la luna (metztli) en la cual había un conejo, y la luna estaba encerrada en el mismo símbolo **U** que encerraba la cueva de la planta pita con su pez. Había cuatrocientos dioses pulque que eran conocidos como los «Cuatrocientos Conejos» [298] y tenían dioses de la siega. Mayauel, como proveedora de leche, alimentaba las cosechas como la diosa de leche del Viejo Mundo. Según Sahagún, se suponía que uno de los dioses pulque había «encontrado los tallos y raíces de los cuales se hace el pulque», es decir, encontró —según Seler— «lo que se añadía al pulque para aumentar su fuerza narcótica alcohólica». Estas raíces se llamaban *oc-patli,* «medicina pulque». El dios que las descubrió se llamaba Pàtecatl, «el de la tierra de la medicina (pulque)» [299]. El símbolo **U** lo llevan como adorno de la nariz los dioses de pulque, y figura en recipientes de pulque.

Éste se bebía para celebrar la nueva cosecha, y otros acontecimientos felices. No solamente inspiraba a los hombres las profecías, sino que realizaban hazañas de valor; los guerreros bebían pulque, y algunas veces los dioses de pulque se representan como dioses de guerra. El pulque también era un elixir que fomentaba la longevidad en este mundo y en el siguiente. Un mito curioso cuenta que el dios pulque Ometochtli fue asesinado por el dios Tezcatlipoca, «porque si no moría todas las personas que bebieran pulque tendrían que morir». Sin embargo, se explica que «la muerte de Ometochtli fue sólo como el sueño de un borracho, y que después se recuperó y de nuevo estuvo lozano y bien» [300].

La conexión del pulque y las deidades del pulque con la muerte y la vida está indicada en la página 31 del *Codex Vaticanus B.* Un hombre rojo y un esqueleto azul, cada uno sosteniendo un recipiente con cabezas de serpientes que sobresalen, se muestran

[297] Seler, *Codex Vaticanus B*, pág. 262.
[298] *Ibíd.*, pág. 152.
[299] *Ibíd.*, pág. 168.
[300] Seler, *op. cit.*, pág. 167.

211

enfrente de un recipiente de pulque [301]. Aquí parece ser que el recipiente es la vasija de la diosa madre que proporciona el elixir de leche en este mundo y en el siguiente.

Tal como a muchos mitos y prácticas antiguos se les pueden seguir el rastro en la religión mejicana antigua, así también encontramos supervivencias en el Méjico cristianizado. Brinton, en su *Nagualism* (Filadelfia, 1894), cita la declaración del padre Betancurt sobre la costumbre mejicana de fuegos circulares y de tirar pulque nuevo a las llamas. En el antiguo Méjico el pulque (octli) se ofrecía siempre al dios del fuego, como el soma en la India. «Vertamos soma a Jatavedas (fuego)», dice un himno védico (*Textos Sánscritos* de Muir, vol. IV, pág. 499).

Otro vestigio es referido por Gilbert Haven en su *A Winter in Mexico* (1875, pág. 136); cuenta que los mejicanos relacionan con el maguey una rata blanca, un gusano blanco y un gusano marrón, los cuales se comen. Estas son formas del dragón referido en la página 180. En China y Japón el dragón tenía formas de rata blanca y de gusano, como ha mostrado De Visser.

---

[301] Seler, *op. cit.*, pág. 153.

Capítulo XII

EL AGUA JOYA
Y LA DIOSA AJEA

La diosa virgen madre.—Su relación con el agua y las piedras preciosas.—Una deidad lunar y del cielo.—Diosa del nacimiento.—Sus hierbas medicinales para mujeres y niños.—Quita el pecado original.—Los sacerdotes eran célibes.—Nombres de la diosa.—Sus ídolos y símbolos.—La vasija madre.—La montaña ajea.—Lazos de unión con Artemisa como deidad de la hierba, montaña y agua.—Creencias ajeas en Grecia, Siberia, China y Japón.—Simbolismo en el Viejo Mundo y en el Nuevo de conchas, jade y hierbas.—«Agua joya» como sangre de vida.—Piedras verdes como amuletos funerarios.—Diosas en leyendas del diluvio en el Viejo Mundo y en el Nuevo.—«La dama del lago» americana.—Vínculos con la diosa siria.—Diosa americana del matrimonio.—Ceremonias de bautismo.—Purificación por fuego.—La mariposa relacionada con el fuego en Escocia y en Méjico.—El alma mariposa en el Viejo Mundo y en el Nuevo.

Entre las diosas americanas, Chalchiuhtlicue, «ella cuyo vestido consiste de joyas verdes» *(chalchiuitl),* es de notable interés. Ella es una virgen madre, quien algunas veces se representa amamantando a un niño. A este respecto y otros ella se vincula a Mayauel, como ambas lo hacen con Artemisa y ese gran prototipo de tantas diosas, la Hator egipcia. Sin embargo, como se ha mostrado, Mayauel es fundamentalmente una proveedora de leche; Chalchiuhtlicue está más relacionada íntimamente con el agua y plantas de pantano, y especialmente con la joya verde que contiene «sustancia de vida» —el «agua joya» («sangre de vida»)— de los textos mejicanos, y, en realidad, con todas las piedras preciosas llevadas como talismanes. Como una diosa del agua ella es una «Dama del Lago», una diosa de corrientes y del mar, y como tal ella era adorada por aguadores, pescadores y marineros en general; ella es una controladora del tiempo que puede levantar tempestades y aun tormentas. Su forma de serpiente y forma de rana enfatizan su relación con el agua; como sus hermanos, el Tlaloque, y su cónyuge, el dios Tlaloc, ella envía lluvia para sustentar las cosechas. Como Artemisa está relacionada con las altas montañas, así como con lagos, pantanos y corrientes, y como otras diosas del agua, ella está relacionada con las aguas «por encima del firmamento», y es por tanto una diosa del cielo. En la última relación ella es una deidad lunar y la madre de las estrellas del hemisferio Norte *(Centzon Mimixcoa)*. Su punto cardinal es el Oeste, igual que es el de la diosa madre de China. El dios chino del Oeste es el tigre y Chalchiuhtlicue está relacionada con el jaguar (el tigre americano).

Como una diosa madre que preside el nacimiento se le ofrecen oraciones para que asista al nacimiento. Como Artemisa, proporciona hierbas medicinales, y especialmente aquellas que necesitan las mujeres y los niños. Los niños son bautizados con agua para asegurar la protección de ella, y ella protege al muerto sobre el que se rocía agua bendita. Como una diosa compasiva y caritativa ella lava el pecado, incluyendo el pecado original, «la inmundicia» que hereda un niño de sus padres. Como «deidad cultural» da el escudo y el arco con flechas a los niños varones, y el huso, rueca e instrumentos de tejer a las niñas. Sus sacerdotes, como aquellos de la gran diosa madre de Asia Occidental, son célibes y dados enormemente al ayuno y penitencia y a la meditación solemne, y entran en sus templos con los pies descalzos y en silencio, vestidos con trajes largos y de colores sombríos. Como Mayauel, la diosa madre zuñi y otras diosas del mundo en el Viejo Mundo y en el Nuevo, ella está relacionada con la vasija simbólica (la antigua «vasija de agua» de donde se supone que surgió toda vida al principio).

Los atributos de esta diosa compleja están revelados por los nombres de ella, sus formas de ídolo y las pinturas de ella en los Códices. Como Apoconallotl, ella es «la espuma del agua», un nombre de significado especial, al ver que la espuma estaba relacionada con la leche y, como en el mito zuñi, con la saliva; como Acuecueyotl, ella es «agua que hace olas»; como Ahuic, es «el movimiento del agua» (la crecida y oscilación del agua); como Xixiquipilihui, ella es «la subida y caída de las olas» (el flujo y reflujo de las mareas, etc.); como Atlacamani, ella es «tormenta de mar», y como Aiauh, ella es «neblina (y también parece ser que «rocío»). Todos estos nombres la relacionan con el mito de la «vasija de agua». La vida tuvo su origen cuando el agua de la «vasija» empezó a moverse y hacer espuma y elevarse, produciendo rocío y neblina y nubes que dejan caer la lluvia. La diosa controla el agua de la vasija en todas sus manifestaciones.

Entre los tlascaltecas nuestra diosa «agua joya» era conocida como Matlalcueje («vestida con un traje verde») y su montaña es la más alta de Tlascala; atrae a las nubes de tormenta que «generalmente», como ha sido recordado por varios escritores, «estallan sobre la ciudad de Puebla». En la cumbre de esta montaña la diosa era adorada y le ofrecían sacrificios en tiempos paganos, como pasaba con la diosa de la montaña cretense quien, como ha mostrado sir Arthur Evans, tenía una conexión íntima con el mar, siendo la Afrodita minoica, una diosa paloma y serpiente.

Los aztecas de Méjico representaban a Chalchiuhtlicue generalmente como una mujer con una frente azul y el resto de la cara amarilla. Pendientes turquesas cuelgan de sus orejas. Ella tenía, por tanto, una relación solar, como tenía la Hator egipcia, que estaba relacionada igualmente con la turquesa porque los adornos de las orejas son símbolos solares. En la cabeza hay un gorro azul con penachos de plumas verdes. Su ropa consiste de una blusa y de una falda azul ribeteada de conchas marinas (otro vínculo con Hator). Lleva sandalias blancas. En la mano izquierda sujeta un escudo y un nenúfar blanco, en la mano derecha una vasija en forma de cruz, sin duda símbolo de los cuatro puntos cardinales.

En el *Codex Borgia* (fig. 292) lleva una mascara-yelmo formada de un cuello de serpiente, estando pintada de amarillo la cara, el color de las mujeres —dice Seler [302]—, pero con dos franjas anchas cortas de un color negro intenso sobre el borde inferior de

---

[302] *Codex Vaticanus B*, pág. 99.

la barbilla, que también se encuentra en las efigies de piedra mejicanas de esta diosa, indicada por curvas rectangulares bruscas».

Estas líneas faciales son de especial interés; sin duda tenían
un significado muy especial. Puede ser que tuvieran algún significado como el que tenían símbolos parecidos, interpretados como
el carácter escrito *wang* («rey») en la frente de las representaciones de jade del dios tigre chino del Oeste, y en escudos, en los
botones de los soldados y en amuletos. Laufer muestra que los
símbolos de barra sencillos aparecen en «una figura muy convencional del tigre, con una disposición de adornos espirales en
el cuerpo tal como se encuentra también en otras piezas de jade
relacionadas con el simbolismo de los cuartos» [303]. Como Chalchiuhtlicue era una deidad de jade o jadeíta, no debería sorprender
si se encuentra un significado similar de sus símbolos relacionados con el jade y jadeíta del Viejo Mundo.

En el *Codex Borgia*, Chalchiuhtlicue lleva el simbolo U de la
nariz bien conocido, como también lo llevan las deidades del pulque. Este símbolo está ampliamente distribuido en el Viejo Mundo,
y está relacionado con la madre diosa y con los cuatro cuartos.
Parece estar relacionado con la vasija de la Gran Madre; algunas
veces se muestra con cabezas de serpiente en cada extremo o con
el adorno «escalonado» (un símbolo mundial relacionado con Isis
y Osiris); en Egipto, a las pelucas de las mujeres se les daba la
forma U, con una terminación en espiral que encierran símbolos
solares; la barca del dios sol se representa algunas veces como una
U con un punto dentro de ella. La diosa madre era la barca, y la
barca era, al parecer, su útero («la casa de Horus», que es lo que
viene a significar el nombre de Hator). Como el pendiente era un
símbolo solar, el adorno de la nariz estaba relacionado sin duda
con el «aliento de vida» así como con «la humedad de la vida».

Una ilustración interesante del *Codex Borgia* (fig. 539) relaciona a Chalchiuhtlicue con la vasija simbólica y los gemelos de
la vasija. Tlaloc es la figura central. Una corriente de agua que
sale de su cuerpo cae en un recipiente verde (una vasija de agua)
en la que están situadas dos imágenes de Chalchiuhtlicue, una pin-

---

[303] Laufer, *Jade*, págs. 176-177.

216

FIGURA DE PIEDRA DE LA DIOSA DEL AGUA, CHALCHIUHTLICUE

Vistas por delante y por detrás.

(Museo Británico)

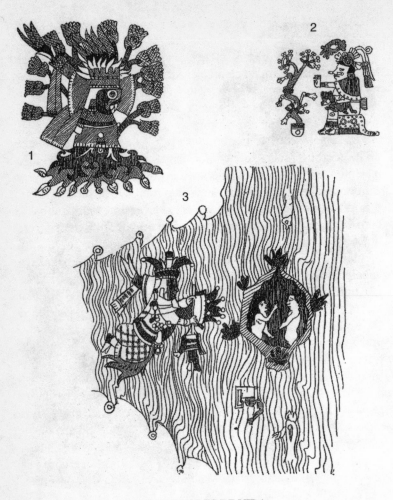

LOS DADORES DE VIDA

1.—Forma masculina de la diosa Chalchiuhtlicue (Altcanals), un dios azul con el pelo o peluca amarillos y la cara morada con el ojo Tlaloc, dientes, nariz y labios de serpiente azules, rodeados de plantas de pantano verdes con tallos rojos. Hay conchas y joyas en el agua azul debajo de las raíces rojas (*Codex Vaticanus A*). 2.—Chalchiuhtlicue amamantando a un niño. Enfrente de ella está la Planta de la Vida (el *nig-gil-ma* babilonio) que crece en una vasija de joyas con símbolos de sangre y corazón (*Codex Fejérváry-Mayer*). 3.—Chalchiuhtlicue como diosa pez en el agua descendiendo hacia el primer hombre y la primera mujer, supervivientes de un diluvio (*Codex Vaticanus A*).

tada de verde y la otra pintada de azul, con discos de concha en el pelo [304].

De todas las representaciones, una de las más agradables de la diosa es una figura de piedra del Museo Británico que la muestra de rodillas, al parecer en posición religiosa, con los labios separados como si estuviera repitiendo una fórmula y una expresión seria en su rostro sincero, virginal.

La relación de la diosa con las plantas de pantano, incluyendo las hierbas, juncos, el nenúfar blanco y especialmente la ajea o ajenjo (*Artemisia*), es de importancia trascendental. En el *Codex Borgia* se muestra en asociación con un ramillete de hierbas secas, una indicación de que ella estaba en la «profesión de las hierbas», como dice el Dr. Rendel Harris en otra conexión. Seler sugiere que ella es una fuente de «remedios bebedizos que curan». Su montaña cerca de Méjico se llamaba Yauhqueme, que significa «cubierto de ajea». Ella habita sobre esa montaña. De igual manera Artemisa habitaba en el monte Taygetus, y su hierba *Artemisia* crecía allí. «La presencia de Artemisa en la montaña —escribe el Dr. Rendel Harris— se debe a la planta, y Artemisa es la planta», uno de cuyos nombres es «taygetes». Este nombre «solo se puede referir a la montaña de Laconia (monte Taygetus) que está consagrado, más que en cualquier otra zona, a Artemisa» [305].

El Dr. Rendel Harris continúa para mostrar que «la planta (*Artemisia*) es Artemisa y Artemisa es la planta. Artemisa es una diosa de la mujer y una diosa de la doncella, porque era una medicina de mujer y una medicina de doncella. Si la medicina es buena en el nacimiento de un niño, entonces la hechicera que la usa se convierte en la sacerdotisa de una diosa y la planta se proyecta en una deidad».

Artemisa, como Chalchiuhtlicue, asiste en el nacimiento y en la crianza de los niños; su hierba era una medicina de niño así como una medicina de mujer. Protegía a la gente de forma mágica y la llevaban los viajeros, y se colgaba sobre las puertas para mantener las casas a salvo de ataques de demonios. La expresión

---

[304] *Codex Vaticanus B*, pág. 284.
[305] *The Ascent of Olympus*, pág. 75.

«Artemisa del Puerto» relaciona a la diosa con los navegantes; como Chalchiuhtlicue ella enviaba los vientos y se suponía que su hierba protegía a los marineros de las tempestades.

Otro vínculo entre las diosas americana y griega se obtiene en las siguientes páginas del libro del Dr. Rendel Harris [306]:

> «Los herboristas nos dicen que busquemos la planta por arroyos y acequias, y algunos añaden (quizá con el monte Taygetus en mente) en lugares pedregosos. Tenemos que tratar de encontrar lo que primero se dice de ellas sobre el hábitat de la planta. Si ellos mencionan pantanos o lagos, entonces la *Artemis limnaea* es solamente otro nombre para la artemisia, o para alguna otra planta en su jardín de hierba.
>
> »Se está de acuerdo de todas formas en que Artemisa, en sus formas más antiguas, es una diosa de corrientes y pantanos; algunas veces se la llama el río Artemisa, o Artemisa Potamia, y algunas veces se le llama generalmente por los pantanos como Limnaea, la Dama del Lago (señorita Lago), o Heleia, la doncella del pantano (señorita Pantano), o de algún pantano en particular como el Estínfalo, o de un río especial como el Alfeo. Me parece probable que esto se explique por la existencia de alguna planta de río o de pantano que haya pasado al uso medicinal de los primeros médicos griegos.»

El Dr. Harris cuenta que a la diosa también le daban nombres de las enfermedades curadas con sus hierbas. Hay indicios de una «Artemisa Podagra, la hierba que cura la gota, y Artemisa Chelytis, que parece ser un preparado para la tos». La cura de la gota con ajea era lo bastante famosa como para ser importada a China. El profesor Giles escribe a este respecto al Dr. Harris:

> «Hay bastante literatura sobre la *Artemisia vulgaris,* L., que ha sido utilizada en China desde tiempos inmemoriales para cauterizar contra irritaciones, especialmente en caso de gota. Otras especies de Artemisa también se encuentran en China» [307].

Como se ha indicado, la cura con ajea y la diosa relacionada con la planta llegaron a Siberia y fueron adquiridas por los kamschatkans navegantes, quienes tenían una diosa con terminación

---

[306] *The Ascent of Olympus*, págs. 85-86.
[307] *Ibíd.*, págs. 85-87 y pág. 86, nota 1.

en pez y un dios herma. «El descubrimiento de la primitiva santidad de marfil y ajea y muérdago (en Asia nororiental) hace que se vinculen fuertemente —dice Harris— los primeros pueblos griegos y otros tanto del Este como del Oeste, y es probable que encontremos otros muchos contactos entre pueblos que, hasta donde llegan la geografía y la cultura, eran remotos totalmente.» [308]

Se dice que una dama inmortal, conocida en la tradición china como Ho Sien Ku y en japonés como Kasenko, se ha alimentado de madreperla, lo que hizo que se moviera con la velocidad de un pájaro. Normalmente los artistas japoneses la representan «como una joven vestida de ajea, que lleva un tallo de loto y una flor, hablando con un fénix», o «representada llevando una cesta de nísperos recogidos para su madre enferma» [309]. Aquí tenemos a la ajea relacionada con la concha de perla y con el loto. Este loto es un símbolo de culto, igual que el nenúfar blanco es un símbolo de culto en América y esta relacionado con Chalchiuhtlicue. La concha de perla, como la ajea, asegura la longevidad. Ambas son depositarias de «sustancia de vida». Chalchiuhtlicue, como se ha mostrado, está relacionada con conchas; las lleva en el pelo y en los flecos de su falda. También es la diosa de las piedras preciosas, y especialmente de la jadeíta. En China el simbolismo de las conchas es idéntico al del jade o jadeíta. Las conchas, jade, jadeíta, etcétera, la ajea, el «hongo de la inmortalidad»..., curan enfermedades, prolongan la vida en este mundo y en el siguiente, ayuda en el nacimiento, etc. En resumen, el simbolismo de la variedad americana de la ajea *(Artemisia)*, jadeíta y conchas, es idéntico al de los chinos. ¿Es posible que las creencias complejas implicadas fueran de origen independiente en el Viejo Mundo y en el Nuevo? No hay nada «natural» en la idea de que las conchas, hierbas y minerales contengan «sustancia de vida», que curen enfermedades, calmen el dolor y prolonguen la vida, o en la asociación arbitraria de las hierbas con la jadeíta y las conchas. Como podemos seguir la pista de la historia de las complejidades en el Viejo Mundo y no podemos hacerlo en el Nuevo, la única conclusión

---

[308] *The Ascent of Olympus*, págs. 99-100.
[309] Joly, *Legend in Japanese Art*, pág. 163.

razonable que se puede extraer es que la mezcolanza de curanderismo relacionado con Chalchiuhtlicue fue importado a China y a América por un pueblo que no ha dejado documentos escritos de sus actividades. El explorador moderno que, cuando se abre camino cortando un bosque africano inexplorado, recoge una caja de pastillas fabricadas en su tierra natal, no asume que los nativos las hayan inventado; él nunca duda de que las pastillas se le han caído a un hombre blanco que le ha precedido o a los nativos quienes las han obtenido del hombre blanco. Igual que las pastillas y la creencia en sus virtudes se ha transportado a una zona distante de su origen, así también, al parecer, se llevaron las medicinas de la diosa americana, Chalchiulhtlicue, cruzando el Pacífico.

La relación de esta deidad americana con la jadeíta no fue de una forma accidental al parecer. No hay nada sobre un mineral verde o una piedra verde que sugiera que puede conferir vitalidad a los seres humanos. En América estuvo relacionada con el agua que da vida con la sangre de vida. En el *Codex Borgia* (fig. 19) [310] hay una pintura de un sacerdote sacándose el ojo, «es decir —dice Seler— sacrificándose, sacándose sangre de incisiones en su propio cuerpo para llevarla como ofrenda a los dioses» [311]. Otra pintura (fig. 392, *Codex Vaticanus B*) muestra a un guerrero joven ofreciendo sangre de cortarse una de las orejas y llevando en la mano derecha un símbolo de disco alado marcado con la cruz de los cuatro cuartos y una concha de mar. En la pintura del sacerdote se encuentra «el jeroglífico *chalchiuitl* ("joya verde") y el jeroglífico *atl* ("agua") —dice Seler—, que combinados dan *chalchiuhatl* ("agua joya")... Esta «agua joya» se pensaba que denotaba sangre», que es «el agua preciosa de la mortificación» [312].

El «agua joya» no es sólo «la sangre que sale del penitente», sino «la mezcla preciosa que cae del cielo». Es el agua que da vida: agua impregnada de «sustancia de vida»; la sangre ofrecida

---

[310] Reproducido en el *Codex Vaticanus B*, pág. 184, fig. 390.
[311] La ofrenda del ojo era de origen egipcio. Horus ofreció uno de sus ojos a Osiris para que pudiera convertirse en inmortal. El «hombre pequeño en el ojo» era el alma.
[312] *Codex Vaticanus B*, pág. 184.

por el sacerdote o guerrero «tenía la intención de hacer que cayera la lluvia en los campos»[313].

Aquellos que han estado a favor de la opinión de que la piedra verde simbolizaba el agua verde, y que la piedra verde también simbolizaba el grano verde o la hierba joven, descubre que su teoría se expone a un examen severo por el descubrimiento de que el hombre de Cromagnon, en el estado auriñacense de cultura, hizo uso de amuletos de piedra verde. Pequeños guijarros verdes se encontraron entre los dientes de algunos de los esqueletos cromagnon de las cuevas Grimaldi cerca de Mentone. El hombre de Cromagnon no practicaba la agricultura; él era cazador. Los mejicanos y otros americanos precolombinos tenían la costumbre de colocar un *chalchiuitl* (un amuleto de piedra verde) «entre los labios de los difuntos»[314]. Como expone Brinton, «ellos enterraban con los huesos de los muertos una piedrecita verde que se llamaba "el principio de la vida"»[315]. Los adornos del labio están relacionados con el corazón, igual que los adornos de la oreja lo estaban con el ojo y el alma («el hombre pequeño en el ojo»). En uno de los mitos mejicanos de la creación los dioses se sacrificaban al sol para darle fuerza para levantarse:

> «Así ellos morían como dioses, y cada uno dejaba a los hombres tristes y asombrados que fueron sus sirvientes sus prendas de vestir como recuerdo. Y los sirvientes prepararon, cada grupo, un fardo de las vestiduras que les habían sido dejadas, atándolo alrededor de un palo dentro del cual habían puesto una *piedrecita verde* que servía de corazón. Estos fardos se llamaban *tlaquimilloli*, y cada uno llevaba el nombre de ese dios a quien se hacía memoria, y estas cosas eran más veneradas que los dioses ordinarios de piedra y madera del país. Fray Andrés de Olmos encontró una de estas reliquias en Tlalmanalco, envuelta en muchas telas, y medio podridas de haberse mantenido ocultas tanto tiempo.»[316]

De igual manera los quiches adoraban a un gran fardo dejado por uno de sus antepasados divinos y quemaban incienso delante

---

[313] *Codex Vaticanus B*, pág. 75.
[314] Bancroft, *The Native Races*, vol. III, pág. 454.
[315] *The Myths of the New World*, pág. 294.
[316] Bancroft, *op. cit.*, vol. III, págs. 61-62.

de él. Lo llamaban «la Envoltura Majestuosa». Tlascaltec dio un «fardo» sagrado a los cristianos españoles algún tiempo después de la conquista. Se suponía que contenía los restos de Camaxtli, el dios principal de Tlascala [317].

La costumbre de envolver piedras sagradas en tela se conocía en las Highlands escocesas. Las piedras verdes las llevaban como amuletos los habitantes de las Hébridas [318].

La costumbre cromagnon y mejicana de colocar una piedra verde en la boca del difunto se conocía en China. Los chinos colocaban amuletos de jade en la boca para conservar el cuerpo de la descomposición y estimular al alma para que ascendiera a las regiones celestiales. A estos amuletos les daban forma para que imitaran a la cigarra. Ésta sale sigilosamente de la tierra, cambia de forma, extiende sus alas y se eleva en el aire [319].

Los antiguos egipcios consideraban al escarabajo verde, que se enterraba con los muertos, un prolongador de vida; se dirigían a él: «Mi corazón, mi madre... mi corazón del cual vine a la existencia.» [320]

En China, el oro, perlas o cauries pudieron ser sustituidos por el jade como amuleto de la boca. Reza un texto chino: «Si hay oro y jade en las nueve aberturas del cadáver conservarán el cuerpo de la putrefacción.» [321] Otro texto dice: «Al rellenar la boca del Hijo del Cielo (el Emperador) de arroz ellos ponen jade dentro; en el caso de un señor feudal introducen perlas; en el de un gran oficial y en descenso, como también en el de oficiales ordinarios, se usan cauries.» De Groot comenta a este respecto, «las mismas razones por las que el oro y el jade se usaban para rellenar la boca de los muertos se mantenía para el uso de perlas», y advierte que las perlas eran consideradas como «depositarios de *yang»;* las obras médicas declaran «que pueden fomentar y facilitar la pro-

---

[317] Bancroft, *op. cit.*, vol. III, pág. 54 y nota 9, por autoridades.
[318] Dalzell, *The Darker Superstitions*, pág. 140.
[319] Laufer, *Jade,* págs. 299-301, y *Myths of China and Japan*, índice, bajo *«Jade»* y Cicada.
[320] Budge, *Gods of the Egyptians*, vol. I, pág. 358.
[321] Laufer, *Jade*, pág. 299.

creación de los niños», y que son útiles «para llamar a la vida a aquellos que han expirado o están a punto de morir» [322].

Hay muchos indicios en el Viejo Mundo que muestran que los primeros buscadores del elixir de vida relacionaban piedras preciosas con hierbas; buscaban conchas y cuando encontraban conchas que producían perlas ellos consideraban a la perla como la misma «vida de la vida»; el simbolismo de conchas y perlas fue transmitido a las piedras verdes, a la malaquita verde, al oro y a otros metales, al jade, al ámbar, al coral, al azabache, en diferentes partes del Viejo Mundo. El jade se encontraba en el Turkestán chino y se importó a Mesopotamia durante el período sumerio. Fue importado a Europa por los portadores de bronce. Laufer ha hecho hincapié a este respecto (cap. II) en que tuvo que haber habido un motivo psicológico para buscar jade, y se niega a creer que los primeros europeos «embarcaron de forma casual y espontáneamente en la laboriosa tarea de extraer y trabajar el jade». No encuentra «vestigio de originalidad en las culturas prehistóricas de Europa». Lo mismo se puede decir de culturas de la América precolombina. Tiene que haber existido un motivo psicológico para buscar la jadeíta y la ajea con las cuales estaba tan íntimamente relacionada Chalchiuhtlicue.

Cuanto con más detalle se investiga el carácter de esta diosa mejicana, más abundante llegan a ser los lazos de unión entre ella y ciertas deidades del Viejo Mundo. En el *Codex Borgia* (pág. 57) ella se muestra asociada al dios Tlaloc. Entre la pareja hay una joya *chalchiuitl*, en forma de jarra de dos asas, de la cual sale un ser humano desnudo. Esta jarra tiene sin duda una forma de la vasija madre simbólica. Ambas deidades tienen sartas de joyas de colores verde, azul y rojo. En el Lejano Oriente se suponía que las perlas rojas eran depositarias de sustancia de vida: el fuego y sangre de vida.

Hay en el *Codex Laud* una pintura de un hombre que lleva una joya (*chalchiuitl*) sobre su corazón y ofrece un pájaro como ofrenda a su diosa. La diosa le ofrece un vasija y un *cozcatl* (collar). Seler atribuye a esta escena el significado de acto sexual [323]. Otras

---

[322] De Groot, *The Religious System of China*, Libro I, págs. 274 y sigs.
[323] *Codex Vaticanus B*, pág. 225, fig. 465.

ilustraciones muestran collares sostenidos en las bocas de deidades opuestas, tales como el dios y la diosa del amor, en forma de pájaro quetzal *(Codex Laud,* 36, y *Codex Borgia,* 58), la ascendencia de una joya entre un varón y una hembra como la ascendencia de un niño *(Codex Laud,* 35), y un dios sacando una cadena de joyas de entre los pechos de una diosa, simbolizando el nacimiento de un niño o de niños *(Codex Laud,* 36). Seler, hablando de estas pinturas y de otras, escribe: «La joya *(chalchiuitl),* el adorno del cuello, el collar *(cozcatl),* el adorno de plumas *(quetzalli),* todo esto es todavía el niño: *nopilhtze, nocuzque, noquetzale,* "mi niño, mi collar, mi adorno de plumas".» [324] El pájaro, como símbolo de fecundidad, figura en los mitos del *Mahabharata.*

En la mitología japonesa *(Kojiki* y *Nihongi)* tenemos al dios Susa-no-wo y a la diosa Amaterásu que producen niños al estar colocados a cada lado del «río celestial» (la «Vía Láctea») y al mascar joyas; ellos soplan en los fragmentos y éstos toman forma humana [325]. El dios mejicano del amor y de la flor *(Xochipilli),* quien en el *Codex Laud* y en el *Codex Borgia* actúa en parte como un mascador de gemas parecido a Susa-no-wo, está relacionado también como ese dios con las regiones bajas, así como con los cielos.

Chalchiuhtlicue estaba relacionada con el diluvio, como la diosa Ishtar. Según el intérprete del *Codex Telleriano-Remensis* se salvó a sí misma, y era la mujer que sobrevivió al diluvio. También se muestra que ella se representaba sosteniendo en una mano una rueca y en la otra un instrumento para tejer. En el *Codex Vaticanus* ella permanece sobre el agua con espuma sobre el cual se ve flotando una ofrenda quemada de leña y caucho [326]. Ella agarra una daga de hueso y una espina de pita para un derramamiento de sangre ceremonial.

La mítica emperatriz china Nu Kwa, figura igualmente como la «Dama real del Oeste», ocupando el lugar de Ishtar, amiga de

---

[324] Seler, *Codex Vaticanus B,* págs. 233-235.
[325] *Myths of China and Japan,* bajo «Susa-no-wo» en el índice.
[326] Siendo el árbol del caucho un «árbol productor de leche», el caucho sobre el agua simboliza a la leche en su forma de espuma.

la humanidad, quien, en el mito babilónico del diluvio, eleva sus «grandes joyas» y grita:

> «¡Qué dioses son éstos! ¡Por las joyas del *lapis lazuli* que están sobre mi cuello, no olvidaré...!
> ¡Dejad que los dioses vengan a la ofrenda.»

Ella estaba airada porque los dioses habían ahogado a su pueblo. La «ofrenda» estaba en siete vasijas, bajo las cuales había «juncos, madera de cedro e incienso» [327].

La Nu Kwa china [328] hizo la guerra a los gigantes y demonios que causaron el diluvio; ella contuvo las aguas que ascendían por medio de juncos carbonizados. Después ella creó a los dragones y puso en orden al mundo. También creó el jade para beneficio de la humanidad. En Japón, Nu Kwa se conoce como Jokwa.

La ofrenda quemada sobre el agua con espuma relacionada con la Chalchiuhtlicue americana parece ser similar a la ofrenda de juncos quemados relacionados con la Nu Kwa china. Según Boturini [329], Chalchiuhtlicue —«la diosa de la falda de piedras preciosas»— estaba «simbolizada por ciertos juncos que crecen en lugares húmedos». A menudo se la representaba «con grandes estanques a sus pies». Las «piedras preciosas» incluían el cuarzo verde, jade o jadeíta, y la piedra conocida como *madre de Esmeralda*. La ciudad de Tlaxcalla se llamaba a menudo *Chalchuihapan*, por «una hermosa fuente de agua que hay cerca de ella» que parece haber estado relacionada con la diosa. Squier en *Palacio, Carta*, hace referencia a un ídolo de la diosa en su papel de «Dama del Lago» (el lago que está cerca del pueblo de Coatan):

> «Su agua es mala; es profunda y llena de caimanes. En el centro hay dos islas pequeñas. Los indios consideran el lago como un oráculo de mucha autoridad... Me enteré de que ciertos negros y mulatos de un estado adyacente habían estado allí (en las islas), y habían encontrado un gran ídolo de piedra, en forma de mujer, y algunos

---

[327] King, *Babylonian Religion*, pág. 136.
[328] *Myths of China and Japan*, cap. X.
[329] Citado por Bancroft, *op. cit.*, vol. III, págs. 367-368.

objetos que se habían ofrecido en sacrificio. Cerca se habían encontrado algunas piedras llamadas chalchibites.» [330]

La diosa siria de Lucian estaba relacionada con un lago sagrado que estaba situado al oeste del templo. «En el centro del lago —dice— hay un altar de piedra... Siempre está engalanado con cintas y dentro hay especias, y muchos nadan todos los días en el lago con coronas en las cabezas realizando actos de adoración.» Peces sagrados se crían y se mantienen en este lago. La deidad era en uno de sus aspectos una «diosa pez» [331]. Chalchiuhtlicue era también una «diosa pez».

Los instrumentos para hilar y tejer preferidos por Chalchiuhtlicue son de especial interés. Neith, la diosa egipcio-libia, tiene una lanzadera como uno de sus símbolos. Lucian habla de la diosa siria quien «en una de sus manos lleva un cetro y en la otra una rueca» [332]. Él la llama su Hera, pero dice que tiene «algo de los atributos de Atenea, Afrodita, Silena, Rea, Artemisa, Nemisis y las Parcas. Gemas de gran valor la adornan, algunas blancas, otras verde mar, otras color vino oscuro, otras brillan como el fuego». Lucian habría estado interesado en la diosa americana del agua y de las joyas y en las hierbas curativas, y él la habría relacionado con tantas diosas como relacionó a la Hera siria, porque ella era igualmente una deidad muy compleja con un largo linaje.

Como la diosa del matrimonio, Chalchiuhtlicue era adorada por grandes damas que «estaban acostumbradas —según Boturini— a dedicarle sus nupcias». Como se ha dicho, ella presidía el nacimiento como Artemisa, Astarte de Fenicia y Milita, cuyo nombre se dice que procede de *mu'allidatu* («La Dadora del Nacimiento» o «La que ayuda en el nacimiento»). Varias formas de deidad del nacimiento se encuentran en toda Asia [333].

Como diosa de los niños, Chalchiuhtlicue era la deidad que presidía el bautismo. La comadrona que llevaba a cabo la cere-

---

[330] Citado por Bancroft, *op. cit.*, vol. III, pág. 368, nota 20.
[331] Lucian, *De Dea Syria*, caps. 45-47; traducción, *The Syrian Goddess*, de H. A. Strong, con notas de J. Garstang, Londres, 1913, págs. 81-82.
[332] *De Dea Syria*, cap. 32.
[333] Herodoto (I, 131, 199). *The Syrian Goddess*, pág. 16, nota 48.

monia pedía con detenimiento a la diosa, y lo siguiente es un extracto de la oración:

> «Púrgale (al niño) de la inmundicia que hereda de su padre y de su madre, toda mancha y corrupción deja que se lleve y repare el agua. Ved bien, ¡oh!, señora nuestra, limpiar y purificar su corazón y su vida para que puede llevar una vida tranquila y pacífica en este mundo; así dejamos a esta criatura en tus manos, a quien es madre y señora de los dioses, y sólo digna del regalo de la limpieza que tú has sido desde antes del principio del mundo.»

Durante la ceremonia la comadrona «coge agua y sopla su aliento sobre ella [334], y se la da a probar al bebé y toca al bebé con ella en el pecho y en la parte superior de la cabeza». Luego ella mete al niño en el agua [335].

Una ceremonia de igual carácter la han llevado a cabo hasta hace poco tiempo comadronas de las Highlands escocesas. El escritor fue una vez testigo ocular de ello. En la segunda ceremonia mejicana del bautismo o lustración «la comadrona —según Bancroft— da al niño a probar el agua». La comadrona de las Highlands mete su dedo en el agua en la que se ha lavado primero al bebé y toca los labios y frente del bebé. Cuando la comadrona mejicana tocaba los labios del bebé decía: «Toma ésta, por ésta tú tienes que vivir en la tierra, crecer y prosperar; por ésta nosotros obtenemos todas las cosas que protegen la existencia en la tierra; recíbela.» Luego vertía agua en la cabeza del niño diciendo:

> «Toma este agua del Señor del Mundo, que es tu vida, vigorizante, refrescante, que lava y limpia. Yo ruego que este agua celestial, azul y azul claro, pueda entrar en tu cuerpo y vivir allí... En tu mano, ¡oh!, diosa del agua, está puesta la humanidad, porque tu eres nuestra madre Chalchiuhtlicue.» [336]

Algunos escritores cuentan que este bautismo se «complementaba pasando al niño por el fuego». Sin embargo, Bancroft

---

[334] Aquí nos encontramos con la idea de viento y agua, como en la doctrina china *fung-shui*.

[335] Bancroft, *op. cit.*, vol. III, págs. 372-373.

[336] *Ibíd.*, págs. 370 y sigs.

muestra que esta ceremonia tenía lugar en «la última noche de cada cuarto año, antes de los cinco días funestos». Era entonces cuando los padres elegían a los padrinos para sus niños; ellos «pasaban a los niños por encima, o cerca de una llama de un fuego preparado». Ellos también perforaban las orejas de los niños... «Agarraban a los niños por las sienes y los levantaban "para hacerlos crecer"; por lo que ellos llamaban a la fiesta *izcalli* (crecimiento).»[337] Ya se ha hecho referencia a esta fiesta, en la cual, como se dijo, les daban pulque a los niños para beber.

El fuego también representaba un papel en el bautismo de agua, manteniendo encendida «una gran antorcha de árbol resinoso». Quemar velas era conocido en la antigua Gran Bretaña. Las mujeres no estaban «limpias» después del nacimiento hasta que no asistían a la iglesia, y el término *manx* para esta ceremonia de iglesia era *lostey-chainley* («quemar cera»). Se mantenían velas encendidas en la habitación en la que tenía lugar el nacimiento, en varias partes de Gran Bretaña. Una costumbre similar se conoce entre los albanos y en las Cícladas[338]. Los antiguos griegos tenían «un ritual en el que el niño recién nacido se llevaba solemnemente alrededor del fuego del hogar y se le ponía nombre en la presencia de los familiares»[339]. Los niños «se pasaban por el fuego» en Escocia para quitar la influencia del «mal de ojo». El difunto Rev. Dr. A. Stewart, Nether Lochaber, ha descrito la ceremonia. Cuatro mujeres la realizan, mientras que una quinta, la madre, mira. Se usaba un aro de hierro. Alrededor de él se había atado una cuerda de paja y se había prendido fuego. Al niño se le pasaba una y otra vez hasta dieciocho veces a través del aro, al tener dieciocho meses de edad[340]. Este rito se practicaba en el suroeste de Lowlands dentro de la memoria que vive. Referencias bíblicas a la costumbre pagana de pasar a niños «por el fuego» indica lo extendida que estaba la costumbre en la antigüedad. El rey Mansés, quien adoraba a Baal e «hizo un altar» y «se postró ante todo

---

[337] Una costumbre similar impera en las Highlands escocesas.
[338] Frazer, *On Certain Burial Customs*, pág. 85, nota.
[339] *Anthropological Essays* (entregados a E. B. Tylor), Oxford, 1907, pág. 82.
[340] *Proceedings of the Society of Antiquaries of Scotland*, 10 de marzo de 1890.

el ejército de los cielos», «hizo pasar por el fuego a su propio hijo» [341]. Los fenicios pasaban a sus hijos por el fuego, y la costumbre, que era conocida en la India, parece ser que llegó a América, con mucho más brío.

No podría ser posible seguir la pista, paso a paso, a la migración de un grupo de creencias complejas desde la zona de origen a zonas alejadas, pero cuando encontramos las mismas complejidades conservadas en países tan separados que nunca estuvieron en contacto uno con el otro, y encontramos también aquí y allí sobre la amplia zona intermedia huellas aisladas de su existencia en una época u otra, solamente se puede obtener una conclusión, y es que las complejidades las distribuyeron portadores de cultura antiguos. Las costumbres de fuego referidas anteriormente se podrían tomar como ejemplo. Que éstas no pudieron haber sido de origen espontáneo e independiente ni en el Viejo Mundo ni en el Nuevo se ve claramente por la existencia de creencias similares de fuego y mariposa en Méjico y Escocia. Los mejicanos consideraban a la mariposa como una forma del fuego y del alma [342]. En gaélico escocés uno de los nombres de la mariposa es *teine-dé* («dios del fuego»); otro es *dealan-dé* («Brillo de Dios»), *dealan* se refiere al rayo, al carbón quemándose, al brillo del cielo, etc. *Dealan-dé* era también el nombre del palo ardiendo tomado de un fuego ceremonial y que se hacía girar en redondo para mantenerlo encendido mientras se estaba transportando a una casa con el propósito de reavivar un fuego extinguido. El fuego ceremonial había sido encendido por fricción. En el *Codex Bologna* mejicano figura una mariposa, saliendo del extremo inferior de un surco de fuego, que simboliza la llama agitándose [343]. «Todos los hombres saben que las mariposas son las almas de los muertos» es una declaración significativa de una historia popular irlandesa contada por Lady Wilde [344]. El alma mariposa salía de la boca de un

---

[341] *2 Reyes*, 21, 3-6. Ver también *Deuteronomios*, 18, 10, etc.
[342] *Codex Vaticanus B*, págs. 29, 254.
[343] *Ibíd.*, fig. 72. Era una de las formas asumidas por el dios del fuego.
[344] *Ancient Legends*, vol. I, págs. 66-67.

irlandés muerto. En el *Codex Remensis* hay una mariposa antropomorfa de cuya gran boca sale un rostro humano, mostrando los dientes, y una calavera está unida al plumaje. Artistas griegos representan con frecuencia el alma como una mariposa, y especialmente la mariposa en particular llamada *en griego* «el alma». De la boca abierta de una mascarilla grabada en una tumba de Italia sale una mariposa. Los serbios creían que las brujas tenían almas de mariposa y en Birmania se realizaban ceremonias para prevenir que el alma mariposa de un bebé siguiera a la de la madre muerta al Otro Mundo. Entre objetos de jade chinos antiguos se encuentra que el alma mariposa estaba asociada al «Ciruelo de la Vida» [345]. El recipiente de fuego *(tlecuilti)* estaba relacionado en Méjico con el Sur [346]. Entre los chippewas un símbolo del Sur era la mariposa [347]. La mariposa blanca también estaba relacionada con la flor mejicana y dios del amor Xochipilli [348].

En la ceremonia del bautismo mejicano una anciana «realizaba ciertas ceremonias con el cordón umbilical». Éstas eran de carácter similar a las ceremonias del cordón umbilical realizadas generalmente en el Nuevo y en el Viejo Mundo.

---

[345] E. R. Emerson, *Masks, Heads and Faces*, pág. 77; W. R. S. Ralston, *Songs of the Russian People*, págs. 117 y sigs.; Laufer, *Jade*, pág. 310; *Journal of the Anthropological Institute*, XXVI, 1897, pág. 23.

[346] *Codex Vaticanus B*, pág. 310.

[347] Brinton, *The Myths of the New World*, pág. 182.

[348] *Codex Vaticanus B*, págs. 159, 195 y 328.

Capítulo XIII

DIOSAS DEL AMOR
Y DE LA COMIDA

Jardines y árboles de la vida de las diosas del Viejo Mundo y del Nuevo.—Paraísos mejicanos y chinos del Oeste.—Jardín y guardas de las diosas del amor mejicanas.—Diosas tejedoras de Méjico, China, Japón, etc.—Flores que inspiran amor.—Diosa del amor como primera mujer.—Mito de la tentación de Yáppan.—Mitos hindúes de caracter similar.—Ecos de controversias hindúes en América.—Brahamanes americanos.—Ascetismo hindú en América.—El comedor de pecados.—Confesión y absolución.—La deidad abuela.—Dios y diosa del maíz.—La madre serpiente.—El mito de la vasija.—Vuelo de Xolotl desde el Hades.—Mito japonés parecido.—Los primeros padres nacen en la vasija.—Xolotl mejicana y Bes egipcia.—Diosas de la falda de serpiente y de la montaña serpiente.

La diosa azteca del amor tenía varios nombres, incluyendo el de Tlaçolteotl, Ixquina y Tlaelquani. En Tlascala era conocida como Xochiquetzal, y se suponía que habitaba en la región celestial del noveno cielo. Como Si Wang Mu (la Seiobo japonesa), la diosa del Oeste, ella tenía un hermoso jardín. En el jardín chino está el Melocotonero de la Vida y en el jardín americano el Árbol de las Flores, Xochitalpan («donde estan las flores») [349]. Otro nombre para el jardín americano es Tamoanchan, el Paraíso del Oeste. En este jardín la diosa del amor está asociada con Xochipilli, a quien Seler llama el «dios de flores y provisiones de comida». En el *Codex Borgia* (fig. 51) él aparece en forma

---

[349] En el maravilloso jardín de rosas de Laurin está el tilo Árbol de Vida; ver *Teutonic Myth and Legend*, págs. 424 y sigs.

de jaguar, abrazando el Árbol del Oeste (la forma árbol de la diosa). El Oeste es «el hogar de la planta del maíz». También es el lugar del colibrí que da al Árbol del Oeste su nombre *uitzitzilquauitl* («Arbol Colibrí»).

El dios animal chino del Oeste es el Tigre Blanco. El color chino de este punto y de su estación, que es el otoño, es el blanco. Es de interés por tanto hallar que en el *Codex Vaticanus B*, el árbol mejicano del Oeste «está pintado de blanco con rayas rojas, y parece soportar frutos en vez de flores en las puntas de las ramas» (una sugerencia de la higuera). En el *Fejérváry Codex*, «se le da al árbol el color blanco». El dios flor también está relacionado con el planeta Venus y las regiones más bajas [350].

La diosa flor del Oeste era de inigualable belleza. Se decía, según Camargo, que [351]:

> «Ella habita sobre el noveno cielo en un lugar muy agradable y delicioso, acompañada y guardada por mucha gente y atendida por otras mujeres de la categoría de diosas, donde hay muchos deleites en fuentes, arroyos, jardines de flores y sin que ella carezca de nada, y que donde ella pasaba una temporada era guardada y protegida de la vista de la gente, y que en su séquito ella tenía muchísimos enanos y jorobados, bufones y payasos que la entretenían con música y baile y a quien ella enviaba como confidentes y mensajeros a otros dioses y que su principal ocupación era hilar y tejer telas suntuosas, artísticas, y que se pintaban de una forma tan bella y elegante que nada más magnífico se podía encontrar entre los mortales. Pero el lugar donde habitaba se llamaba *Tamohuan ichan, Xochitl ihcacan, Chicuhnauh-nepaniuhcan, Itzehecayan,* es decir, la Casa de la Ascendencia o del Nacimiento, el lugar donde están las flores, nueve veces encadenadas, el lugar de los vientos fríos. Y cada año ella era honrada con una gran fiesta, a la cual se unían muchas gentes de todas partes en su templo.» [352]

En Japón, el festival llamado *Tanabata* está relacionado con una pareja de deidades estrella que habitaban en lados opuestos del Río Celestial (la Vía Láctea). La diosa, que parece estar vinculada con la diosa del amor americana en uno de sus aspec-

---

[350] Seler, *Codex Vaticanus B*, págs. 80 y 116.
[351] *Historia de Tlaxcala*, vol. I, cap. XIX.
[352] Citado por Seler en *Codex Vaticanus B*, pág. 188.

tos, es la «Muchacha tejedora» cuya estrella es Vega. Su amante, el pastor, está relacionado con la estrella Aquila. La fábula, que es de origen chino, cuenta que a la diosa «Muchacha tejedora»

> «se la mantenía empleada de una manera tan constante en hacer trajes para la descendencia del Emperador del Cielo —en otras palabras, Dios— que no tenía tiempo libre para ocuparse del adorno de su persona. Al final, sin embargo, Dios, teniendo compasión de su soledad, la dio en matrimonio al Pastor que habitaba en la otra orilla del Río. En ese momento la mujer empezó a ser negligente en su trabajo. Dios, en su furia, hizo enconces que volviera a cruzar el río, prohibiendo al mismo tiempo que su marido la visitara más de una vez al año» [353].

El festival se celebraba en este día de la reunión. Susa-no-wo y Amaterásu (la diosa sol) crearon a los niños, como se ha dicho, cuando estaban en orillas opuestas del Río Celestial. Posteriormente Susa-no-wo atravesó el tejado de la entrada del Cielo donde Amaterásu está sentada trabajando con sus «doncellas tejedoras celestiales» [354]. ¿Es una mera coincidencia que las diosas del amor americana, china y japonesa fueran hilanderas y tejedoras? Como hemos visto, la diosa egipcia Neith tenía una lanzadera y la diosa siria una rueca.

Las flores en el jardín americano del Oeste tenían cualidades de inspirar amor igual que tenían las flores y melocotones del Paraíso chino del Oeste. Según Camargo, el individuo que tocaba una flor del jardín de la diosa del amor americana se convertía en un amante ardiente y constante. Las flores estaban impregnadas sin duda de los atributos de la diosa. Como se encontrará en el capítulo anterior, las flores eran formas asumidas por la espuma (leche) en los mitos hindú y zuñi americano. Por tanto las flores contenían «sustancia de vida».

Seler escribe a este respecto:

---

[353] Chamberlain, *Things Japanese*, págs. 327-328.
[354] *Myths of China and Japan*, bajo índice.

«La flor era para los mejicanos un emblema de la belleza y del placer. Todo lo que era hermoso y contribuía al placer de la vida: color, fra-
gancia, gusto, arte y habilidad artística, música y deporte, pero sobre todo
el amor, e incluso la indulgencia sexual (todo estaba en la imaginación
de los mejicanos relacionado con la representación de una flor).» [355]

La relación entre flores, amor, etc., parece haber sido, sin
embargo, de un carácter más básico que lo que supone Seler.

Todavía se llevan guirnaldas de flores en la India y en Polinesia. En la literatura sánscrita las flores caían del cielo cuando
los dioses honraban a un héroe o una heroína, en aprobación a él
o a ella. No sólo los dioses indios, sino también los mortales llevaban puestas guirnaldas de flores y usaban ungüentos y perfumes, pero éstos eran de significado simbólico igual que lo eran
los colores. Como los colores y perfumes, las flores revelaban los
atributos de las deidades. Afrodita tenía sus flores; los chinos y
japoneses todavía hacen un uso simbólico de las flores en las
bodas, etc. En el Antiguo Egipto, el loto, un símbolo de la madre
diosa, era muy apreciado. Su perfume era inspirador de vida.

Camargo cuenta que la diosa del amor americana «había sido
primero la consorte del dios de la lluvia Tlaloc, pero que Tezcatlipoca la había raptado y llevado a los nueve cielos, y la había
hecho Diosa del Amor». Ella era la patrona de los cortesanos y su
fiesta era en ciertas comunidades de un carácter algo obsceno. Los
mejicanos tenían un mito que representaba a la diosa del amor y
al dios del sol como un «Señor de la Noche», como una pareja de
amantes divina. Éstos parecen haber sido idénticos a la primera
pareja humana: los Gemelos Celestiales. En el *Codex Borbonicus*
(fig. 19) la diosa y el dios del sol se muestran envueltos en un
cobertor en la postura preferida de los amantes maoríes. Sin embargo, el recinto es sin duda simbólico de la vasija madre y la vasija
de pulque de la cual surgen los gemelos como primer hombre y
primera mujer. Podría parecer que la pareja era también idéntica
a «la diosa de la toga de estrellas» y al «dios del sol estelar» de
uno de los himnos mejicanos.

---

[355] *Codex Vaticanus B*, pág. 186.

«En el concepto de esta diosa (del amor) —escribe Seler—, la noción dominante era la de joven diosa, la querida del Dios del Sol *(Piltzintecutli),* o del Dios del Maíz *(Cinteotl),* éste sin duda condicionado por el *Xochitl* que aparece en su nombre».

El siguiente extracto es de una canción que se refiere a ella:

> Del agua y la neblina vengo yo, Xochiquetzal, la Diosa del Amor.
> De la tierra donde (el sol) entra en la casa, de Tamoanchan.
> Llora el piadoso Piltzintecutli
> El busca a Xochiquetzal.
> Oscuro está, ¡oh!, a dónde tengo que ir.

«Ella era considerada como la primera mujer», dice Seler, quien añade que se identificaba con la consorte de Tonacatecutli, Señor de la Vida, Dios de la Procreación, que habita en el decimotercero cielo más alto. [356]

Que la diosa del amor americana no tuvo su origen en América se supone no solamente por su gran parecido a las diosas china y japonesa, sino también por un mito en el que ella figura destacadamente con el carácter de una apsara hindú (una ninfa celestial voluptuosa).

Hay varias leyendas en el *Mahabharata* de ascetas que se dedican a acumular mérito religioso y poder espiritual practicando penintencias austeras. Un asceta, por ejemplo, «había puesto todo su afán en la destrucción del mundo» [357]. Ese famoso rishi Viswamitra era en un principio un kshtatriya (aristócrata militar), pero decidió convertirse en brahman. «Veo —dijo— que el asceticismo es la verdadera fuerza.»

> «Y diciendo esto, el monarca, abandonando sus grandes dominios y esplendor regio y volviendo la espalda a todos los placeres, se concentró en el ascetismo. Y coronado de éxito en el ascetismo y llenando los tres mundos del calor de sus penitencias ascéticas, él afligió a todas las criaturas y finalmente se convirtió en brahman. Y el hijo de Kushika por fin bebió Soma con el mismo Indra (en los cielos).» [358]

---

[356] *Codex Vaticanus B*, págs. 133 y 188.
[357] *Adi Parva* (traducción al inglés de Roy), pág. 512.
[358] *Ibíd.*, pág. 504.

Algunas veces los dioses encontraban necesario intervenir e inquietar las mentes de los pensativos ascetas, a menos que ellos adquirieran un poder demasiado grande. Normalmente enviaban a una apsara para tentar a un sabio y así reducir su mérito. El famoso Drona (el «nacido en vasija») debió su origen a un suceso de este carácter. Sin embargo, algunas veces un asceta resistía con éxito los atractivos de la ninfa celestial. Uno de ellos tenía tanto «Deseo e Ira» a su mando que ellas le lavaban los pies [359].

Boturini cuenta una historia de la diosa del amor americana y un asceta americano que habría sido tomada de un antiguo libro religioso hindú. El nombre del asceta era Yàppan. Como un hindú piadoso que decide volver la espalda a los placeres del mundo, él abandona a su esposa y parientes, para llevar una vida casta y religiosa como un eremita en un lugar desierto, para que así pueda ganar la recompensa de los dioses. La interpretación de Bancroft de la narrativa prosigue:

> «En ese desierto había una gran piedra o roca, llamada Tehuehuetl, dedicada a actos de penitencia; a esta roca ascendió Yàppan y la tomó como morada como un estilita Simeón occidental. Los dioses observaban todo esto con atención, pero dudando de la firmeza de propósito del nuevo ermitaño; ellos colocan a un espía en la persona de uno de sus enemigos, llamado Yàotl, significando la palabra *yáotl* «enemigo» en realidad. Sin embargo ni siquiera el afilado ojo de odio y envidia pudo encontrar mancha alguna en la austera vida contenida del anacoreta, y tantas mujeres enviadas por los dioses para tentarle al placer fueron rechazadas y despistadas. En el mismo cielo se aplaudían las castas victorias del santo solitario, y empezó a pensarse que él era digno de ser transformado en alguna forma de vida más elevada. Entonces Tlazolteotl (diosa del amor), sintiéndose ella misma desairada y tenida sin importancia, surgió en su belleza malvada, iracunda, despectiva y dijo: "No creais, vosotros dioses elevados e inmortales, que este héroe vuestro tiene la fuerza para conservar su resolución ante mí, o que él es digno de cualquier deportación muy sublime; yo desciendo a la tierra, observad ahora lo fuerte que es el voto de vuestro devoto, lo verdadera que es su continencia."»

---

[360] *Codex Vaticanus B*, págs. 381-382, 476 y 500.

La diosa abandonó su maravilloso jardín de flores, y ese día el hombre enjuto, marchito por la penitencia sobre la roca vio a la más bella de las mujeres. «Hermano mío Yàppan —dijo ella—: Yo, la diosa Tlazolteotl, asombrada por tu constancia y compadecida por tus penurias, vengo a reconfortarte; ¿Qué camino he de tomar o qué sendero para poder subir a hablar contigo?»

Yàppan quedó hechizado por sus encantos y, descendiendo, ayudó a la diosa a escalar la roca. Ella le tentó y él cayó. Después de abandonarle la diosa fue asesinado por Yàotl, el enemigo.

> «Los dioses transformaron al hombre muerto en escorpión, con los antebrazos levantados fijos como cuando desprecia el golpe de su asesino, y él se arrastró debajo de la piedra en la cual tenía su morada.»

Entonces Yàotl fue en busca de la esposa de Yàppan, quien se llamaba Tlahuitzin. Habiéndola encontrado la llevó al lugar de la vergüenza de su marido y la mató.

> «Los dioses transformaron a la pobre mujer en esas especies de escorpión llamadas *alacrán encendido*, y se arrastró debajo de la piedra y encontró a su marido. Y así vino la tradición que dice que todos los escorpiones de color rojizo descienden de Tlahuitzin, y todos los escorpiones oscuros o de color ceniza de Yàppan, mientras ambos se mantienen ocultos debajo de las piedras y huyen de la luz de la vergüenza por su desgracia y castigo. Lo último de todo fue que la ira de los dioses cayó sobre Yàotl por su crueldad y osadía al excederse en sus ordenes; él fue transformado en una especie de langosta que los mejicanos llamaban *ahuacacha-pullini*.» [360]

Se ha supuesto que esta historia fue inventada en América para explicar las costumbres del escorpión (*colotl*). El escorpión estaba, como la serpiente cascabel, con deidades como el dios del fuego, el dios de las flores y Tezcatlipoca, y según Seler denotaban mortificación y el tiempo de la mortificación (medianoche). Había asimismo cuatro escorpiones de los cuatro puntos cardinales [361].

---

[360] Boturini, *Idéa*, págs. 15 y 63-64. Bancroft, *The Native Races of the Pacific States*, vol. III, págs. 378-380.

[361] *Codex Vaticanus B*, págs. 155, 256 y 327.

Sin embargo, se supone que el mito de Yàppan fue importado y localizado al estar relacionado con el escorpión por un paralelo cercano a la leyenda que le cuenta Calya a Yudhishthira, el monarca pandava, y comienza:

«Escúchame, ¡oh, rey!, relatar esta antigua historia de los sucesos de los días antiguos. Cómo, ¡oh, descendiente de Bhàrata!, la miseria aconteció a Indra y su esposa.»

Como Yàppan y su esposa se convirtieron en escorpiones, Indra y su esposa se convirtieron en insectos o larvas. La historia prosigue:

«Una vez Twashtri, el señor de las criaturas y el más destacado de los celestiales, se dedicó a practicar austeridades rígidas. Y se dice que por la antipatía a Indra él creó un hijo que tenía tres cabezas. Y que siendo la forma universal que poseía gran lustre ansiaba el lugar de Indra. Y poseyendo aquellas tres horribles caras que se parecían al sol, a la luna y al fuego, el leía el *Vedas* con una boca, bebía vino con otra y con la tercera miraba como si absorbiera todos los puntos cardinales.

»Y dado a la práctica de austeridades, afable y controlado, él estaba concentrado en una vida de prácticas religiosas y austeridades. Y su práctica de austeridades, sometedor de enemigos, era rígido y terrible y de un carácter muy severo. Y contemplando las austeridades, valor y veracidad de éste que poseía energía incalculable, Indra llegó a preocuparse, temiendo no fuera a ser que este ser ocupara su lugar. E Indra reflexionó: ¿Cómo haría para aficionarse él mismo al placer sensual? ¿Cómo haría él para que cesara su práctica de tales austeriddes rígidas? Porque si fuera a crecer la fuerza del ser de las tres cabezas, ¡él absorbería todo el universo! Y era así como Indra cavilaba en su mente; y, ¡oh, el mejor de la raza Bhàrata, dotado de inteligencia, ordenó a las ninfas celestiales [362] que tentaran al hijo de Twashtri. Y él les ordenó diciendo: "Sed rápidas e id sin demora, y tentadle de tal manera que el ser de las tres cabezas tenga que sumergirse en los placeres sensuales hasta el máximo. Provistas de cautivadoras caderas, exhibiros en atuendos voluptuosos y cubiertas de encantadores collares, mostrad ademanes y halagos de amor. Dotadas de belleza, hacedlo, que bien os acaezca, tentadle y aliviad mi

---

[362] Apsaras.

terror. Siento inquietud en el corazón, ¡oh, preciosas doncellas! ¡Apartad, oh, damas, este horrible peligro que se cierne sobre mí!"»

Las ninfas prometieron cautivar al asceta y llevarle bajo su control. Al llegar el enemigo de Indra:

> «aquellas preciosas doncellas le tentaron con varios ademanes de amor, mostrando sus magníficas figuras.»

El asceta fue capaz, sin embargo, de resistirlas, como Yàppan resistó a las mujeres que le visitaron antes que la diosa del amor le hiciera una visita. «Aunque él las miró —como se cuenta—, sin embargo no estaba influenciado por el deseo.» Las apsaras regresaron a Indra y dijeron: ¡Oh, señor, ese ser inabordable es incapaz de ser perturbado por nosotras.»

Luego, la historia prosigue para contar que Indra mató a su enemigo con su rayo y convenció a un carpintero para que cortara las tres cabezas. Sin embargo, al haber matado a un brahmán, fue «intimidado por el pecado de brahmanicidio». El huyó «a los confines del mundo» y se ocultó. Durante un tiempo estuvo escondido en el agua como una serpiente retorcida. Luego se ocultó como una pequeña criatura dentro de un loto. Su esposa salió en su búsqueda, guiada por la diosa de la Adivinación. Asumiendo forma de Indra, ella entró sigilosamente en el tallo de un loto blanco en el centro de un hermoso lago en una isla:

> «Y penetrando en el tallo del loto, junto con Cachi, ella vio a Indra allí, quien había entrado en sus fibras. Y viendo a su señor situado allí en forma diminuta, Cachi asumió también una forma diminuta, como hizo la diosa de la Adivinación también. Y la reina de Indra empezó a glorificarle recitando sus famosas hazañas de antaño.»

Por consiguiente, Indra fue purificado de su pecado y reasumió su forma habitual [363].

---

[363] *Udoga Parva*, del *Mahabharata* (traducción al inglés de Roy), págs. 18 y sigs.

En esta historia, Indra es el enemigo del asceta y es castigado por su pecado de asesinarle. Aunque el hombre santo resiste la tentación, hay otras narrativas hindúes de carácter similar en las que las apsaras tienen éxito, como lo tiene la diosa del amor en la historia americana. Una de éstas se refiere al asceta Bharadwaja, «que cumplía sin cesar los votos más rígidos». Un día, cuando trataba de celebrar el sacrificio *Agnihotra,* fue tentado por Gritachi, «esa apsara dotada de juventud y belleza». Ella había llegado a aceptar el sacrificio.

> «Con una expresión de orgullo en su semblante, mezclado con una languidez de postura voluptuosa, la doncella salió del agua después de terminar sus abluciones. Y según estaba ella pisando con cuidado la orilla, se aflojó y desordenó sus vestiduras. Viendo sus vestiduras desordenadas, el sabio fue golpeado con un deseo ardiente.» [364]

Otra historia del *Mahabharata* habla de dos hombres jóvenes, llamados Sunda y Upasunda, de la raza asura. Ellos se convirtieron en ascetas y sus austeridades eran muy severas, ya que ellos intentaban «el sometimiento de los tres mundos».

> «Los celestiales llegaron a alarmarse. Y los dioses comenzaron a ofrecer numerosos obstáculos para impedir el progreso de su ascetismo. Y los celestiales tentaron a los hermanos repetidamente por medio de toda posesión preciosa y de las muchachas más hermosas.» [365]

Los hermanos resistieron a las apsaras y al final se hicieron muy poderosos. Al final el Gran Señor (Brahma) creó con las ayuda de gemas una doncella celestial de gran belleza, quien «no tenía rival entre las mujeres de los tres mundos».

> «Y porque ella había sido creada con trozos de cada gema tomada en medidas diminutas, el Gran señor le otorgó el nombre de Tilottama.»

Cuando los dos hermanos la vieron se enamoraron. Cada uno la solicitaba por esposa. «Y enloquecidos por la belleza de la don-

---

[364] *Adi Parva,* del *Mahabharata* (traducción al inglés de Roy), págs. 382-383.
[365] *Ibíd,.,* págs. 580-583.

DEIDADES MARIPOSA

1.—Itzpapalotl, la mariposa cuchillo de obsidiana (diosa Chichimec) con símbolos (*Codex Borgia*). 2 y 3.—Emblema de guerrero: 2) Mariposa de fuego y 3) en escudo con pata de aguila (*Codex Mendoza*). 4.—Forma mariposa de Xochiquetzal, la diosa del amor. 5.—Mariposa de *Aubin Codex* (maya). 6.—Mariposa o palomilla de *Nuttal Codex* (maya). 7.—Forma mariposa de Quetzalcoatl.

UNA DIOSA DADORA DE VIDA Y DE LA GUERRA

La diosa Pan-quetzal-itzli como una diosa de día (relacionada con el solsticio de invierno), del *Codex Vaticanus A,* con parte de la interpretación del sacerdote italiano recibida de los aztecas. En su mano lleva un estandarte de guerra coronado por la «vasija madre» en la cual crece la planta de algodón (aquí la «Planta de la Vida» como el *nig-gil-ma* babilonio). En la cabeza está el símbolo de la planta de algodón y la joya *(chalchiutl),* un símbolo de dador de vida. El símbolo de la concha está sobre su pecho y debajo de él están los símbolos lunares. Ella lleva un estandarte, flechas y escudo de una deidad de guerra, habiéndose asociado con el dios Huitzilopochtli, así como con la diosa Chalchiuhtlicue cuyo tapón de nariz lleva puesto. «Quetzalitzli» la asocia con el pájaro quetzal y el simbolismo obsidiano.

cella, pronto olvidaron el amor y el afecto entre ellos.» Ellos lucharon y se mataron el uno al otro.

«El Gran señor estaba satisfecho y dijo a Tilottama: ¡Oh, hermosa doncella, tú vagarás por la región de los Adityas. Y tu esplendor será tan grande que nadie será capaz de mirarte durante mucho tiempo.» [366]

Aquí tenemos a la diosa del amor relacionada con piedras preciosas.

Las historias hindúes de las cuales se ha dado una selección se encuentran en la literatura posvédica. Después de que los pueblos arios se habían asentado en la India tuvo lugar una gran mezcla cultural. Colonias de navegantes, que buscaban metales preciosos y piedras preciosas y perlas, se habían asentado en la India, y su mitología y ritos religiosos se mezclaron con los de los arios. En el *Mahabharata* hay muchas historias y largos argumentos teológicos que justifican el ascenso de las deidades locales sobre aquellas importadas por los pueblos de habla aria, quienes venían de la meseta iraní. La historia del pecado y de la transformación de Indra es una de las historias en cuestión. Incluso él, el gran dios del trueno, el Zeus ario, no podía matar a un brahmán sin pagar el castigo. Los dioses de los aristócratas militares eran dominados por los ascetas que realizaban penitencias y acumulaban mérito religioso. Era posible para estos ascetas convertirse en dioses.

Los buscadores de oro y gemas, que contenían «sustancia de vida» y por tanto poder espiritual, pasaron más allá de la India y llegaron a América. Parece ser que ellos importaban al Nuevo Mundo no solamente sus propias ideas religiosas relacionadas con el oro y las gemas, sino también los mitos encuadrados en la India para justificar el ascenso de los sacerdotes sobre los dioses. La historia de Yàppan parece ser de origen indio, un eco de la lucha religiosa que tuvo lugar en ese subcontinente en tiempos posvédicos, cuando los dioses arios se representaban temerosos de los ascetas quienes se ponían a acumular mérito religioso y poder

---

[366] *Adi Parva,* del *Mahabharata* (traducción al inglés de Roy), págs. 583-590.

espiritual. La historia de la tentación y caída de Yàppan es también como la de la tentación y caída de sus prototipos indios para ser de origen espontáneo en el Nuevo Mundo.

En una de las versiones hindúes, el enemigo del asceta es, como se ha visto, el dios Indra. Que el «enemigo» del Yàppan mejicano era igualmente un dios se supone por su nombre Taotl, que era uno de los nombres de Tezcatlipoca, «la única deidad», dice Bancroft, «que puede compararse bastante con el Zeus irregular de Homero (ahora movido con extrema pasión, ahora gobernado por un impulso noble, ahora dominando por ansia brutal, ahora inspirado por una vena de humor)»[367]. Indra era el Zaus hindú.

La conclusión que se obtiene del testimonio del mito de Yàppan de que la influencia cultural hindú llegó a América aumenta cuando encontramos que Acosta nos informa de que ciertos ascetas mejicanos, que ayudaban a los sacerdotes, «vestían con togas blancas y vivían de mendigar»[368]. Los peregrinos errantes brahmanes y budistas de la India mendigaban su comida igualmente. Como los ascetas hindúes, aquellos de Méjico «salieron a las montañas para hacer sacrifico y penitencia», dedicados a cantar himnos y quemar incienso; mientras que algunos se abstenían de comer carne, se torturaban a sí mismos, embadurnaban sus cuerpos con varias sustancias, permitían que les creciera el pelo hasta ser largo y nunca lo peinaban ni limpiaban, otros transportaban cacerolas de fuego en sus cabezas, etc. Torquemada habla de sacerdotes que se convitieron en santos sufriendo cuatro años de penitencia, apenas vestidos, durmiendo en el suelo desnudos, comiendo poca comida, velando y rezando, y extrayendo sangre de sus cuerpos. «"Extraer sangre era el modo preferido y más común de expiar el pecado y mostrar devoción" tanto en América como en la India, mientras que "el ayuno era considerado como una expiación del pecado".»[369]

Aunque la diosa azteca del amor y de las flores estaba asociada con la sensualidad, también era como Tlaelquani el «comedor de pecados» o «el comedor de las cosas inmundas». Ella per-

[367] *The Pacific States*, vol. III, pág. 444.
[368] Bancroft, *op. cit.*, págs. 436-437.
[369] Autoridades citadas por Bancroft en *The Pacific States*, vol. III, pág. 435 y sigs.

donaba pecados; el penitente se confesaba a sus sacerdotes, primero haciendo jurar que dirían la verdad tocando el suelo con la mano, lamiendo el polvo que quedaba adherido a ella y tirando copal al fuego. Después de la confesión el pecador tenía que perforarse la lengua o las orejas con espinas de maguey o sufrir un largo y doloroso ayuno. El sacedote le daba la absolución [370].

La diosa del amor era, como la Tlalli iyollo, la «diosa de la tierra» o la «diosa del mundo». Seler se inclina a identificarla también con la diosa del terremoto a quien llamaban Toci, «nuestra abuela» (como el Brahma indio era «el gran señor»), y Teteo innan, «madre de los dioses», la «que todo lo engendra, la madre de los dioses y de los hombres», quien «parece haber tenido su hogar entre las tribus de la costa atlántica» [371].

Seler escribe como sigue sobre esta deidad:

> «En las canciones de la diosa se la llama *coçauic xochitla*, "la flor amarilla", e *iztac xochitla*, "la flor blanca", la *tonana teumechaue* "nuestra Madre, la diosa de muslo-piel-cara-pintura" o como la *ti noci teumechaue* "tú mi Abuela, tú diosa de muslo-piel-cara-pintura", ella que habita en el Tamoanchan, "la Casa de la Ascendencia", que, quizá, significa apropiadamente "la Casa del Nacimiento", la *Xochitl icacan*, "el lugar donde estan las flores", es decir, el paraíso de los suministros de comida, la casa del maíz, el Oeste, donde de ella nació el Dios del Maíz (Cinteotl), el dios Ce xochitl, "una flor".»

La siguiente canción o himno está traducido por Seler [372]:

> Nuestra Madre, la diosa Tlaçolteotl, así llegó.
> El dios del Maíz nace en la Casa de la Ascendencia, en el lugar donde están las flores, el dios «Una Flor».
> El dios del Maíz nace en el lugar del agua y de la neblina donde se hacen a los niños de los hombres, en el Jewel-Michuacan.

Como diosa de la tierra, esta deidad era la diosa de la muerte que tomaba «a los muertos en su pecho», como dice Seler [373]. Ella

---

[370] Seler, *Codex Vaticanus B*, págs. 100-101.
[371] Sagahún en el Libro IV, cap. VII.
[372] Al inglés *(N. del T.)*.
[373] *Codex Vaticanus B*, págs. 100-102. Los muertos eran asimismo para los griegos «el pueblo de Deméter».

era también, como Cinteotl [374], la diosa del maíz, que protegía y alimentaba. En este aspecto ella, que era la «madre», «la fuerza» —como dice Müller— que mantiene la vida, tenía que haberla creado también. A Cinteotl se la consideraba, por tanto, que traía a los niños a la luz y se la representa con un niño en sus brazos... Cinteotl es la gran productora, no de niños solamente; ella es la gran diosa, la diosa más antigua» [375]. Sus nombres incluyen el de Tonacajohua («ella que nos mantiene») y Tzinteotl («la diosa original»).

Muy relacionada con Cinteotl estaba la diosa Xilonen, cuyo nombre se deriva de *xilotl* («la espiga joven del máiz»). Una mujer la imitaba en su festival y era sacrificada. Esta víctima llevaba cordones de gemas alrededor del cuello y sobre sus pechos, y sobre éstos un símbolo solar de oro, indicando una relación entre ella y Chalchiuhtlicue.

Otra forma de la madre divina era Ciuateotl («mujer serpiente»), que también se llamaba Tonantzin («nuestra madre»). Ella era la dama real con ricas vestiduras que llevaba una cuna sobre sus hombros, pero en ella, en vez de un niño, había un cuchillo de piedra usado para sacrificar víctimas humanas. Ella era en uno de sus aspectos una diosa del trabajo duro, de la pobreza y de la adversidad.

El cuchillo de pedernal *(tecpatl)* no sólo estaba relacionado con el sacrificio, que se hacía para prolongar la vida de los dioses, sino también con el nacimiento.

Como el *chicauaztli* (palo de carraca), simbolizaba la fecundidad. Ambas se muestran entre la primera pareja humana [376].

La diosa Citlalinicue (u Omeciuatl), esposa del dios Citlallatonac (u Ometecutli), habitaba en el decimotercer cielo. Antes de que el mundo estuviera habitado ella dio a luz un cuchillo de piedra que sus hijos tiraron a la tierra. En el lugar donde cayó llegaron a la existencia 1.600 dioses de la tierra [377]. A estos dioses les pidió ella que le trajeran un hueso del Hades. Ellos delegaron en Xolotl («sirviente») para que lo consiguiera. Como el Ohonamo-

---

[374] Y el dios del mismo nombre.
[375] Müller, *Amerikanische Urreligionen*, pág. 493.
[376] Seler, *Codex Vaticanus B*, pág. 83-84 y 133-134.
[377] *Myths of China and Japan*, bajo «Iaznami» en el índice.

1 y 2.—Xochipilli, el dios del amor, flores y comida, y Xochiquetzal, la diosa del amor, flores, etc., y «primera mujer», representados como pájaros quetzal mascando joyas, y dando origen así a la descendencia. Joyas, pájaros y plumas se refieren a niños (1. del *Codex Borgia*, y 2, del *Codex Laud*). 3.—Tlaçolteotl, como diosa madre, amamantando a un niño, con adorno de la nariz en forma de U de oro, cinta de hilo de algodón, huso en el pelo y pintura de caucho sobre la boca *(Codex Borgia)*.

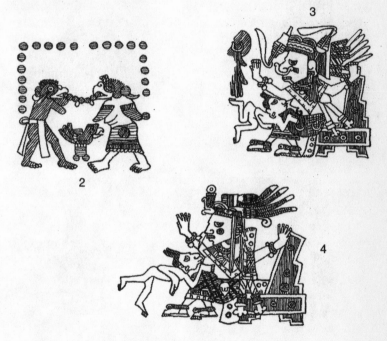

DEIDADES DEL AMOR Y MADRE

4.—Xochiquetzal, la diosa, como madre amamantado a un niño, adornada con la cinta y el tocado de pluma de águila que tiene un significado solar. En su mejilla hay una mancha circular de caucho negro, y de su nariz cuelga una chapa amarilla (de oro) escalonada y afilada. Lleva prendas azules. Su asiento, como el de Tlaçolteotl (3) está escalonado y tiene símbolos estelares *(Codex Borgia)*.

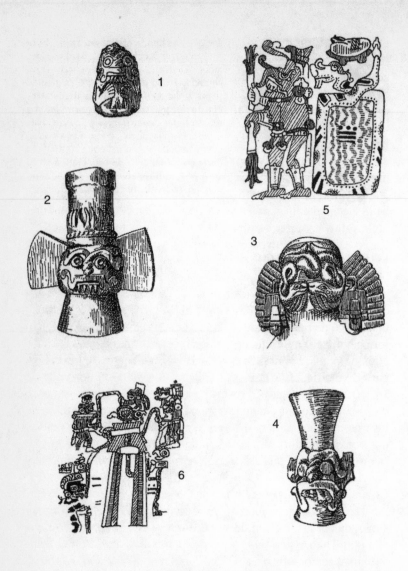

EL CONTROLADOR DEL AGUA

1, 2, 3 y 4.—Figuras del dios de la lluvia americano como dragón serpiente.
5.—El dios de cabeza de elefante y la serpiente que confina el agua. 6.—La
batidora del océano (en *Codex Cortes)*. En la cumbre de la «batidora» está la
tortuga, y alrededor de la «batidora» hay una serpiente agarrada por deidades.
En el lomo de la tortuga hay un dios que sostiene otra serpiente.

chi japonés [378], que era igualmente el «sirviente» de sus numerosos hermanos, consiguieron un gran hueso pero tuvieron que salir corriendo con él a gran velocidad porque él era perseguido por el Señor del Hades igual que el joven dios japonés por Susa-no-wo.

A su regreso a la tierra se rompió el hueso en fragmentos y los colocaron en una vasija. Los dioses que habían surgido del cuchillo de pedernal extrajeron sangre de sus cuerpos y la rociaron sobre el hueso. Al cuarto día después de realizarse esta ceremonia salió un muchacho de la vasija. Se roció más sangre y entonces salió una muchacha. Los niños fueron cuidados por Xolotl, quien les alimentó de la «leche del maguey» y se convirtieron en el primer hombre y en la primera mujer de los cuales desciende la raza humana [379].

Xolotl tiene algún parecido con el grotesco dios enano Bes de los antiguos egipcios. Bes tenía brazos largos, orejas grandes, una boca grande y piernas dobladas, estaba relacionado con el nacimiento, y era querido por los niños a quienes él divertía con sus danzas. Tenía una forma de animal. En Méjico, el dios Xolotl tiene una forma de perro y parece haber atendido a los muertos. En su forma humana era de cuerpo y miembros deformes. Como los antiguos egipcios, los nobles mejicanos tenían enanos y jorobados para divertirles. Se llamaban *xolomê*, una palabra derivada de *xolotl*. Xolotl era un dios de un juego de pelota. Bes, el grotesco dios de los egipcios enano que hacía festejos, era en el mundo de los muertos una deidad gigantesca que «amenazaba a los malvados con su cuchillo, amenazando con arrancarles el corazón» [380].

Couatlicue era una diosa de la tierra, una diosa de la muerte y una diosa de la guerra. Su nombre significa «falda de serpiente». Estaba relacionada con la montaña Coatepec («montaña de la serpiente») cerca de la ciudad de Tula. Sahagún observa que era muy venerada por los distribuidores de flores, y este hecho sugiere que ella podía haber sido una forma de la diosa del amor. En el festival anual recibe ofrendas de las flores nuevas del año. Como se mostrará, ella era la madre del gran dios de la guerra de Méjico.

---

[378] *Myths of China and Japan,* en el índice.
[379] Bancroft, *The Native Races,* vol. III, págs. 58-60.
[380] Wiedemann, *Religion of the Ancient Egyptians,* pag. 168. Seler, *Codex Vaticanus,* págs. 181-183.

Capítulo XIV

TLALOC Y EL DRAGÓN

Dioses del trueno en el Viejo Mundo y en el Nuevo.—La «serpiente emplumada».—«Bestias maravillosas» y mezcla cultural.—Mezcla cultural en Europa y
Asia.—Dios de la lluvia chino e indio.—La «desviación» a América.—Dioses
de la lluvia del Este chino y americano.—Tlaloc como naga.—Tlaloc en el lomo
del cocodrilo.—El rayo de Tlaloc.—Indra y los maruts.—Tlaloc y los tlaloques.—Chac y los chacs.—Los Chacs, Bacabs, Horus y Ptahs.—El dios
maya B.—Mitos hindúes en América.—Perro trueno en la India, China, Japón
y América.—Dragones budistas.—Lluvia buena y mala de Tlaloc y nagas.—
Dragones de los cuatro puntos cardinales.—Tlaloc y el ciervo.—El dios ciervo
del Viejo Mundo.—Oraciones y sacrificios a Tlaloc.—Paraísos americanos.

El dios americano del trueno y la lluvia no fue de generación
espontánea, evidentemente. Presenta varias fases que son
bastante similares para estudiantes de mitologías del Viejo
Mundo. En primer lugar empuña un hacha o martillo, o arroja el
mítico rayo —la piedra de rayo aterradora— como Zeus, Thor,
Indra, etc. y en segundo lugar es un asesino de dragones. También
es una deidad compleja que ahora figura como un pájaro que se
alimenta de serpientes y luego como una serpiente pájaro o dragón alado (es decir, el pájaro y serpiente en uno, como el dragón
chino y japonés). Algunas veces también encontramos que la serpiente americana se traga al dios y posteriormente lo devuelve,
como ocurre en los mitos del Viejo Mundo. No menos sorprendente es el hecho de que Tlaloc, el dios del trueno y de la lluvia
mejicano, está asociado, como el dios Indra y el dragón verde o
azur chino, con el Este. Se podría comentar de paso aquí que si se
mantiene que estas complejidades son «naturales» uno se pre-

guntaría lo que algunos teóricos están preparados realmente para considerar como «antinatural».

La idea de que el trueno es causa de que un dios gigante machaca el cielo o las montañas con un martillo o perno, o los parte con un hacha (el —*en griego*— griego), pudo no haber sido un gran esfuerzo de la imaginación humana, sino algo definido y concreto. No quiere decir que lo sugiriera por primera vez un herrero o calderero en cobre, o ni siquiera un primitivo martillo cincelador de pedernal. El hacha era símbolo de una deidad en el antiguo Egipto que no tenía una relación en particular con el trueno, mientras que dos flechas y un escudo simbolizaban a una diosa. Es posible que el hacha, como símbolo de divinidad, tenga una larga historia, y que, sencillo como es el símbolo, puede parecer ahora que realmente representa a un grupo de ideas complejas. Sin embargo, si se asume que el hacha es un hacha y nada más, y que el dios que empuña el hacha fue propuesto a diferentes pueblos muy separados por el tiempo y el espacio cuando vieron a los salvajes que empuñan hachas cortando madera o cortando animales en pedazos, ¿es imaginable que los diferentes pueblos hubieran relacionado o identificado de una «forma totalmente natural» al dios del hacha con un pájaro? Sin embargo, suponiendo que la conexión del pájaro era supuesta porque la nube de trueno se podía haber pensado como un pájaro, ¿es probable que pueblos muy separados hubieran asumido de forma unánime que el pájaro mítico era un destructor de serpientes míticas? Además, ¿podemos considerar convincente la teoría de que en el Nuevo Mundo, como en el Viejo, el pájaro de trueno se hubiera confundido con la serpiente «naturalmente», y, además, que a la «bestia maravillosa» le hubieran dado cuernos, y especialmente los cuernos de un ciervo, gacela o antílope? Se ha de tener en cuenta que la serpiente mítica es, tanto en América como en la India, una confinadora de agua: un «demonio de la sequía», y el pájaro o dios que empuña el hacha, que lo mata, lo hace para liberar el agua y llevar a su fin la estación de la sequía. ¿Es «natural» que hubiera surgido tal idea espontáneamente en Méjico, China y la India, viendo que no se hace ninguna guerra de pájaros contra serpientes en ninguno de estos países, y que realmente ninguna serpiente confina agua? La

254

serpiente cascabel de América, que es el símbolo del agua, no tiene en su estado natural ninguna relación especial con el agua. Si, como se ha asumido, la serpiente de cascabel sugiere agua «por sus movimientos sinuosos», seguramente no confinaba agua, sino que más bien sugeriría el agua fluida. La serpiente de cascabel no tiene, por supuesto, ninguna relación especial con un ciervo. Es difícil comprender, por tanto, por qué pueblos tan separados habrían relacionado en su simbolismo religioso al ciervo y a la serpiente, o habían encontrado necesario dotar de cuernos incluso a un reptil mítico que confina agua.

La concepción de una serpiente con cuernos dotada de alas o plumas, o adornada con plumas verdes, que retiene o controla el suministro de agua y tiene que ser matada por un pájaro, o por un gran hombre que empuña un hacha de trueno, es demasiado compleja para ser descartada como «natural». Que la «bestia de trueno» (dragón) se encontrara en América no debería «sorprender», viendo que el simbolismo religioso americano es en su totalidad de carácter muy complejo; pero es interesante y sugerente, si no sorprendente, de todos modos, desde un punto de vista histórico, descubrir que la complejidad americana mantiene un parecido tan cercano al asiático. La «bestia maravillosa» asiática, conocida como dragón, era sin duda producto de «mezcla cultural». Esa mezcla cultural no sólo tenía en la India un significado religioso, sino político.

Cada parte de la anatomía de la «bestia maravillosa» tiene una historia en Asia. ¿Es posible o probable que la «bestia maravillosa» de América simplemente «se desarrollara» porque, como por azar, tuvieran lugar precisamente los mismos sucesos históricos allí y en Asia, y porque precisamente las mismas rivalidades religiosas que existen allí producen precisamente los mismos resultados en la vida social y religiosa del pueblo? En estos días, cuando se conoce mucho más de lo que era el caso hace una generación sobre las mitologías de los grandes centros culturales como la India y China, y cuando se han acumulado tantos testimonios para desplazar la sombra de duda de que el «movimiento cultural» fue una realidad en la antigüedad, la teoría de que el mismo grupo en particular de creencias complejas tuvo origen espontáneo en diferentes partes del mundo no se puede mantener durante más tiempo.

Los descubrimientos de Creta y España han demostrado que se puede detectar la huella de creencias religiosas egipcias en más de una zona europea. La India ha dado mucho testimonio de movimiento cultural en la meseta iraní, que había tenido influencia de Babilonia, y de un movimiento cultural a través del océano Índico, que fue cruzado y vuelto a cruzar por antiguos marineros que fundaban colonias y se dedicaban al comercio. Incluso China ha demostrado haber sido, antes de que la empresa misionera budista se hiciera activa y extensa, un deudor de otras civilizaciones. Su desarrollo histórico cultural no tuvo lugar en aislamiento completo. Laufer escribe a este respecto:

> «En oposición a la opinión dominante del día, no se puede hacer hincapié con la suficiente fuerza en cada ocasión en que la civilización china, como aparece ahora, no es una unidad y no es la producción exclusiva de los chinos, sino el resultado final de los esfuerzos culturales de una vasta conglomeración de las tribus más variadas, una fusión de ideas acumuladas de múltiples lugares muy diferenciados en espacio y tiempo... Por consiguiente, no se puede cometer un error más grave que atribuir cualquier idea al comienzo de los chinos sin otra razón que la de aparecer dentro de los límites del imperio.»[381]

En otra obra, el mismo erudito distinguido ha mostrado, no sólo por el estudio comparativo de ciertas costumbres y creencias, sino por el testimonio de antiguos escritos chinos, que ciertas ideas religiosas básicas llegaron a China desde «Fu-lin» (Siria y Bizancio)[382]. De Visser, en su importante obra *El Dragón en China y Japón*, ha mostrado que la «bestia maravillosa» compuesta del Lejano Oriente debe mucho a los nagas indios[383]. Todo el tema ha sido revisado por el profesor Elliot Smith en su obra, que hace época *La Evolución del Dragón*[384]. Analiza minuciosamente la

---

[381] *Jade: A Study in Chinese Archaelogy and Religion*, Chicago, EE.UU., 1912, pág. 57.
[382] *The Diamond: A Study in Chinese and Hellenistic Folklore*, Chicago, 1915.
[383] Dr. M. W. de Visser, *The Dragon in China and Japan*, Amsterdam, 1913.
[384] Londres y Manchester, 1919.

«bestia maravillosa» y sigue la pista de cada parte hasta su zona de origen. Además, sigue la trayectoria de la serpiente alada a través de Asia y cruza el Pacífico hasta América. Encuentra en América «una rica mina de datos históricos» y «un museo de la historia cutural del Viejo Mundo», y escribe:

> «Los emigrantes originales hacia América llevaron desde el noreste de Asia tales dotes culturales que habían alcanzado la zona este del Yenisei en la época en la que Europa estaba en la fase de cultura del Neolítico. Luego, cuando antiguos marineros empezaron a bordear el litoral de la costa asiática oriental y a abrirse camino hacia América por la ruta aleutiana hubo una mayor infiltración de ideas nuevas. Pero cuando más marineros intrépidos empezaron a navegar en los mares abiertos y a explotar Polinesia, durante siglos hubo una afluencia más o menos constante de costumbres y creencias, que iban desde Egipto y Babilonia, desde el Mediterráneo y África oriental, desde India e Indonesia, China y Japón, Camboya y Oceanía. Una idea y la misma idea básica, como los atributos de la serpiente como dios del agua, llegó a América en infinidad de variedades distintas: egipcia, babilónica, india, indonesia, china y japonesa, y de esta soprendente mezcla de confusión el sacerdocio local de América Central creó un sistema de creencias que es americano de manera muy particular, aunque la mayoría de los ingredientes y principios de composición sintética se tomaron prestados del Viejo Mundo» [385].

Tlaloc y otras deidades de carácter parecido revelan sus afinidades al Viejo Mundo, ahora como asesino de dragones y luego como serpientes de plumas con cuernos y crestas.

Los dragones chinos duermen todo el invierno y se despiertan en la primavera, cuando luchan y rugen, y así causan que caiga la lluvia. En la zona oriental está el dragón verde o azul (algunas veces es verde y otras veces es azul). Es esencialmente el controlador del agua. La deidad opuesta, el dios tigre blanco del Oeste, es el controlador del viento [386]. De Visser escribe sobre estas deidades de China:

---

[385] *The Evolution of the Dragon*, pág. 87.
[386] El dios Quetzalcoatl, como dios del viento del Oeste, es contrario de igual manera a Tlaloc, como dios de la lluvia del Este, mientras que Tezcatlipoca, como dios del viento del Norte, es contrario a Huitzilpochtli, como dios de la lluvia del Sur.

«El llamado *fung-shui* («viento y agua») es un sistema geomántico, predominante en toda China desde antaño hasta la era actual. El tigre y el dragón, los dioses del viento y del agua, son la piedra angular de su doctrina... De Groot ha dado ya un informe completo de su origen, elementos, significado e influencia. Dice: "Es un sistema casi científico, que se supone que enseña a los hombres dónde y cómo construir tumbas, templos y moradas con el fin de que los muertos, los dioses y los vivos puedan ser colocados allí exclusivamente, o en todo lo posible, bajo las prometedoras influencias de la naturaleza." El dragón representa un papel importante en este sistema, siendo "el espíritu principal del agua y de la lluvia", y al mismo tiempo representando uno de los cuatro puntos cardinales del cielo (p. ej., el Este, llamado el Dragón Azur, y la primera de las estaciones, Primavera). *La palabra Dragón comprende los motivos altos en general y las corrientes de agua, que tienen sus fuentes allí o el viento su camino a través de ellas.* De ahí que los libros sobre *fung-shui* comiencen normalmente con un grupo voluminoso de disertaciones, comprendidas bajo el encabezamiento *Normas concernientes al Dragón,* tratando en realidad de las doctrinas sobre la situación y contornos de montañas y colinas y de la dirección de cursos de agua.» [387]

Parece que estamos todavía en China cuando encontramos el escrito de Seler del Tlaloc mejicano y de la diosa de la lluvia Tlaxcaltec en el *Codex Vaticanus B*, págs. 106 y sigs.

«La hermosa montaña en forma de cono que se eleva en el este de su territorio y cubierta hasta la cumbre de vegetación, era considerada por los tlaxcaltecas como la residencia y encarnación de la deidad de la lluvia, quienes creían que era una deidad hembra y la llamaban Matlalcueye, «la Dama de la Toga Azul». Mas para los habitantes de la altiplanicie mejicana el mismo papel lo representaban las majestuosas cadenas que separan sus dominios del Este de los de sus vecinos tlaxcaltecas, y sobre las cuales más al Sur se elevan en la región de nieves perpetuas los dos gigantes *Iztac ciuatl*, «la Mujer Blanca», y *Popocatepetl,* «la Montaña de Humo». Para esta cadena, sobre la cual se dirige el camino desde *Tezzoco* hacia *Uexotsinco* y *Tlaxcallan,* era apropiado especialmente el nombre de *Tlaloc* o *Tlalocan.*»

---

[387] De Visser, *The Dragon in China and Japan*, págs. 55-60. De Groot, *The Religious System of China*, vol. III, cap. XII, págs. 935-1056.

En esta residencia de tierras altas del dios había un ídolo de lava blanca que miraba hacia el Este. Dentro de una vasija sobre su cabeza se vertían semillas comestibles procedentes de manos sacerdotales con ocasión de ceremonias anuales. «El nombre *Poyauhtlan* —dice Seler— que aparece con frecuencia en canciones a Tlaloc y en el culto del dios de la lluvia mejicano, parece haber sido simplemente *otro nombre para la misma región de tierras altas.*»

Las deidades serpiente indias llamadas nagas, quienes eran dioses de la lluvia, aparecen algunas veces en forma humana con serpientes sobre sus cabezas o alrededor de sus cuellos. «Son espíritus del agua —escribe Kern [388]— que se representan como norma con formas humanas con una corona de serpientes en la cabeza.» Algunas veces se representa a Tlaloc, como en una imagen de piedra conservada en el Museo Etnológico Real de Berlín, «con un rostro formado por las espirales de dos serpientes y algunas veces, con serpientes que forman cejas y nariz, y también la boca, de la cual sobresalen hacia abajo cuatro grandes dientes» [389]. En una ilustración significativa del *Codex Fejérváry-Mayer 4 (Codex Vaticanus B*, fig. 309), Tlaloc está situado sobre el lomo de un dragón parecido a un cocodrilo [390] en el agua. Un rayo de fuego serpenteante que sale de la boca de Tlaloc y agarra con la mano derecha entra en las mandíbulas del reptil. Los nagas indios y los dragones chinos vivían en estanques y salían para causar truenos y rayos, y para reunir nubes y enviar la lluvia. Se hacían ofrendas a Tlaloc no sólo en las montañas, sino también en el lado de Méjico en el cual hay un remolino causado por una salida subterránea. Se consagraban estanques artificiales a la deidad. En el *Codex Borgia* (fig. 14) él se muestra de cara a un estanque de agua en el que hay un pez que sube hacia una ofrenda flotante de leña y caucho [391]. Peces, caracoles y ranas están relacionados con Tlaloc.

En su forma antropomorfa, Tlaloc era el que empuñaba el rayo, y se parecía al Indra indio, quien era igualmente un dios del Este.

---

[388] *Historie du Bouddhisme dans l'Inde*, vol. I, pág. 310.
[389] *Codex Vaticanus B*, págs. 106 y sigs.
[390] El *Wani* japonés.
[391] El pez de Mayauel bebe leche. Aquí el caucho es una forma de leche.

«El color de Indra —dice De Visser— es *nila*, azul oscuro o casi negro azulado, el epíteto normal de las nubes de lluvia.» [392] Tlaloc era representado de forma invariable con un anillo azul que rodeaba todo el ojo, y con frecuencia con una franja azul alrededor de la boca. En alguna de sus formas tenía un hacha en forma de dragón y un rayo serpenteante. En el *Codex Borgia* y en el *Codex Vaticanus B* aparecen formas interesantes de Tlaloc en verde y negro. Sobre él y delante de él hay una casa ardiendo «sobre la que hay un hacha encendida (¿símbolo del rayo?) y al lado o debajo una corriente de agua con caracoles o peces». Dentro de la casa en el *Codex Vaticanus B* hay «un animal con cola provisto de las garras de las bestias de presa» [393]. Esto se puede referir a alguna oscura ceremonia. El fuego se usaba en ceremonias budistas para controlar a los dragones. De Visser escribe a este respecto:

> «Un exorcista de nagas fue con su jarra llena de agua al estanque de uno de estos seres y con sus fórmulas mágicas rodeó al naga de fuego. Como el agua de la jarra era el único refugio que la serpiente pudo encontrar, se transformó en un animal muy pequeño y entró en la jarra.» [394]

Los nagas, al igual que los dragones chinos y japoneses, tenían mucho miedo al fuego. Puede ser que Tlaloc, como el Indra americano, ocupara el lugar del exorcista que obligaba al dragón naga a ascender al cielo desde su jarra y enviar lluvia, o evitar que el dragón naga enviara demasiada lluvia. Seler ve en el episodio de la casa ardiendo una referencia a la «lluvia abrasadora» *(tlequiauitl)*. Los nagas y dragones malvados o enfermos enviaban «lluvia de calamidad».

Al Indra hindú le ayudaba un grupo de seres secundarios llamados los maruts, quienes eran hijos de Rudra. Estos «jóvenes» tenían carros tirados por ciervos moteados y estaban armados con arcos y flechas, lanzas y hachas. Ellos eran «agitadores de nubes»

---

[392] *The Dragon in China and Japan*, pág. 31.
[393] *Codex Vaticanus B*, pág. 151.
[394] *The Dragon in China and Japan*, pág. 13.

y acostumbraban a partir «rocas de nube» con el fin de empapar la tierra con chaparrones rápidos. Cuando seguían al dios tormenta, Rudra, estos ayudantes se llamaban «rudras». Los «maruts apresurados» acompañaban a Indra cuando iba a un lugar de sacrificio y aceptaba ofrendas» [395].

De igual manera Tlaloc era ayudado por los tlaloques, quienes distribuían la lluvia en jarras que él golpeaba con varas serpenteantes o llevaban símbolos de trueno y rayo.

El dios Chac de Yucatán, que se relaciona con Tlaloc e Indra, era ayudado igualmente por seres secundarios conocidos como los chacs. Según Brinton, «Chac» significa «los rojos»; el grupo indio eran los «rudras rojos». Estos ayudantes de Chac llevaban hachas (hachas de trueno) como el Tlaloc mejicano y algunos tlaloques, si no todos. Parecen haber sido formas de los bacabs, los dioses de los cuatro puntos cardinales, como los horus egipcios o «cuatro hijos de Horus». Ptah, el dios egipcio de Menfis que llevaba un martillo (¿un martillo de trueno?), tenía ocho ayudantes enanos que se parecían mucho a los *pataikoi*, los dioses enanos adorados por marineros fenicios. Los maruts, los rudras, los tlaloques, los chacs y los bacabs parecen haber sido todos traedores de agua, como lo eran los horus y paths de Egipto. En el *Mahabharata,* el Este es el punto cardinal que se considera como «el primero o primer nacido» y «la fuente de toda la prosperidad de los dioses, porque fue allí donde Cakra (Indra) fue ungido por primera vez como rey de los celestiales» [396]. Los cuatro puntos cardinales eran controlados por el dios rey del Este. Esta creencia pudo ser el germen de la concepción de los cuatro reyes de la lluvia y de los cuatro puntos cardinales. Había cuatro Tlaloc y cuatro Chac, como había cuatro nagas, así como grupos de tlalocs, chacs y nagas relacionados con el «primer nacido» dios rey del Este.

Como hemos visto, los bacabs, como los horus, protegían los tarros que contenían los órganos internos de las momias. Sin

---

[395] *Indian Myth and Legend*, págs. 5-6, 25-26, 58 y 377.
[396] *Açwamedha Parva* (traducción al inglés de Roy), pág. 106, y *Udyoga Parva* (traducción al inglés de Roy), pág. 323.

embargo, la misma doctrina, sin la práctica de la momificación, se encuentra en el sistema *fung-shui* de China, donde el hígado y hiel están relacionados con el Este, el corazón e intestinos con el sur, los pulmones e intestino delgado con el Oeste y el riñón y vejiga con el Norte. Los mayas, como se ha mostrado, relacionaban al Bacab del Sur con el vientre, el órgano «ser serpiente» con el Este, el órgano «ser blanco» con el Norte, el «destripado» con el Oeste. En Egipto, el orden de los órganos internos relacionados con los puntos cardinales se alteró con el paso del tiempo [397].

Se dan estas notas en este punto para indicar el gran alcance de la complejidad de las doctrinas relacionadas con los dioses americanos y del Viejo Mundo del Este, y sus conexiones con los otros puntos cardinales.

La clave al problema de Chac y Tlaloc parece haberla proporcionado el dios con la letra B de los manuscritos mayas. Schellhas observa que él es «la figura más común en los códices». Aquellos que le consideraban como un ser relacionado con «Itzamna, el dios serpiente del Este», y «Chac, el dios de la lluvia de los cuatro puntos cardinales y el equivalente a Tlaloc de los mejicanos» [398], están apoyados por el testimonio comparativo recogido por el profesor Elliot Smith [399]. El dios B (el dios «de nariz larga») tiene una cabeza que ha desconcertado a muchos americanistas. Algunos consideran a la cabeza como a la de un tapir. Elliot Smith le llama «el dios de la lluvia con cabeza de elefante».

En la India, como se ha mostrado, el lugar de Indra estaba ocupado en tiempos brahamánicos por su hijo, Ganesha, un dios joven con una cabeza de elefante. El dios más joven fue investido con los atributos del más mayor. Indra, en los himnos védicos, mata a Vritra, el «demonio de la sequía» (un dragón serpiente que confina las aguas). Cuando el demonio es asesinado se libera la lluvia. Entonces cantaba el sacerdote:

---

[397] Budge, *Gods of the Egyptians*, vol. I, pág. 492, y Elliot Smith y otros en «The Heart and Reins», en *Journal of the Manchester Oriental Society*, 1911, págs. 41 y sigs.

[398] Spinden, *Maya Art*, pág. 62.

[399] *The Evolution of the Dragon*, págs. 84 y sigs.

Ensalzaré las hazañas principales de Indra:
La primera fue cuando empuñó la piedra de trueno
y golpeó al dragón; él liberó las aguas,
él abrió los canales de las montañas coronadas [400].

En el *Codex Cortes* el dios de cabeza de elefante americano, que está decorado con el adorno de oreja camboyano característico, se muestra con un rayo en cada mano colocado al lado de una serpiente cascabel barbada, cuyo cuerpo forma un recinto lleno de agua. Otro cuadro del *Codex Troano* muestra al dragón serpiente después de haberse abierto el recinto formado por su cuerpo. Sobre su cabeza está situado el dios de cabeza de elefante, Chac, vertiendo la lluvia desde una jarra, mientras que una diosa, empleada de igual manera, está situada sobre la cola.

Elliot Smith presta atención a la página 36 del *Dresden Codex* de los mayas, en la cual el mito complejo del dios y del dragón de la lluvia parece estar representado en varias de sus fases. Hay nueve cuadros en total. Uno representa al buitre negro americano atacando a una serpiente viva con mandíbulas abiertas y el cuerpo curvado para formar dos recintos. Aquí el buitre hace la parte del pájaro secretario africano, y también la del pájaro mítico garuda de la India que declara una guerra constante a los nagas (serpientes). Un segundo cuadro representa al dios de cabeza de elefante, o de «nariz larga», en forma humana llevando una antorcha encendida, mientras en el tercero él lleva el «hacha de trueno». En el cuarto cuadro, el dios está situado sobre el agua, mirando hacia arriba hacia la nube de lluvia, y, en un quinto, él está agachado dentro de su casa o bien descansando o bien acumulando fuerza espiritual en meditación. Un sexto cuadro le muestra procedente del Este en una barca con una diosa, en postura ceremonial, sentada delante de él. Esta podía ser la misma diosa que, en el séptimo cuadro, se sienta en la lluvia con el pelo en forma de un pájaro de cuello largo (una garza real) que agarra un pez en el pico. El dios del trueno es, en el octavo cuadro, un perro que desciende del cielo llevando teas. En el noveno cuadro el dios está

---

[400] *Rig Veda*, I, 32; *Indian Myth and Legend*, págs. 6-7.

combinado con la serpiente como una serpiente de cabeza humana y nariz larga que da lluvia, habiéndose abierto los recintos formados por el cuerpo curvado.

Ahora bien, el perro estaba asociado con Indra en la India. En tiempos de sequía las tribus de la colina torturaban todavía a perros para que el «gran perro» pudiera oír y bramar y así enviar la lluvia. El «perro celestial» chino es de igual manera una deidad del trueno y del rayo, y hay muchas referencias a él en los libros chinos, incluyendo la siguiente:

> «Cuando nubes oscuras cubrían el cielo en cualquier lugar por la noche, un ruido de trueno se oía en el Norte... Esto era lo que la gente llamaba un descenso del perro celestial...
>
> »Tiene forma de una gran estrella en movimiento y produce un ruido. Cuando desciende y llega a la tierra se parece a un perro. Dondequiera que caiga se convierte en fuego encendido; parece una luz ardiente, como llamas que se encienden hacia el cielo...
>
> »El trueno resuena en el noroeste en un cielo sin nubes, y esto se llamaba el descenso del perro celestial...
>
> »Los perros celestiales viven en la cumbre de altas montañas... Su color se parece al del wan-i (dragón cocodrilo).»

Se menciona a los perros «como una especie de tejones que viven en las montañas, o como pájaros o plantas (el *ginseng*=mandrágora) o dragones». En Japón el perro celestial llegó a confundirse con el Tengu de nariz larga, y ambos se identificaban con el Garuda y con el Ganesha indios [401]. Es evidente por el testimonio del *Dresden Codex* que el perro trueno se añadió junto con el dios de cabeza de elefante indio al «museo mitológico» americano. De hecho, en los códices mayas, el perro *(pek)* «es», como observa Brinton, «más llamativo». Está relacionado con el signo para noche, con el dios de la muerte y con la tormenta y el rayo. Brinton escribe:

> «El Dr. Schellhas y el Dr. Seler le consideran (al perro) un símbolo del rayo. Pero yo estoy convencido de que, aunque no está desconectado de él, el perro representa fundamentalmente alguna estrella o constelación. De cuando en cuando él está moteado con manchas

---

[401] De Visser sobre «The Tengu», en *Transactions of the Asiatic Society of Japan*, vol. XXXVI, Parte II, págs. 25 y sigs.

que representan estrellas... Su cuerpo tiene forma humana a menudo, llevando una antorcha en cada mano (*Dresden Codex*, pág. 39)... En la pág. 40 del *Codex Dresden* él cae del cielo..., toca el tambor mágico (*Cod. Tro.*, pág. 20) y está relacionado con las lluvias.» [402]

El parecido con el perro celestial chino es indudablemente muy cercano.

La serpiente de cabeza humana o de cabeza de serpiente es otra forma de la «serpiente con plumas» (una combinación del pájaro de trueno —Garuda— o dios del trueno —con nariz larga o trompa de elefante— con el naga). Esta unión tuvo lugar en la India. Los budistas del Norte «declaraban que tanto los nagas como los garudas, figuras poderosas del mundo hindú de los dioses y demonios, eran sirvientes obedientes de los budas... De la misma manera el Budismo del Norte adoptó a los dioses de los países donde se introdujo él mismo y les hizo protectores de su doctirna en vez de sus antagonistas» [403]. En China el dios del trueno y el dios del agua combinados se representan por el dragón alado, como lo está en América por la serpiente emplumada y la serpiente de cabeza de elefante. En la India el elefante era un «naga», como ya se ha mostrado. «Cada fase posible de la antigua historia de la historia del dragón y todos los ingredientes que en el Viejo Mundo fueron a hacerla —comenta Elliot Smith— ha sido conservada en cuadros y leyendas americanas en una variedad de formas desconcertante y con una exuberancia soprendente de simbolismo y variedad pintoresca complicados.» [404] El dios de la lluvia es algunas veces el asesino del dragón, otras veces el dragón es su «vehículo», como el *makara* del dios indio Visnú, y otras veces el dios y el dragón son uno. Entre los mayas el elefante y el tiburón eran formas del *makara,* o dragón de mar, como en China y Polinesia. Como controlador de los puntos cardinales, el chac maya y el Tlaloc mejicano tienen cuatro formas, como se ha indicado. En Egipto los cuatro Horus que soportaban el cielo en los cuatro puntos eran representados algunas veces por sus símbolos. El hacha de

---

[402] *Mayan Hieroglyphics*, págs. 71-72.
[403] De Visser, *The Dragon in China and Japan*, pág. 7.
[404] *The Evolution of the Dragon*, págs. 87-88.

Tlaloc representa un papel parecido en América. Seler se refiere a un hacha simbólica con «borde afilado hacia arriba y sobre él el sol, del cual fluye una corriente de sangre hacia abajo y a lo largo del mango del hacha y lleva en el centro un corazón humano maloliente atravesado por un dardo. El hacha con su lado cortante vuelto hacia arriba recuerda —añade— a la saga mixteca del hacha de cobre sobre la montaña de Apoala, sobre cuyo filo descansa el cielo» [405]. Tlaloc soporta no sólo los cuatro puntos cardinales, sino que figura en el quinto punto, que es el centro «desde arriba hacia abajo» [406]. Había también cuatro «habitaciones» Tlaloc en el centro de un gran patio en el cual había cuatro vasijas de agua [407].

> «El primer agua es muy bueno, y de él procede la lluvia cuando se desarrollan las espigas del maíz y los frutos del campo, y cuando la lluvia viene en la época correcta. El segundo agua es malo cuando llueve, y con la lluvia sobre las espigas de maíz crecen telarañas (hongo tizón) y se ponen negras. El tercer agua es cuando las espigas de maíz tiran los granos y se marchitan. La descripción de las varias clases de agua corresponde... a los cuatro puntos cardinales de los cielos: Este, Oeste, Norte, Sur.»

Los nagas de los budistas envían asimismo lluvia buena y mala.

> «Siempre que los hombres obedecen la ley y valoran a sus padres y apoyan y alimentan a los Shamans, los buenos naga-rajas son capaces de adquirir un poder creciente de manera que puedan causar que caiga una pequeña lluvia fertilizante, por la cual las cinco clases de grano son de color, aroma y sabor perfectos... Si, de lo contrario, los hombres desobedecen la ley... entonces el poder del dragón malvado se incrementa, y se dan los efectos opuestos exactamente; toda calamidad ocurre a los frutos de la tierra y a las vidas de los hombres.» [408]

Los nagas que perjudican las cosechas se mencionan en varios textos [409]. Las lluvias buenas «causan que todas las plantas y árbo-

---

[405] *Codex Vaticanus B*, pág. 27.
[406] *Ibíd.*, págs. 281-284.
[407] *Ibíd.*, págs. 295-296.
[408] *The Dragon in China and Japan*, pág. 23.
[409] *Ibíd.*, pág. 18.

les suban rápidamente y crezcan». Es interesante observar a este respecto que la lluvia buena «no procede de su cuerpo (el del naga) sino de su corazón»[410].

Los cuatro dragones mejicanos de los puntos cardinales se muestran en el *Codex Borgia*, 72 (*Codex Vaticanus B*, fig. 550) en sus habitaciones, que están dispuestas de tal manera que forman un símbolo de cruz gamada que gira, estando relacionada cada «habitación» con un punto cardinal controlador de estaciones.

En Méjico, al igual que en China, Japón y la India, los dragones se ajustaban para que reflejaran los fenómenos locales y estaban relacionados con la fauna y flora locales. El pavo americano parece haber ocupado el lugar del pavo real de la India como pájaro de la lluvia, y se simbolizaba como «agua joya» (lluvia buena y sangre de vida). Es de importancia especial, sin embargo, encontrar que el ciervo permaneció asociado al dador de lluvia en América. Tlaloc se representa en forma humana con un ciervo enfrente de él. Había también un dios ciervo del Este y un dios ciervo del Norte. El ciervo oriental era blanco y el del Norte era marrón. Según Seler el ciervo marrón del Norte significaba sequía (siendo el Norte en Méjico, igual que en China, el punto cardinal de la sequía). Piensa que el ciervo blanco, que está muerto, estaba relacionado con la espuma sobre las vasijas de incienso blanco y denotaban el fuego del incienso que significa «lleno de provisiones de comida» e indica el Este como «una región de fertilidad y aumento»[411]. Sin embargo, los dragones eran representados algunas veces con los cuernos de ciervo. Este rasgo es una característica del dragón de las rocas de Piasa, Illinois. Brinton menciona una «serpiente cornuda fabulosa» que era un famoso «remedio de guerra» y daba protección[412]. Creencias parecidas sobre cuernos del dragón existen en China.

Parece ser que la conexión arbitraria entre la serpiente de agua y el antílope, gacela y ciervo tuvieron lugar primero en el Sur de Babilonia. Ea, originalmente un dios río, estaba relacionado con

---

[410] *The Dragon in China and Japan*, pág. 24.
[411] *Codex Vaticanus B*, págs. 302-303.
[412] *The Myths of the New World*, pág. 136 y sigs.

la serpiente y posteriormente con el antílope, gacela y venado. Como se ha mostrado, los maruts de la India tenían carros tirados por ciervos. En China el dragón tenía cuernos de ciervo y algunas veces se le llamaba «el venado celestial»[413].

Como se muestra en una oración de Tlaloc, dada por Sahagún, se dirigían al dios como «dador y señor de verdor y frescura» que controlaba «a los dioses del agua, tus súbditos». La oración continúa:

> «Es lamentable ver, ¡oh, nuestro Señor! toda la cara de la tierra seca, que no puede producir las hierbas ni los árboles, ni nada que nos mantenga: la tierra que solía ser como un padre y una madre para nosotros, dándonos leche y todo alimento, hierbas y fruta que crecían allí. Ahora todo está seco, todo perdido; es evidente que los dioses Tlaloc se han llevado todo con ellos y lo han escondido en su retiro, que es su paraíso terrenal... Dad socorro, ¡oh, Señor!, a nuestro señor, el dios de la tierra, al menos con un chaparrón de agua, porque cuando él tiene agua crea y nos mantiene.»[414]

A Tlaloc se le llama «Señor de las cosas verdes y resinas, de las hierbas olorosas y virtuosas». En el texto de pirámide núm. 699 Osiris es «Señor de los campos verdes». Estaba identificado con las aguas, el suelo y la vegetación[415].

Según Camargo, Tlaloc era muy temido. «Quienquiera que se atreviera a blasfemar contra él se suponía que moría de repente o era golpeado por el trueno; el rayo, instrumento de su venganza, destellaba desde el cielo incluso en el momento de más claridad.»[416] El Zeus homérico y el Indra hindú golpean a sus enemigos de igual manera.

Perros y seres humanos eran sacrificados al dios, rompiendo y quemando sus corazones, mientras se hacía que el incienso oscureciera los rostros de ídolos.

Se sacrificaban niños a Tlaloc, algunos se masacraban y otros se ahogaban en el lago de Méjico. Los que se ahogaban se llama-

---

[413] De Groot, J. de Morgan, Sayce, etc., citados por Elliot Smith en *The Evolution of the Dragon*, págs. 130 y sigs.

[414] Bancroft, *The Pacific States*, vol. III, págs. 325 y sigs.

[415] Breasted, *Religion and Thought in Ancient Egypt*, págs. 22-23.

[416] *Ibíd.*, pág. 331.

ban *Epcoatl*. Si los niños lloraban, se tomaba como un signo de que caería la lluvia.

Una costumbre diabólica similar existe en Irlanda, donde se sacrificaban niños a Crom Cruach para que la gente pudiera asegurar las provisiones de «leche y grano».

Los niños ofrecidos a Tlaloc y a Chalchiuhtlicue eran «adornados con piedras preciosas y ricas plumas». Su sangre era «agua joya» y se suponía, como de otras víctimas, que revivían al dios y le ayudaban a proporcionar humedad que da vida.

Las imágenes de jadeíta de Tlaloc eran las más preferidas. En uno de los festivales del dios los sacerdotes y la gente entraban en un lago y comían serpientes de agua vivas y ranas. Chalchiuhtlicue era representada algunas veces como una rana y las ranas de jadeíta eran amuletos preferidos.

Las deidades del trueno de los diferentes pueblos americanos eran traedores de lluvia y estaban relacionados con el pájaro y la serpiente. Algunas veces los dragones asumían forma humana. Bancroft [417] hace referencia a un mito de Honduras que habla de una mujer blanca hermosa llamada Comizahual («tigresa voladora»), una hechicera famosa. Ella introdujo civilización y dio a luz a tres hijos que gobernaron su reino. Cuando llegó su hora ella pidió ser transportada a la parte más alta del palacio, «de donde desapareció de repente entre truenos y rayos». Esta es una típica historia china o japonesa sobre el dragón de la cual De Visser [418] da versiones.

Una famosa estatua de Tlaloc, conservada en el Museo Nacional (Méjico), le muestra como un dios con forma humana en actitud medio recostada, como si se hubiera despertado y estuviera a punto de levantarse. Él agarra una vasija de agua y una pequeña serpiente yace a su lado. Aparentemente él es aquí un *naga* con forma humana que almacena y controla el suministro de agua que da vida.

Como Indra, Tlaloc tenía su propio paraíso particular. Se llamaba Tlalocan y era la fuente de ríos que alimentaban la tierra. Prevalecía un verano eterno y todas las cosechas y frutos eran de una abundancia tan grande como en el paraíso del Osiris egipcio.

---

[417] *The Pacific States*, vol. III, pág 485.
[418] *The Dragon in China and Japan.*

Tlalocan estaba reservado especialmente para «aquellos que habían sido matados por el rayo, los ahogados, aquellos que sufrían picor, gota, tumores, hidropesía, lepra y otras enfermedades incurables. Los niños también jugaban en sus jardines, al menos aquellos que eran sacrificados a los Tlalocs, y una vez al año descendían entre los vivos de una forma invisible para unirse a sus festivales» [419]. Este paraíso estaba situado, por supuesto, en el Este. El intérprete del *Codex Vaticanus,* al tratar de *Chalmecaciuatl* («paraíso de los niños»), dice: «Este era el lugar... al cual iban las almas de los niños que habían muerto antes del uso de razón. Ellos inventaron la existencia de un árbol del cual destilaban leche donde eran llevados todos los niños que morían en esa edad. También pensaban que los niños tenían que regresar de allí y repoblar el mundo después de la tercera destrucción que se suponía que se iba a sufrir, porque creen que el mundo ha sido destruido dos veces... *Chichiualquauitl* significa el árbol de leche que alimenta a los niños que mueren antes de llegar al uso de razón.» [420]

Clavigero describe un segundo paraíso llamado «Casa del Sol», que se parece al paraíso del culto solar de Egipto. Estaba reservado para soldados que morían en batalla o en cautividad y para mujeres que morían de sobreparto. «Cada día, en la primera aparición de los rayos de sol, ellos aclamaban su nacimiento con celebraciones y con bailes, y la música de instrumentos y voces... Estos espíritus, después de cuatro años de vida gloriosa, iban a animar a las nubes y a los pájaros de hermosas plumas y de canto dulce, pero siempre eran libres de subir de nuevo al cielo o de descender a la tierra a trinar y succionar las flores de miel.» La miel y la lluvia (de las nubes) eran por tanto los elixires para las almas. La lluvia se producía por el derramamiento de sangre humana.

Un tercer paraíso asignado a las almas era Mictland, un lugar de oscuridad absoluta como el Mundo de los Muertos babilonio. Este paraíso estaba en el Norte.

---

[419] Bancroft, *The Pacific States,* vol. III, págs. 523-524.
[420] Kingsborough, *Antiquities of Mexico,* vol. VI (traducción de la explicación de las pinturas mejicanas del *Codex Vaticanus A),* lámina V, pág. 171.

Capítulo XV

MISIONEROS BLANCOS
Y DIOSES BLANCOS

Los españoles como «dioses blancos».—Mejicanos y profecía antigua.—Rey
español como Quetzalcoatl.—Quetzalcoatl como misionero.—Expulsión del rey
misionero.—Quetzalcoatl como Buda.—Origen de Quetzalcoatl.—Los toltecas.—
Quetzalcoatl como dios estrella del Este.—Como dios del Oeste.—Como dios del
viento.—Como creador.—Como dragón serpiente emplumada.—Leyendas de
navegantes que llegaron a América.—Votan, dios y misionero.—El misionero
oajacan.—El misionero zapoteca.—Gucumatz, Kukulcan e Itzamna.—Héroes y
dioses culturales sudamericanos.—Extranjeros blancos y misioneros budistas.

Cuando Cortés, el conquistador español de Méjico, avanza-
ba con su ejército, pequeño pero relativamente poderoso,
desde Veracruz hacia la capital de los aztecas, Moctezuma
y sus súbditos se perturbaron mucho porque les parecía que estaba a punto de cumplirse una antigua profecía y que estaba próxi-
ma la caída del Imperio Azteca. Para ellos los españoles eran «dioses blancos», o en todo caso «hombres blancos del Este», y se
recordó que su dios héroe o dios cultural, Quetzalcoatl, que había
vivido durante un tiempo entre los hombres, había partido hacia
el Este y había salido al mar desde Veracruz. Cuando dejó a sus
discípulos, Quetzalcoatl les dijo «que seguramente vendrían a ellos
en la posteridad, por el camino del mar donde sale el sol, ciertos
hombres blancos con barbas blancas, como él, y que éstos serían
sus hermanos y gobernarían la tierra». Se dice que los mejicanos
han esperado tiempo la llegada de estos extraños.

Moctezuma consultó a los astrólogos sacerdotales cuando oyó
hablar del desembarco de Cortés y recibió poco consuelo de ellos.

Ciertos sucesos y signos extraordinarios habían atraído su atención durante algún tiempo. En 1510, nueve años antes de que Cortés saliera como capitán general de la expedición, el lago de Tezcuco había rebosado sus orillas y devastado parte de la ciudad de Méjico. Un misterioso fuego empezó en el templo principal al año siguiente. Luego, no menos de tres cometas aparecieron en el cielo, y, poco antes de que desembarcaran los españoles, una extraña pirámide de luz apareció en el cielo oriental que «parecía muy salpicada de estrellas» (un fenómeno causado probablemente por la erupción de un volcán). Al mismo tiempo circulaban historias sobre voces y gemidos que llenaban el aire, presagiando calamidades que se acercaban. Algunos incluso decían o creían que la hermana de Moctezuma, cuatro días después de su entierro, había salido de su tumba para advertir al monarca de que su imperio pronto iba a caer en la ruina. Por tanto no sorprende leer que Moctezuma y sus consejeros hubieran estado tan agitados cuando hicieron su aparición los españoles, algunos de ellos montados en caballos, que parecían dioses dragones, y equipados con armas que destellaban como el relámpago y rugían como el trueno.

El monarca azteca, siendo fatalista, se mantuvo en un estado de mente indeciso hasta que los españoles hubieran llegado a su capital. Al principio él intentó por todos los medios convencerles de que abandonaran la costa enviándoles regalos de oro y gemas, incluyendo las grandes ruedas de oro y plata mencionadas en mi primer capítulo. Él hizo muestra de resistencia, que fue reducida rápidamente.

Los españoles habían sido combatidos por los tlascaltecas, quienes fueron vencidos por la fuerza después se aterrorizarse por el bombardeo de la artillería. Luego, los tlascaltecas hicieron las paces con los invasores y se convirtieron en sus aliados. Moctezuma tenía bloqueado el camino directo hacia su capital, pero los obstáculos fueron salvados por Cortés, a quien posteriormente permitieron continuar su marcha libre de molestias y entrar en la capital. Los españoles parecían ser en realidad «los hombres del destino» cuya llegada había predicho Quetzalcoatl. Era inútil, pensó Moctezuma, intentar resistirse a ellos.

EL DIOS DE LA LLUVIA Y EL MITO DEL DRAGÓN

(Dresden Codex)

Los números se refieren al orden en el que se describen los cuadros en el texto
(págs. 263-264)

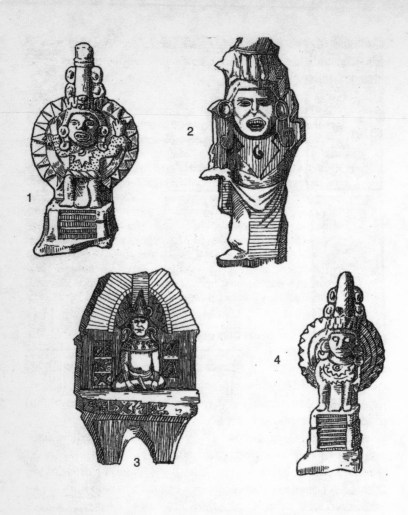

FIGURAS DE QUETZALCOATL QUE MUESTRAN INFLUENCIA BUDISTA

1.—Quetzalcoatl representando a Xipe Totec, de la pirámide de San Dieguito, cerca de Tezcoco. 2.—Quetzalcoatl parecido a una imagen budista china. 3.—Quetzalcoatl que parece una figura budista en el Museo Trocadéro, París. 4.—Esfinge de Quetzalcoatl de la misma localidad que el núm. 1. Una caracterísca de todas las imágenes son los tapones para los oídos en forma de gancho que tienen un significado solar. Los núms. 1 y 4 tienen serpientes enroscadas sobre las pelucas y adornos sobre el pecho «en forma de estrella de mar». En el pecho del núm. 2 está el símbolo «de concha cortada» llamado en Japón el «maga-tama».

Cuando Cortés fue recibido en audiencia por Moctezuma, ese monarca confesó que sus antepasados no eran los dueños originales de Méjico [421].

> «Ellos lo habían ocupado, pero por poco tiempo, y habían sido guiados allí por un gran ser, quien, después de darles leyes y gobernar la nación durante un tiempo, se había retirado a las regiones donde sale el sol. Él había declarado al partir que él o sus descendientes les visitarían de nuevo y recobrarían su Imperio. Las maravillosas hazañas de los españoles, su tez blanca y el punto cardinal del que venían, todo mostraba que ellos eran sus descendientes. Si Moctezuma había resistido su visita a su capital fue por las versiones que había oído de sus crueldades (que ellos enviaban su rayo, que reducía a cenizas a su pueblo, o los hacían pedazos bajo las patas de los animales feroces sobre los que montaban). Estaba convencido de que estos eran cuentos vanos; que los españoles eran amables y generosos por naturaleza; ellos eran mortales, en realidad de una raza diferente a los aztecas, más sabios y más valientes (y por eso les honraba).»

Lágrimas salían de los ojos del monarca cuando hablaba. «Es cierto —dijo—, tengo un gran imperio heredado de mis antepasados: tierras y oro y plata. Pero tu soberano de más allá de las aguas es, lo sé, el legítimo señor de todo. Yo gobierno en su nombre.» [422] Para Moctezuma el rey de España era el representante viviente de Quetzalcoatl.

Ahora bien, Quetzalcoatl, el «gran ser» al que alude Moctezuma, llega ante nosotros para considerarlo en tres aspectos: 1) como hombre, 2) como dios cultural y 3) como un dios dragón de carácter complejo. Parecería representar un pueblo intruso que contribuyó a las complejidades culturales de la América precolombina, y no solamente los artesanos y sacerdotes de ese pueblo, sino también el dios o dioses que habían importado de su zona de origen. Antes de que los intrusos llegaran a Méjico, sus creencias eran de un carácter muy complejo. Sus sacerdotes rey, que eran llamados quetzalcoatls, es decir «serpientes emplumadas» o «ser-

---

[421] Quizá él no deseaba que se culpara a los aztecas de haber expulsado a Quetzalcoatl.

[422] Prescott, *History of the Conquest of Mexico*, Libro III, cap. IX.

pientes pájaro», eran también, como los emperadores de China, «Hijos del Cielo» (es decir formas humanas del dios dragón alado de su religión). Una diferencia importante entre el culto Quetzalcoatl y los otros cultos de los americanos precolombinos era su rechazo a la guerra y al sacrificio humano. Según las leyendas aztecas, Quetzalcoatl fue expulsado finalmente de la meseta mejicana, pero, antes de abandonar, predijo, como se ha indicado, que él o sus descendientes volverían de nuevo.

El Quetzalcoatl humano, cuenta Torquemada, se decía que era un hombre alto, blanco, de cuerpo largo, de cejas anchas, ojos grandes con pelo negro largo y barba abundante. Algunos dicen que su cara era roja y que llevaba puesta una toga larga blanca o una toga negra, adornada con cruces. Tenía fama de haber introducido el calendario y de haber enseñado la agricultura a la gente, el arte de gobernar, cortar la piedra, grabar, el oficio de engastar piedras preciosas y el oficio de platero, etc. Él mismo vivía una vida casta, era dado a la práctica de la penitencia y a extraer sangre de las orejas y de debajo de la lengua por las cosas pecaminosas que había oído y pronunciado. Se abstenía de bebidas alcohólicas y era célibe. Afable y dulce, odiaba la guerra y la violencia, y, en vez de ofrecer en sacrificio animales o seres humanos, daba a los dioses ofrendas de pan, rosas y otras flores, y perfumes e incienso. Él enseñó virtud e impuso leyes que promocionaron el comercio y la paz.

En Tula, donde reinó Quetzalcoatl como sacerdote rey, crecía el maíz y cultivaban árboles frutales en gran abundancia. Se producía algodón de varios colores. En los bosques había muchos pájaros de rico plumaje que cantaban dulcemente. «Este Quetzalcoatl tenía todas las riquezas del mundo, de oro y plata, de piedras verdes llamadas *chalchiuites (chalchiuitls)* y de otras cosas preciosas y una gran abundancia de cocoteros de diversos colores.» [423] Reinó durante veinte años y cuando, al final, fue obligado a retirarse hacia el Este por sus enemigos, tiró piedras preciosas a un árbol que fue recordado y venerado como «el árbol del anciano». Cuando llegó a una montaña cerca de la ciudad de Tla-

---

[423] Bancroft, *The Pacific States*, vol. III, pág. 241.

nepantla, a dos leguas de la ciudad de Méjico, se sentó en una piedra y lloró. Dejó la marca de su mano en la piedra y el lugar se llamó Temacpalco, que significa «en la palma de la mano». En otro lugar «levantó y equilibró una gran piedra para que uno solo pudiera moverla con el dedo meñique; sin embargo, una multitud no podía desplazarla». Según una versión, salió al mar en una balsa de serpientes, que puede referirse a un «barco dragón» o «barco serpiente», ya que así llamaban a los barcos esos navegantes tan alejados como los de China y Noruega. Otra versión, dada por Mendieta, dice que Quetzalcoatl murió al llegar a orillas del mar y que sus discípulos quemaron su cuerpo; así inauguraron la costumbre de la cremación. Se supuso que el corazón de Quetzalcoatl había ascendido desde la pira y se había convertido en lucero del alba. Esa es la razón por la que los mejicanos le llamaban «Señor de la Aurora».

Puede ser que el culto de Quetzalcoatl fuera de origen budista. Una representación interesante de él, conservada en el Departamento Etnográfico del Museo Trocadéro, París, le revela de hecho como un Buda sentado con las piernas cruzadas en una postura casi hindú, con la mirada baja, rostro tranquilo y brazos colgando flojos, como si estuviera dedicado a la meditación. Se pueden ver todavía brahmanes piadosos en esta postura en las orillas del Ganges, meditando sobre el alma suprema, Brahma, ajenos a todo lo que está sucediendo a su alrededor.

Aunque algunos americanistas consideran «absurda» la opinión de que hay rastro de influencia budista en el culto y leyendas de Quetzalcoatl, el testimonio de esta reliquia de arte pequeño no se puede ignorar, especialmente porque otra imagen de Quetzalcoatl tiene un parecido importante con el arte budista chino de imágenes de arcilla y tiene el símbolo «magatama» (el símbolo «concha cortada» de los americanistas) sobre la prenda del pecho. En China, el «magatama» blanco era un símbolo del *Yang* y el «magatama» negro del *Yin*.

Hay varias leyendas mejicanas sobre el origen de Quetzalcoatl. Una es que tenía una madre virgen; otra le hace el hijo de Iztacmixcoatl, el patriarca mejicano, con su segunda esposa Chimamatl; otra le hace un príncipe culhuacan que predicaba una reli gión nueva, proscribiendo la guerra y sacrificios humanos y fomentando la penitencia. Uno de los intérpretes de los códices dice que él fue creado por Tonacatecotle (dios del cielo), que también se llamaba Citinatonali, «no por relación con la mujer, sino por su único aliento...». «Citinatonali envió a su hijo al mundo para reformarlo». Quetzalcoatl estaba relacionado normalmente con el culto o pueblo preazteca llamado Tolteca. Los toltecas se suponían que habían venido de Hue-hue-tlapallan («Tierra Roja Antigua») en el Norte y se habían asentado en Tula, donde se dice que Quetzalcoatl había reinado como sacerdote rey.

En la época de la conquista española se suponía que Tlapallan iba a estar en alguna zona en la dirección de Honduras, en el país maya. Había también un Tlapallan-conco («Pequeño Tlapallan»), que fue fundado por toltecas del «Antiguo Tlapallan». Puede ser que en el mito de Quetzalcoatl hayamos insertado leyendas sobre un dios que vino del Este y regresó al Este en la mitología del Antiguo Tlapallan, y que no tuvo su origen en América necesariamente, aunque a la larga se estableció allí e estuvo influenciado por tradiciones de migraciones raciales americanas.

Cuando los hermanos Pandava del *Mahabharata* salieron a caminar hacia el paraíso, primero fueron hacia el Este hasta que llegaron al mítico «Mar Rojo»; luego giraron hacia el Sur y desde el Sur fueron camino del Oeste al paraíso del Norte. El «Antiguo Tlapallan» del Norte pudo haber sido simplemente un lugar mítico como el Aztlan, la patria de los aztecas.

Según uno de los mitos de la expulsión ya mencionados, Quetzalcoatl se convirtió en un dios después de ser quemado. Se suponía que había sido invisible durante cuatro días y había habitado en el mundo de los muertos durante ocho días antes de que apareciera como el lucero del alba.

Los monjes españoles creían que Quetzalcoatl no era otro que Santo Tomás, que había cruzado el Atlántico para predicar el cristianismo. Esta teoría explicaba, para satisfacción de muchos de la época, por qué la cruz (originalmente el símbolo de los cuatro puntos cardinales) estaba tan relacionada con Quetzalcoatl.

Como un dios, Quetzalcoatl era de carácter complejo. En primer lugar, estaba relacionado tanto con el Este como con el Oeste, un hecho que sugiere que la antigua controversia sobre la importancia de estos puntos cardinales había sido introducida en América por el culto Quetzalcoatl. En China había un paraíso del Oeste en el que crecía el Melocotonero de la Vida, y el paraíso del Este de las islas de los Benditos; en la India, remontados a tiempos védicos, el culto del Oeste estaba representado por Varuna y el del Este por Indra. Los budistas adoptaron la idea de un paraíso del Oeste, y el culto Amida creía en «el Gran Buda de las Regiones del Oeste». Otros budistas buscaban consuelo en las «Islas de los Benditos» del Este. En el Antiguo Egipto Osiris, «el Primero de los Habitantes del Oeste», representaba un culto contrario a Ra, el dios sol de los habitantes del Este y la rivalidad de los dos cultos está conservado en un texto de pirámide en que «se ordena al muerto que vaya al Oeste en preferencia al Este» [424]. Los paraísos varios de la India y América precolombina parecen representar cultos rivales que han sido fusionados por sacerdotes que especulan por propósitos políticos.

Como un dios del Este, Quetzalcoatl estaba identificado, como se ha observado, con el lucero del alba. En los mitos él procede del Este y parte hacia el Este. Bajo el signo *ce cipactli* («un cocodrilo») se muestra en los códices con un sombrero en forma de cono huaxteca, y situado sobre la superficie del agua como gobernante del Este; también se le muestra en el Este bajo el signo *eecatl* («viento») [425].

Como dios del Oeste, «la región de agua abundante», Quetzalcoatl es algunas veces un dios del viento y otras veces un dios de la lluvia y el trueno, que lleva una cadena de joyas *chalchiuitl*, y sopla fuego de su boca ante un vasija de fuego sobre la cual hay una bola de caucho y una serpiente enroscada» [426].

Aunque mostrado como un dios, sin embargo su carácter sacerdotal siempre «está aferrado a él», según observa Seler. Tenía fama de ser el que introdujo los «ejercicios de penitencia y mortifica-

---

[424] Breasted, *Development of Religion and Thought in Ancient Egypt*, págs. 99 y sigs.; *Chinese Myth and Legend*, págs. 60-61.
[425] *Codex Vaticanus B*, págs. 7, 87 y 286.
[426] *Ibíd.*, págs. 202, 243 y 297.

ciones, de la sangría y de la ofrenda de la sangre de uno mismo»
cuando era señor y rey de los toltecas. Por sus oraciones y prácticas él «aseguró a su pueblo la lluvia necesaria para el crecimiento
de sus cosechas», como hacían los adoradores budistas de los nagas
y dragones en la India, China y Japón. Era asimismo, como dios
del viento, «el precursor y barredor del dios de la lluvia» [427]. En
la India el dios de la lluvia Indra absorbió los atributos del dios
del viento Vayu.

Quetzalcoatl era adorado también como creador, el dador del
aliento vida. En realidad él era el dios del viento, del fuego y de
la lluvia, y Tlaloc no era más que una forma de él. La explicación
podría ser, como se supone, que el sacerdote y penitente, Quetzalcoatl, ocupó el lugar de todas las deidades adoradas por su culto.
Era, por tanto, como «la serpiente emplumada», el Garuda y naga
combinados, el dragón alado, una personificación del dios dragón
complejo. Siendo un naga, él era un dador de niños y le rezaban
las mujeres estériles, como con los dioses naga en la India hasta
hoy. «Quetzalcoatl —dice Seler—, cuyo nombre significa apro-
piadamente quetzal —serpiente emplumada— podría traducirse
también como «los gemelos suntuosos». Su despliegue es llevado por Xolotl, «el dios de los gemelos» [428].

El pájaro quetzal, con el que está relacionado el dios, pertenece a la familia Trogon. Tiene aproximadamente el tamaño de la
urraca, y el macho tiene las plumas de la cola magníficamente curvadas de color esmeralda, de unos tres pies de longitud. Un trogon es un escalador con patas que agarran, y a primera vista parece un pájaro carpintero. Se alimenta de fruta. Quetzalcoatl cultivaba
árboles frutales en Tula, y estos árboles, sin duda, atraían a los
quetzales, que pueden haber sido pájaros de oráculo. Su relación
con serpientes es bastante arbitraria. Según Seler, las plumas de
la cola del pájaro macho denotan suntuosidad, abundancia de agua
y vegetación, y un niño [429].

---

[427] *Codex Vaticanus B*, págs. 136 y sigs.
[428] *Ibíd.*, págs. 220 y 270.
[429] *Codex Vaticanus B*, págs. 23, 116 y 135.

Otro pájaro con el que estaba relacionado Quetzalcoatl era con uno que pensaba Acosta que se parecía al gorrión. En América, el «gorrión» nativo es realmente un tomaguín, y una variedad de éste se encuentra muy al Norte, hasta Alaska. En China, el gorrión verde es un mensajero del mundo sobrenatural y predice la «buena suerte», o la llegada de la diosa del Oeste, en cuyo paraíso-jardín anida y se alimenta. Gorriones, tomaguines, pardillos, etc., se supone que predicen la lluvia cuando gorjean con una fuerza y clamor poco corrientes. En la India los pájaros pequeños simbolizan la fecundidad.

Las imágenes y cuadros de Quetzalcoatl son numerosos y variados. Se muestra en forma humana como guerrero que lleva escudo agarrando un rayo, como un dios con pico de pájaro que sobresale, como un dios sacerdote realizando penitencia, como un animal con cabeza humana como una esfinge, como un hombre desnudo, como un hombre con pechos prominentes como el dios del Nilo Hapi, y con frecuencia, cuando se muestra en forma humana, tiene tapones de oreja prominentes y discos solares de oreja. De especial interés es el hecho de que lleva invariablemente atuendo huaxteca. La opinión de Seler a este respecto es que Quetzalcoatl «era tenido como señor y príncipe de los primeros habitantes de la tierra, es decir, desde el punto de vista mejicano, de los primeros emigrantes. Y, según una creencia extendida, esta primera migración siguió la ruta a través del territorio huaxteca». Seler cita el siguiente himno mejicano significativo:

> Y donde con barcos desembarcaron...
> Eso se llamó Panutla («donde ellos cruzan el agua»),
> que ahora se llama Pantla.
> Luego siguieron la costa,
> Ellos contemplaron las montañas, especialmente Sierra Nevada
> y el volcán (Popocatepetl),
> Y llegaron, todavía siguiendo la costa, a Guatemala,
> A partir de entonces vinieron y llegaron
> Al lugar llamado Tamoanchan («buscamos nuestro hogar»),
> Y allí permanecieron mucho tiempo [430].

---

[430] *Codex Vaticanus B*, págs. 141-142.

Seler identifica Panutla (Pantla) con el actual Pànuco en territorio huaxteca, y escribe:

> «Las zonas habitadas por los pueblos huaxtecas (Tuxpan y Papantla, y las tierras costeras limítrofes, la tierra de los totonacas y de la Omeca Uixtotin) eran la sede de una cultura muy antigua y muy desarrollada, y desde los primeros tiempos mantuvo unas relaciones activas con los mejicanos de la meseta central. Los mejicanos llamaban también a los huaxtecas Toueyô, que en su capítulo etnográfico Sahagún explica con el término *touampô*, "nuestro próximo", "nuestro vecino". Pero en realidad *toueyô* significa "nuestro mayor", probablemente en el sentido de "nuestro hermano mayor", y traducido por Molina como "desconocido", "extranjero" *(advenedizo estrangero)*, solamente porque aquellos designados por este término pertenecían a una población extranjera de habla diferente.» [431]

¿De dónde procedían los extranjeros tan cultos cuya civilización está representada por Quetzalcoatl? Sin duda eran marineros que se asentaron en las costas e introdujeron las creencias del dragón iguales que las que se encuentran en la India, China y Japón; introdujeron varias artes y oficios, y leyes bien definidas, y sus sacerdotes Quetzalcoatl eran penitentes dados a la propia mortificación como los brahmanes indios; ellos odiaban la guerra y la violencia y en vez de sacrificar animales hacían ofrendas de flores, joyas, etc., a sus deidades. Que ellos vinieran bajo influencia hindú o budista, como hizo parte del pueblo chino, es una opinión que no se puede descartar a la ligera, excepto por aquellos que se aferran a creer en la generación espontánea de los mismos grupos de creencias y prácticas muy complejas en diferentes partes del mundo.

Como los misioneros budistas, los discípulos de Quetzalcoatl, el dios sacerdote tolteca, «salió por orden de su maestro a predicar sus doctrinas». Ellos encontraron varios centros de adoración en Oajaca. En Achiuhtla, el centro de la religión mixteca, había una cueva con ídolos en la que se realizaban ceremonias religiosas [432].

---

[431] *Codex Vaticanus B*, págs. 142-143.
[432] El clero budista prefería con mucho las cuevas en las que meditaba y realizaba ceremonias.

«Un gran *chalchiuitl* transparente, enroscado por una serpiente cuya cabeza señalaba hacia un pequeño pájaro», era una reliquia sagrada especialmente, que era adorada como «el corazón del pueblo». Se suponía que la reliquia soportaba a la tierra, según Burgoa. Quetzalcoatl era representado como un Atlas en Méjico [433]. El simbolismo del «corazón» se encuentra con el budismo japonés. «La esencia del Zenshuismo —escribe el profesor Arthur Lloyd— es el "Corazón de Buda". Pero qué es ese "corazón" no se puede decir exactamente.» [434]

La serpiente joya de la cueva la han vinculado no pocos americanistas con Votan, «el corazón», un dios maya. Como hemos visto, la joya *chalchiuitl* era considerada, como el escarabajo verde de Egipto, el corazón: la sede de la vida, y se colocaba en las bocas de los muertos mejicanos como el amuleto de la lengua de jade en China. Contenía «sustancia de vida» (*yang*).

Votan era, como Quetzalcoatl, «el primer historiador de su pueblo y escribió un libro sobre el origen de la raza, en el que él mismo se declara una serpiente, un descendiente de Imos, de la linea de Chan, de la raza de Chivim». Por desgracia el libro fue quemado por los españoles, pero se han conservado extractos de él. Según Brasseur de Bourbourg (*Popol Vuh*, pág. 109) «Chan» significa «serpiente» y aplicado a los colhuas, chancs o quinames. Cabrera creía que «Chivim» se refería a Tripoli y que es lo mismo que Hivim o Givim, la palabra fenicia para serpiente, que de nuevo alude a hivitas, los descendientes de Heth, hijo de Canaán. La expresión de Votan, como se da en su libro: «Soy una serpiente, un Chivim», significa: «Soy un hivita de Tripoli» [435].

Ante cualquier cosa que se pueda pensar de esta opinión, surge el hecho interesante de que había una pueblo serpiente en América como había y hay pueblos naga en la India.

Los pueblos Votan eran marineros que se asentaron en varias islas y uno de los pueblos con quienes se mezclaron los llamaban tzequiles («hombres con enaguas») porque llevaban largas togas.

[433] *Codex Vaticanus B*, pág. 93.
[434] *The Formative Elements of Japanese Buddhism* (*Transactions of the Asiatic Society of Japan*), vol. XXXV, parte II, pág. 218.
[435] Bancroft, *The Pacific States*, vol. III, págs. 451-452 y nota 54.

Se dice que Votan había regresado a Palenque, donde encontró que «habían llegado varios más de los nativos; a éstos los reconoció como "Serpientes" y les favoreció mucho.»[436]

Una tradición entre los oajacanos hablaba de la llegada del sudoeste por mar de «un anciano blanco con pelo largo y barba», quien predicaba a la gente. «Él vivía una vida estricta, pasando la mayor parte de la noche en una postura arrodillada y comiendo poco. Desapareció poco después de una manera tan misteriosa como había venido.» Dejó una cruz como recuerdo de su visita.

Un personaje similar, si no es el mismo, a quien los zapotecas llamaban Wixepecocha y que llegó por mar desde el sudoeste, era célibe. Pedía arrepentimiento y expiación. Perseguido y conducido de provincia en provincia, encontró refugio en la cumbre del monte Cempoaltepec, desvaneciéndose como una sombra y «dejando solamente la marca de sus pies sobre la roca» ¡Un toque bastante budista![437] Se suponía que Votan había vaciado en una roca su templo cueva soplando su aliento[438]. Hay también referencias a él entrando en el Mundo de los Muertos a través de un pasaje subterráneo (uno de los pasajes tan familiares en las mitologías del Viejo Mundo).

Otras «serpientes emplumadas» o «serpientes pájaro» eran Gucumatz y Kukulcan. Gucumatz era un gobernante y dios del imperio Quiche-Cakchiquel en Guatemala, que «era, a la llegada de los españoles —dice Bancroft— el más poderoso y famoso de Norteamérica, a excepción del de los aztecas de Anáhuac, con el cual nunco llegó a tener un contacto directo, aunque la fama de cada uno de ellos bien la conocía el otro y mantuvieron relaciones comerciales casi constantemente. El imperio del Sur... tenía tres siglos de antigüedad aproximadamente en el siglo XVI»[439].

---

[436] Bancroft, *op. cit.*, vol. III, págs. 452-453.

[437] *Ibíd.*, págs. 454-455. El Buda sobrenatural, que medía 16 pies de altura, dejó las marcas de sus pies en Japón sobre una gran piedra «enfrente del Templo Zojoji en el Parque Shiba», en *Transactions of the Asiatic Society of Japan*, vol. XXXV, parte II, pág. 236.

[438] Brinton, *Myths of the New World*, pág. 324.

[439] Bancroft, *The Pacific States*, vol. V, págs. 540-541.

El monarca llamado Gucumatz era capaz de transformarse como Indra y Odin, y como ellos, y el rey egipcio Rhampsinitus, mencionado por Herodoto, visitaba las regiones más bajas.

> «En siete días subió a los cielos (ascendió las alturas de la montaña) y en siete días descendió a la región de Xibalba (el Mundo de los Muertos). En siete días tomó la naturaleza y forma de una serpiente, y de nuevo de un águila y de un tigre, y en siete días se transformó en sangre coagulada.» [440]

El dios Gucumatz era un dios cultural como el Ea babilonio. Estaba estrechamente relacionado con Hurakan, dios de la tempestad, el trueno, la lluvia y el cielo, quien tenía el título significativo de «Corazón del Cielo»; él era también «las entrañas del Cielo» y «las Entrañas de la Tierra» y el dios de los «cuatro extremos del cielo» (los cuatro puntos cardinales).

En el *Popol Vuh,* el libro sagrado de los quiches, Gucumatz tiene tres manisfestaciones, como tiene Hurakan, quien se representa por: 1) el trueno, 2) el relámpago y 3) el rayo, o 1) el destello del relámpago, 2) su curso y 3) el rayo. En la versión de la creación del *Popol Vuh* se dice:

> «Al principio había tranquilidad y oscuridad en las sombras, en la noche. Sólo estaba el Creador, el Primero, el Dominador, la Serpiente cubierta de plumas. Aquellos que fertilizaban, aquellos que daban vida, están sobre el agua como una luz que está creciendo. Ellos están envueltos en verde y azul *(de vert et d'azur);* De ahí que su nombre sea Gucumatz.»

Una nota a pie de página explica: «Gucumatz es una serpiente cubierta de verde y azul... Ellos también se llaman por este nombre porque están envueltos, emsombrecidos de verde y azul.» [441]
Un templo oráculo era una piedra pulida por la cual los dioses hacían conocer su voluntad. Quetzalcoatl se representaba, de

---

[440] Bancroft, *The Pacific States*, vol. V, pág. 581.
[441] Abbé Brasseur, *Popol Vuh, Le Livre sacré et les Mythes de l'Antiquité Américaine*, 1861.

igual manera, por medio de una piedra de pedernal, una piedra negra o por piedras verdes (jadeíta).

El Kukulcan de los mayas, que está vinculado con Quetzalcoatl en Cholula, Gucumatz en Guatemala y Votan en Chiapas, se suponía que procedía del Oeste y fundó o volvió a fundar la ciudad de Mayapan. Tenía diecinueve seguidores, «todos con barbas largas y vestidos con togas largas y sandalias, pero con la cabeza descubierta». Introdujo los ritos de la confesión y modificó las creencias religiosas existentes. Según Herrera, tenía dos hermanos y todos eran célibes.

Otro héroe cultural maya era Zamna o Itzamna, un sacerdote y dador de leyes, que vino del Oeste acompañado de sacerdotes, artesanos e incluso guerreros; él inventó los jeroglíficos. Se parecía mucho a Votan.

Bancroft presta atención al interesante hecho de que todos los héroes culturales americanos presentan las mismas características generales:

> «Todos están descritos como hombres blancos, con barba, generalmente vestidos con togas largas; aparecen de repente y misteriosamente sobre la escena de sus labores; en seguida ellos empiezan a mejorar a la gente instruyéndoles en artes útiles y ornamentales, dándoles leyes, exhortándoles a practicar amor fraternal y otras virtudes cristianas y a introducir una forma de religión más suave y mejor; habiendo cumplido su misión, desaparecen tan misteriosa e inesperadamente como llegaron, y finalmente una posteridad agradecida hace apoteosis de ellos y se les tiene gran veneración.» [442]

Además de éstos ya dados están también Viracocha en Perú, Sumé y Paye-tome en Brasil, un visitante misterioso en Chile y Bochica en Colombia.

Se suponía que Viracocha había venido del Oeste y había regresado al Oeste, desapareciendo en el océano. Otro mito le hace surgir del lago Titicaca como creador del sol y de la luna, y otro le hace el sol que sale de Pacari, la cueva del alba. Evidentemente el héroe cultural se confundía con el dios del sol y crea-

---

[442] *The Pacific States*, vol. V., pág. 23.

dor de su culto. Leyendas peruanas, según Torquemada, hablan de gigantes que cruzaron el Pacífico, conquistaron Perú y erigieron grandes edificios [443]. Había también «numerosas tradiciones vagas de asentamientos o naciones de hombres blancos, quienes vivían aparte de otros pueblos del país, y poseían una avanzada civilización.» [444]

Sumé de Brasil era un hombre blanco, con barba, quien, sin embargo, vino del Este, no del Oeste. Introdujo la agricultura y tenía poder para levantar y calmar tempestades. Los caboclos de Brasil le persiguieron, y, antes de que se retirara de su país, dejó las huellas de sus pies en rocas como hizo Buda en Ceilán y otros lugares. Payetome era también un hombre blanco.

El apóstol de los chilenos era un hombre blanco que realizaba milagros y curaba al enfermo; él hacía que cayera la lluvia y crecieran las cosechas, y encendía fuego con aliento. De igual manera que los sacerdotes budistas, «causaba lluvia» al repetir *sutras* como hechizos de lluvia.

Bochica, que dio leyes a los muyscas, era un hombre blanco, con barba, que llevaba togas largas, quien reguló el calendario, estableció festivales y se desvaneció con el tiempo como los otros. Se suponía que era un «hijo del sol» [445].

Es sorprendente que estas leyendas de hombres blancos, con barba, que llevaban togas largas, se extendieran y se conservaran tanto en extensas zonas en América. En todos los casos ellos eran navegantes, maestros y predicadores, como los misioneros budistas que durante siglos visitaron tierras distantes y dejaron la impronta de sus enseñanzas y el recuerdo de sus actividades en las tradiciones religiosas de pueblos muy diferentes y muy separados.

---

[443] El Buda sobrenatural era un gigante, como se ha observado. Círculos de piedra, etc., se suponía que habían sido erigidos por gigantes en Gran Bretaña. El estilo ciclópeo de la construcción se atribuía a gigantes en Grecia. China y Japón tienen leyendas de gigantes. El prototipo remoto del Buda sobrenatural era el Horus egipcio, quien «alcanzó», como nos recuerda Breasted, «una estatura de ocho codos (cerca de catorce pies)».

[444] Bancroft, *The Pacific States*, vol. V., pág. 24.

[445] Autoridades citadas por Bancroft en *The Pacific States*, vol. V., págs. 23-24 y notas 53-58.

Capítulo XVI

DOS GRANDES DIOSES

Tezcatlipoca como perseguidor de Quetzalcoatl.—Como mago.—Como Yama.—
El «Espejo ahumado».—Piedras indias que hacen maravillas.—Espejos chinos
de piedra y jade.—El fuego nuevo conseguido por espejos de piedra en Perú.—
Cristal griego que procura fuego.—Siameses y chinos consiguen fuego de espejos.—El espejo de Tezcatlipoca como símbolo de guerra.—Su relación con el
fuego y el sol.—El sol de invierno y el sol de verano.—Tezcatlipoca como dios
del fuego, sequía, muerte, etc.—Tezcatlipoca y el Krishna indio.—Formas negras
de Tezcatlipoca.—Su espejo de oro llamado «el vidente».—Mito de la tela de
araña.—Formas repulsivas de Tezcatlipoca, el Kubera indio y el Pluto griego.—
El dios de la guerra Huitzilopochtli.—Relaciones de pájaro y serpiente.—El colibrí de oráculo.—Huitzilopochtli como dios de la izquierda y del Sur.—Tezcatlipoca como dios de la derecha y del Norte.—Festivales de comer dios.—Paynalton
sustituto del dios de la guerra.—Huitzilopochtli y el Siva indio.—Oráculos de
calaveras.—Calaveras y conseguidores de lluvia.—Sacrificios humanos en el
Nuevo Mundo y en el Viejo.

En la leyenda mejicana de Quetzalcoatl, el dios Tezcatlipoca figura como el perseguidor que logra hacer que el sacerdote rey de barba blanca y anciano parta de Tula hacia el
Este. A este respecto él es un mago que puede cambiar su forma
a voluntad. Sin embargo, como dios, Tezcatlipoca asimila ciertos
atributos de Quetzalcoatl e incluso aparece como su compañero.
Un mito confuso, que está ilustrado en uno de los códices, hace
que Tezcatlipoca visite el Hades, acompañado de Quetzalcoatl,
algunos de cuyos símbolos ha asumido. Puede parecer que, como
el Yama indio y el Ap-uat egipcio, Tezcatlipoca fuera considerado como el primer hombre que «abre el paso» o descubre el cami-

no hacia el Hades [446]. Esta fase de su carácter se puede haber derivado de Xipe Totec, que figura de hecho como el «Tezcatlipoca rojo» en relación con Quetzalcoatl, realizando actos de penitencia en la «Casa del Dolor» y en la cumbre de Catcitepulz («la montaña que habla»), una montaña cubierta de espinos desde la cual él pide al pueblo de Tulan que haga penitencia con él por sus pecados. El intérprete del *Codex Vaticanus* dice: «Ellos tenían a Xipe Totec la máxima veneración porque decían que él era el primero que les abrió el paso hacia el cielo, porque ellos tenían este error entre otros (ellos suponían que sólo los que morían en la guerra iban al cielo).» [447]

Como norma, Tezcatlipoca se muestra como dios del Norte, pero también se le encuentra algunas veces en el Sur y en el Este [448].

Un símbolo destacado de este dios es el «espejo ahumado», que, en realidad le da su nombre y por tanto tiene que considerarse de primera importancia. Este espejo es de obsidiana negra pulida y recuerda al principio la piedra pulida del templo del dios maya, Gucumatz (como Tohil), por medio del cual los dioses hacían saber su voluntad, así como la piedra negra, el pedernal y las piedras verdes (jadeíta) de Quetzalcoatl y la gran *chalchiuitl* transparente (una gema de alguna clase) enroscada por el dios serpiente Votan de los mixtecas. Como Tezcatlipoca era mago y profeta, y tenía, como se mostrará, un espejo de oro llamado «Vidente»; el espejo de obsidiana se usaba sin duda, según indica Sahagún, con fines de adivinación.

La cristalomancia (mirar el cristal) por medio de piedras preciosas, espejos, etc., es de gran antigüedad, y el objeto usado tenía que ser de forma esférica u oval y muy pulido. Como aquellos que usaban el cristal o espejo tenían que ser penitentes dados al ayuno, oración y contemplación, y tenían que mirar hacia el Este, no se puede pasar por alto la posibilidad de que el espejo de Tezcatlipoca se había introducido desde Asia, como las piedras de Quet-

---

[446] Seler, *Codex Vaticanus B*, pág. 119.
[447] Kingsborough, *Antiquities of Mexico*, vol. VI., pág. 50.
[448] *Codex Vaticanus B*, págs. 8, 77, 200-210 y 320 (para el Norte), 81 (para el Sur) y 95-96 (para el Este).

FORMAS DE TEZCATLIPOCA

1.—Xipe Tótec, quien en una de sus formas es el Tezcatlipoca rojo *(Codex Vaticanus A)*. 2.—Tezcatlipoca como jaguar púrpura, con marcas azules y garras de águilas *(Codex Vaticanus A)*. 3.—Tezcatlipoca como dios pájaro púrpura *(Codex Vaticanus A)*. 4.—Tezcatlipoca con los ojos vendados *(Codex Vaticanus B)*.

PIEDRA DE SACRIFICIO AZTECA, DEL TEMPLO DE MÉJICO

Este sencillo bloque de pórfido grabado está ahora en el Museo Nacional de Méjico.

zalcoatl y las de Gucumatz y Votan. Sin embargo no quiere decir que el espejo de Tezcatlipoca se tomara prestado de Quetzalcoatl. Como el que mira el cristal Tezcatlipoca, puede representar un culto intruso que había adquirido el espejo de la adivinación de la misma fuente que los budistas.

Un hecho interesante sobre la cristalomancia es que la piedra o espejo, antes de revelar algo, se suponía que estaba oscurecido por una neblina o humo. El «espejo ahumado» de Tezcatlipoca puede haber sido, por tanto, un espejo que iba a revelar al mago la voluntad de los dioses, el futuro o alguna clase de conocimiento de especial importancia. «La joya de Adán», por ejemplo, se usaba para iluminar el camino hacia el Mundo de los Muertos. La usaba el emisario de Alejandro Magno, que cruzó el túnel oscuro de la montaña en búsqueda del Pozo de la Vida.

La adivinación y «piedras de la suerte» se usaban también con otros fines. Krishna, el dios hombre hindú, llegó a poseer «la piedra que hace maravillas» y «sus propiedades de procurar abundacia al país de su poseedor y de traer la lluvia cuando se necesita, aliándose con ella». Como dice Wilson, «la piedra maravillosa, por cuya adquisición las tribus tártaras tenían que recurrir a hostilidades no rara vez» [449]. Otra piedra india famosa era la Chandrkánta («gema luna»), «la cual se suponía que absorbía los rayos de la luna y los emitía de nuevo». Las mismas propiedades poseían la perla luna o «perla dragón». Enfriar y calentar jade se menciona en la tradición del jade en China y Japón. Piezas de ajedrez de jade negro y blanco eran «calientes en invierno, frías en verano, y se conocían como jade frío y caliente» [450].

Se hacen referencias en textos chinos a espejos de jade y piedra que se colocaban en tumbas. Éstos podían estar destinados a iluminar el camino al Hades, a ayudar al peregrino haciendo revelaciones para su orientación y para indicar, como la piedra pulida Gucumatz, la voluntad de los dioses. Los budistas tenían varias formas de sentarse para meditar. Una forma era: «Contemplación

---

[449] *Essays on Sanskrit Literature*, vol. I, págs. 132-133.
[450] Laufer, *Jade*, pág. 353.

de disco lunar, mirando fijamente a un disco de la luna llena brillante suspendido delante del pecho del devoto.»[451]

Espejos y cristales se usaban también para procurar fuego del cielo, y especialmente del sol. Laufer observa a este respecto que «los espejos de piedra se conocían en el antiguo Perú». Los había «de forma circular», con «una de las superficies planas con toda la suavidad de un vidrio que parece cristal». Otros eran «ovalados y algo esféricos y el pulido no era tan excelente». Un espejo de piedra peruano mencionado era de «piedra inca», siendo el otro de piedra gallinazo. La segunda era «muy dura, quebradiza como el pedernal y de color negro», y podría haber sido, como sugiere Laufer, de obsidiana negra. Los espejos eran de varios tamaños, generalmente de tres o cuatro pulgadas de diámetro, pero se hace referencia a uno de un pie y medio, «su superficie principal era cóncava y alargaba enormemente los objetos»[452].

Las sacerdotisas vírgenes de los incas de Perú conseguían fuego nuevo en pleno verano dirgiendo hacia el sol un espejo hueco que reflejaba su haz de luz sobre una yesca de algodón y lana. Sir James F. Frazer observa a este respecto en *The Golden Bough*[453] que los griegos encendían fuegos sagrados por medio de un cristal. Él escribe: «No eran los griegos y peruanos especiales a este respecto. Los siameses y chinos tienen la costumbre también de prender un fuego sagrado por medio de un espejo de metal o cristal candente.» El cobre se usaba en China como sustituto del jade, ya que el jade lo era para el oro, plata, perlas, gemas, etc.

El espejo de Tezcatlipoca se muestra algunas veces con nubes de llamas o de humos saliendo de él. En el *Codex Borgia* (fig. 289, *Codex Vaticanus B)* las llamas están combinadas con una vasija de agua. La opinión de Seler es que la intención era representar agua y fuego, «el símbolo de guerra», y que el «espejo ahumado» en la sien de la cabeza del dios y en el *Codex Borgia* «no es más que un símbolo de guerra». Sin embargo, parecería que la relación del fuego es importante en sí. El espejo puede haber sido uti-

---

[451] *Transactions of the Asiatic Society of Japan*, vol. XXXVIII, parte II, pág. 29.
[452] Laufer, *Jade*, pág. 20, nota 1.
[453] *The Magic Art.* (3.ª ed.), vol. II, págs. 243-245, nota 1.

lizado como el «espejo de piedra» peruano para conseguir fuego nuevo del sol. Tezcatlipoca era el gobernante del período sol de invierno, y su hermano, Huitzilopochtli —que estaba relacionado con el dios del sol y era, en realidad, él mismo, entre otras cosas, un dios del fuego y solar— era el gobernante del período sol de verano. El «espejo ahumado» pudo haber sido una reliquia, es decir, Tezcatlipoca podía haber sido importante al principio como un dios de fuego solar antes de que le dieran un sitio en el panteón azteca posterior, que sin duda reflejaba la política local después de hacerse supremo el poder azteca en Méjico y los dioses de los conquistadores y los conquistados se mostraban en nueva asociación. Al igual que en Asia y Europa, el período sol del verano y el período sol de invierno se indicaban encendiendo fuegos sagrados.

Hay puntos de similitud entre Tezcatlipoca y el dios del fuego Huehueteotl («el dios antiguo»), quien era alabado en dos festivales anuales y tenía relaciones con el dios de la guerra. A Tezcatlipoca se le representaba como creador de fuego que usaba un taladro de fuego. Por tanto, él estaba relacionado con el rayo al igual que con el sol. El intérprete del *Codex Telleriano-Remensis* dice que «veneraban mucho a Tezcatlipoca, porque ellos mantenían luces y fuegos encendidos en su honor en los templos».

Aunque, en uno de sus aspectos era dios de la sequía, Tezcatlipoca era también un traedor de lluvia. Su lluvia fría del Norte hacía que las espigas de maíz se congelaran. Como Tlaloc, él estaba relacionado con el pájaro de lluvia, el pavo («el ave joya»). Además era el dios de la Constelación Osa Mayor, que en China regula las estaciones; ayudaba en el nacimiento como dios del amor; mató al dios pulque; era un dios del viento; con Huitzilopochtli, era un dios del cielo superior, y era el dios ciego de justicia (el Vengador) y el dios negro de la muerte, mientras que, como el dios del fuego, estaba íntimamente relacionado con el dios de la guerra [454].

---

[454] *Codex Vaticanus B*, pág. 171, como dios de la lluvia; 38, como dios del fuego; 96 y 256, como un dios estrella; 40-51 y 234-235, como dios del amor; 167, como asesino del dios del pulque; 171, como un dios de justicia; 69-90, por asociación con el dios de la guerra.

Clavigero dice que Tezcatlipoca era el dios más grande adorado por los aztecas «después del Dios invisible o Ser Supremo... Él era el dios de la providencia, el alma del mundo, el creador de cielo y tierra y señor de todas las cosas. Le representaban siempre joven para denotar que el paso de los años nunca disminuía su poder; ellos creían que él recompensaba con varios beneficios al justo y castigaba al malvado con enfermedades y otras aflicciones».

El Tezcatlipoca original parece ser revelado por el joven que se hacía pasar por él durante un año y luego era sacrificado. A esta víctima la trataban de una manera que recuerda al dios hombre hindú negro Krishna, que tocaba la flauta, le daban joyas y guirnaldas de oro para que llevara puestas y hacía el amor con muchas jóvenes. Durante el año en el cual él se hacía pasar por Tezcatlipoca, el joven mejicano era muy honrado. Iba a tocar la flauta, a llevar guirnaldas de flores o a llevar flores, ayudado por ocho pajes que le vestían como a los príncipes. Cuatro chicas eran sus esposas temporalmente. Nobles y príncipes le entretenían y en las calles era saludado como un dios. Es de especial importancia observar que su cuerpo y cara se pintaban de negro y que sus adornos incluían conchas de mar, campanas de oro, piedras preciosas y una gran gema sobre su pecho. Al final había una gran fiesta, atendida por elaboradas ceremonias, y el joven era sacrificado arrancándole el corazón y cortándole la cabeza.

Clavigero tiene cosas interesantes que decir sobre la flauta. Cuenta que diez días antes del festival en honor a Tezcatlipoca el sacerdote asumía los hábitos e insignias del dios. «Salía del templo con un ramo de flores en las manos y una pequeña flauta de arcilla que producía un sonido muy agudo. Volviendo su rostro hacia el Este, hacía sonar la flauta muy alto y luego cogiendo un poco de polvo de la tierra con el dedo, lo ponía en su boca y se lo tragaba. Al oír el sonido de la flauta todos se arrodillaban... El sonido de la flauta se repetía todos los días hasta el festival.» Evidentemente, el dios estaba coronado por la flauta. En China, flautas de jade blanco «machos» y «hembras» y flautas de bambú se usaban en ceremonias religiosas. «Las flautas de jade —dice Laufer— se mencionan frecuentemente en la literatura china. El

Si king tsa ki cuenta que en Hien-yang había una flauta de jade con veintiséis agujeros. Cuando el emperador Kao-tsu fue por primera vez a ese lugar, él la vio en el tesoro y tocó en ella, con lo cual montañas y bosquecillos con caballos y carros aparecieron en una neblina, desvaneciéndose juntos cuando dejó de tocar.»[455] Las flautas se usaban en ceremonias religiosas en Babilonia. Tammuz era llorado anualmente con la música de la flauta. En Siria y Asia Menor se tocaban flautas en relación con los festivales de la diosa madre y de Attis, ya que todavía están en relación con ritos Krishna en la India. Un famoso tocador de flauta era Marsyas, quien se menciona algunas veces en los clásicos como pastor y otras veces como sátiro frigio o sileno. Él retó a Apolo a una competición musical y, siendo vencido, fue mutilado y despellejado. Herodoto (VII, 26) cuenta que en el mercado de Celenas, en el que sale la corriente Cataract, «está colgada a la vista la piel del sileno Marsyas, que Apolo quitó y colocó allí», como continúa la historia frigia. La piel se guardó en una cueva y solía emocionar cuando se tocaba música frigia. Xipe Totec (el Tezcatlipoca rojo) era un dios despellejado, y las pieles de sus víctimas se depositaban en una cueva. El dios mejicano que toca la flauta parece tener huellas de la influencia del antiguo culto del Viejo Mundo del dios que pasaba parte de su año en el Hades y parte en este mundo y figura como Tammuz en Babilonia y como Attis y Adonis en Siria, Anatolia y Grecia. El dios original que toca la flauta puede haber dado origen a las leyendas del tipo del Flautista de Hamelin. En Cerdeña, el Día de San Juan, un joven seleccionado *comare* (cotilla y galán) marcha hacia la iglesia con un gran séquito encabezado por niños, donde rompe contra la puerta una vasija de tierra en la cual se habían sembrado semillas de cebada. Luego se sentaban en la hierba y comían huevos y hierbas con música de flautas, y luego bebían vino y bailaban[456].

---

[455] Laufer, *Jade,* págs. 332-333. Bishop, *Investigations and Studies in Jade,* Nueva York, 1906, vol. I, pág. 49.
[456] *The Golden Bough,* «Adonis, Attis, Osiris» (3.ª ed.), págs. 7, 202, 222-223, 225, 228 y 242.

Como flautista Tezcatlipoca (como Xipe Totec), destruye a los adultos de Tulan haciéndoles caer en una cavidad entre dos montañas que se cierran y les entierra; nadie excepto los niños quedan vivos. El intérprete del *Codex Vaticanus*, tratando de este incidente, dice que el pueblo siguió «bailando y bromeando», «llevando» el demonio (Tezcatlipoca) «la dirección del minué o baile». Se dice que la lámina XIV se refiere a los dioses maestros de penitencia Quetzalcoatl y Xipe Totec (Tezcatlipoca), «quienes habiendo cogido a los niños y a la gente inocente que quedaron en Tulan, continuaron poblando el mundo con ellos y recogiendo con ellos a otras gentes que se encontraron por casualidad». Además se añadía: «Viajando de esta manera con esta gente llegaron a una cierta montaña que, no siendo capaces de pasar, pensaron que habría un camino subterráneo que la atravesara y así pasaron. Otros dicen que ellos quedaron encerrados y se transformaron en piedras y otras fábulas parecidas.»

Una colección interesante de historias de flautistas las da en su *Curious Myths of the Middle Ages* [457] el Rev. S. Baring-Gould. Él ha encontrado la creencia en la flauta sobrenatural incluso en Yorkshire. «Un wesleyano —escribe— me contó un día que estaba seguro de que su sirvienta pequeña iba a morir; durante la noche anterior, cuando permanecía despierto, había oído a un angel tocándole la flauta en una habitación adjunta; la música era indescriptiblemente suave, como sonido de una flauta. "Y cuando van por ese camino los ángeles —decía el hombre de Yorkshire— se llevan las almas de los niños con ellos."»

Baring-Gould cree que el que toca la flauta o gaita «no es otro que el viento». Él ve en el Hermes griego dos deidades completamente distintas «concentradas en una»: el Hermes pelasgo, el generador solar de vida, que es «un joven ladrón juguetón» y el otro Hermes, el viento impetuoso, «cuyo representante Saramâ existe como vendaval en la mitología india. Hermes Pyschopompos es, por tanto, el viento que lleva las almas de los muertos». El Hermes mejicano, Tezcatlipoca, estaba hecho de varias deidades «concentradas en una».

---

[457] Londres, 1906, págs. 417 y sigs.

En la ciudad de Méjico las imágenes principales de Tezcatlipoca se hacían de *itzli,* una variedad de obsidiana negra brillante,
la «piedra divina» (*teotelt*). También se mostraba al dios como una
deidad negra en los códices; de todos modos su rostro y brazos eran
negros, aunque sus piernas eran blancas y con rayas rojas. En esta
forma (*Codex Borgia*, 21) él recuerda al Siva indio, así como al
Krishna negro. Siva era un «destructor» como Tezcatlipoca era un
«vengador». Había también, como se ha dicho, un Tezcatlipoca
rojo quien, según Seler, era una forma de Xipe Totec[458]. Los devotos del culto del Visnu indio tenían rayas perpendiculares de arcilla blanca y creta roja en sus frentes[459].

Las orejas del ídolo mejicano negro del dios joven Tezcatlipoca estaban adornadas con ornamentos simbólicos de oro y plata
y un tubo de cristal atravesaba su labio inferior; este tubo encerraba una pluma verde o azul, como si indicara su relación con el
corazón (alma). Su pelo, en una cola, estaba atado con oro y engalanado con plumas, mientras que una gran joya de oro suspendida del cuello cubría su pecho. Había brazaletes de oro en sus brazos, y en la mano izquierda un espejo de oro que se llamaba
itlachia («el vidente»). Como el Sur estaba a la «izquierda» el
espejo tenía, sin duda, un significado solar. Una piedra verde estaba colocada en su ombligo. Los metales, gemas y plumas «que
adornan» al ídolo indican que el dios tenía muchos atributos, y
estaba relacionado, como el Siva indio, con el sol y la luna y con
el agua que da vida. Se suponía que su pie derecho había sido cortado en el Hades, debido a la puerta que se había cerrado rápidamente cuando él salía, y algunas veces se sustituye por un muñón
de pedernal al que han dado forma de cuchillo, por el «espejo ahumado» o por la pata de un ciervo, o tiene una serpiente por pie.
Como un dios del viento nocturno, él era un viajero veloz. Sin
embargo, quizá esa relación de Tezcatlipoca con el ciervo tuviera un significado más profundo y que se refiriera a su relación con
el fuego (rayo) y la lluvia. Se colocaban asientos de piedra para

---

[458] *Bureau of American Ethnology,* núm. 28, págs. 61 y 68.
[459] Wilson, *Essays on Sanskrit Literature*, vol. I, pág. 57.

el dios en las esquinas de las calles, pues se suponía que necesitaba descansar en el curso de sus andanzas.

Tezcatlipoca era uno de los dioses que se sacrificaba para permitir que el sol saliera al principio. Un mito confuso cuenta que él descendió del cielo por una cuerda hecha de la tela de una araña. Algunos seres sobrenaturales de la India, especialmente las doncellas estrella, llegan a la tierra de igual manera durante la noche para bañarse en estanques sagrados. A este respecto, Seler señala que «una araña *(tocalt)* figura siempre que se representa a un dios a quien se consideraba uno de los Tzitzimimê, las formas que descienden de arriba, los dioses y demonios estelares de la oscuridad» [460]. Como el Susa-no-wo japonés, Tezcatlipoca pecó en el cielo y fue echado. De la guerra del cielo «surgieron las guerras abajo». Según el intérprete del *Codex Vaticanus*, Tezcatlipoca era en una de sus formas «Señor del Pecado o Ceguera» que «cometió pecado en el Paraíso» y le habían vendado los ojos. Su estrella sigue en un «curso hacia atrás». Esta estrella puede haber sido el planeta Marte. Como gallo él «engañó a la primera mujer que cometió pecado». Algunas veces era representado con las patas de un gallo o de un águila. El gallo es un pájaro siniestro en China y está relacionado con el Hades.

Como perseguidor de Quetzalcoatl, Tezcatlipoca apareció primero como un anciano, un hechicero que daba al dios bueno una bebida alcohólica que renovaría su juventud. Sin embargo, era necesario que Quetzalcoatl partiera de Tula. «A tu regreso —le aseguró el hechicero— serás como un chico joven.» El elixir era pulque; hizo que lo bebiera Quetzalcoatl y le propuso que se fuera.

Como dios del amor, Tezcatlipoca apareció en la plaza del mercado de Tula completamente desnudo. El era un joven extranjero atractivo pero pobre que vendía chile verde. La hija del rey tolteca se enamoró de él y cayó enferma porque el extraño desapareció de repente. Cuando fue descubierto, le dieron ropas adecuadas y le llevaron ante la princesa, a quién curó y con quien se casó.

---

[460] *Codex Fejérváry-Mayer*, Londres, pág. 55.

Debido a su matrimonio de realeza con un extranjero pobre estalló una rebelión. Tezcatlipoca, ayudado solamente por enanos y hombres cojos, obtuvo una gran victoria, siendo inigualable en la guerra. Posteriormente invitó a los toltecas a una gran fiesta que duró desde el amanecer hasta la medianoche. Él cantó y bailó e inducía a la gente a que le siguiera. Sin embargo, cuando la multitud estaba amontonada en un puente sobre un barranco a través del cual corría un río, Tezcatlipoca rompió el puente y causó una gran matanza. Él fue el destructor de los toltecas. En otra ocasión mató a muchos en un jardín de flores (sin duda el jardín de flores de la diosa del amor). Varias maravillas, que inevitablemente dieron como resultado la matanza de toltecas, realizó el dios hechicero en forma humana. En una ocasión hizo que cayeran piedras del cielo; en otra hizo que la comida no se pudiera comer.

Como el Krishna indio, Tezcatlipoca se deleita en la sensualidad y en la matanza de seres humanos, pero tenía también, como tenía Krishna, un lado noble en su carácter. Con la diosa Tlaelquani, erradicaba pecados después de la confesión por penitentes y figuraba como el pavo (el «ave joya») que aseguraba la inmortalidad, así como la lluvia [461].

Un hecho interesante sobre Tezcatlipoca y Quetzalcoatl es que ambos tenían formas repulsivas. En la ciudad de Cholula, la imagen de Quetzalcoatl «tenía un rostro muy feo». Esta imagen «no estaba colocada sobre sus pies, sino tumbada y cubierta de mantas» [462]. El Tezcatlipoca repulsivo se encuentra en una historia que le representa como hechicero que apareció en Tula con Huitzilopochtli como un hombrecillo bailando sobre su mano [463]. Él pide al pueblo que le apedree y le mate. Posteriormente, el cuerpo del hechicero se pone en la plaza del mercado y su olor contamina el aire. Este cadáver maloliente era tan pesado que no se podía mover. Le ataron cuerdas y tiraron de ellas multitudes, pero cuerda tras

---

[461] *Bureau of American Ethnology*, núm. 28, pág. 281.

[462] Bancroft, *The Pacific States*, vol. III, pág. 260.

[463] En una historia gaélica Finn-mac-Coul se muestra igualmente en la mano de un gigante.

cuerda se rompían y muchos de los que tiraban eran asesinados. Al final el horrible cadáver fue sacado de la ciudad.

El dios hindú Kubera, quien, como Tezcatlipoca, era un dios del Norte, tenía variedad de nombres. Uno, que expresa su deformidad, se derivaba de las palabras para «repugnante» y «cuerpo». Wilson observa que, en la mitología hindú, Kubera realiza funciones del Pluto griego. Él es el dios de la riqueza y señor de nueve tesoros incalculables... «Pluto está descrito como ciego, maligno y cobarde.» Kubera tenía un jardín en su paraíso del Norte. En tiempos brahmánicos llegó a estar relacionado con Siva. En Tezcatlipoca hay huellas de una mezcla no sólo de Krishna y Siva, sino de la forma repugnante de Kubera, el dios del tesoro y del ciego Pluto. La relación del Tezcatlipoca rojo con Xipe es interesante, ya que Xipe se parece a Kubera como dios del oro.

No solamente tenemos en Méjico la mezcla de deidades, que forman dioses complejos, sino la mezcla de deidades que eran de un carácter muy complejo antes de ser transportados a través del Pacífico, para en última instancia encajar en una mitología que se enmarca para adaptarse a condiciones locales. La lucha entre Tezcatlipoca y Quetzalcoatl era en un sentido un reflejo del fenómeno climático americano; también era un reflejo de condiciones políticas (la lucha entre cultos rivales y tribus rivales).

Huitzilopochtli estaba relacionado no solamente con Tezcatlipoca, sino con el dios de la lluvia Tlaloc. Así fue localizado. El proceso de localización tiene, como en el caso de Tezcatlipoca, algo confuso su carácter original. Él parece haber sido el dios principal de los aztecas, pero después de asentarse en Méjico los aztecas abrazaron las creencias y costumbres de sus predecesores y los mezclaron con los suyos propios, formando una amalgama muy compleja.

Como todos los grandes dioses de la América precolombina, Huitzilopochtli estaba relacionado con el mito extendido y antiguo del pájaro y serpiente. Su pájaro particular era el colibrí, que ocupó el lugar de algún otro pájaro. «El viajero inglés Bullock —dice Bancroft— cuenta cómo este pájaro se distinguía por su extraordinario valor, atacando a otros de diez veces su propio tamaño, volando a los ojos y usando su afilado pico como el arma más peligrosa. De nada más osado se puede ser testigo que de su ataque a otros pájaros de su propia especie cuando teme interrupciones durante la temporada de la reproducción. Los efectos de los celos transforman a estos pájaros en perfectas furias... El pequeño pero valiente y guerrero pájaro carpintero estaba en una relación similar con Marte, y se le denomina en consecuencia *picus martius*.» [464]

Los colibríes se parecen a los pájaros sol de colores brillantes de África. Varían en tamaño del abejorro al del reyezuelo y tienen gran belleza de forma y plumaje. Son peculiares en las Américas y, aunque su gama se extiende hacia Alaska, su «cuartel general» está en la región neotropical, donde se encuentran cuatro quintas partes de la especie. Los colibríes se alimentan de insectos encontrados dentro de flores de colores brillantes; también chupan miel y se la llevan a sus pequeños, en cuyas bocas empujan sus lenguas untadas de miel. Ellos nunca se posan para alimentarse, sino que se sostienen en el aire delante de las flores en las cuales meten sus picos. El rápido movimiento de sus alas hace un ruido de zumbido fuerte.

El pájaro del dios azteca era un oráculo. En un mito sobre un hombre llamado Huitziton, al que se considera normalmente Huitzilopochtli en forma humana, se dice que cuando los aztecas vivían en su patria de Aztlan al Norte, él oyó un pájaro que gritaba «tihui» («vamos») [465]. Pidió a la gente que abandonaran Aztlan y esto hicieron. No se dice cómo Huitziton, al igual que Sigfredo, el asesino de dragón y devorador de su corazón, llegó a comprender «el lenguaje de los pájaros». Su nombre significa «pequeño colibrí». Huitziton era el adivino y el pájaro en uno. Los druidas celtas entendían «el lenguaje» de los reyezuelos y druida se deriva de la raíz *dreo*, que está tocado con «verdad». El adivino era el «que dice la verdad».

Los aztecas fueron guiados a Méjico por su dios y, como se ha indicado, fundaron la ciudad de Tenochtitlan (Méjico) en el lugar donde vieron el águila, con la serpiente en sus garras, posa-

---

[464] *The Pacific States*, vol. III, págs. 301-302.
[465] Este es el tercer pájaro relacionado con el dios, siendo los otros el colibrí y el águila.

da sobre un nopal (Opuntie) que crecía sobre una roca. Las anchas alas de la serpiente se extendían hacia el sol naciente. Formaba «el disco alado» (los antiguos pájaro, serpiente y símbolo del sol de Egipto, Asiria, etc., como ya se ha indicado).

Según Acosta, el ídolo principal de Méjico era el dios de la guerra Huitzilopochtli. Estaba hecho de madera en forma humana y estaba sentado sobre un banco azul celeste en una litera con cabezas de serpiente en cada esquina.

> «Este ídolo tenía toda la frente azul celeste y una franja azul celeste debajo de la nariz desde una oreja a la otra. Sobre su cabeza tenía un penacho de plumas abundante, como el pico de un pajarillo... Él tenía en la mano izquierda un escudo blanco, con figuras de cinco piñas, hechas de plumas blancas, puestas en cruz, y desde arriba salía una cresta de oro y a sus lados tenía cuatro dardos que (cuentan los mejicanos) habían sido enviados desde el cielo... En la mano derecha tenía un bastón azul celeste, cortado en forma de una serpiente en movimiento.»

Había también en Méjico un famoso templo del dios.

> «Estaba construido de grandes piedras, en forma de serpientes atadas una a otra, y el círculo se llamaba Coatepantli, el cual es un recorrido de serpientes... Había cuatro puertas o entradas, al Este, Oeste, Norte y Sur. Sobre la parte superior del templo había dos ídolos... Vitziliputzli (Huizilopochtli) y su compañero, Tlaloc.»

Según Sahagún, Huitzilopochtli era en un principio un ser humano que se parecía a Hércules, quien realizaba grandes hazañas, especialmente como asesino y destructor. Él llevaba un símbolo de dragón llameante. Como hechicero se podía transformar en pájaros y bestias salvajes. Camaxtli de Tlascala se parecía mucho.

Otro nombre del dios era Mexitli, y se suponía que el nombre de Méjico se había derivado de él.

Un mito hace al dios de la guerra un hijo de Coatlicue, la diosa serpiente («bestia de la tierra») o montaña serpiente. Un día cuando caminaba en el templo vio una bola de plumas caer del cielo. Ella la recogió y se la colocó en su pecho y entonces quedó embarazada. Sus hijos, ignorantes del milagroso suceso, consideraron su estado con indignación y, para evitar el deshonor inminente a la familia, conspiraron para matarla. Según iban contra ella, dio a luz a Huitzilopochtli. Como el Karna indio, el Sigfredo teutónico, etc., él vino al mundo totalmente armado y con líneas azules en la cara, brazos y muslos. El atacó y mató a los perseguidores de su madre.

En otra versión del mito, el dios de la guerra tiene dos madres, Teteionnan, la diosa, y Coatlicue. Osiris era igualmente «el toro engendrado de las dos vacas Isis y Nephthys». El guerrero hindú Jarasandha tenía dos madres de igual manera. Bancroft observa a este respecto que Afrodita y Atenea tenían diferentes padres[466].

Se han consentido muchas especulaciones sobre el significado de Huitzilopochtli, que se traduce «colibrí a la izquierda». Cuando nació, su pierna izquierda y cabeza estaban adornadas con las plumas verdes del colibrí. En la mitología azteca la izquierda (opochtli) era el Sur y el dios colibrí era el dios de la región del Sur como, en China, el dios del Sur era el Pájaro Rojo. El templo de Huitzilopochtli en la ciudad de Méjico mira al Sur, que era «a la izquierda» o «a mano izquierda». El dios estaba relacionado con el fuego —él era el descubridor del fuego— y el sol del verano. Opuesto a Huitzilopochtli, al Norte y «a la derecha», estaba la forma ciega de Tezcatlipoca como dios de la justicia, de la muerte y de la sequía, estando Quetzalcoatl al Este y Xipe Totec al Oeste. Había otras colocaciones de las deidades en los sistemas complicados y desconcertantes, a menudo tan confusos, que variaban según el culto, opiniones astrológicas, estación y edad. Ideas complejas similares se van a encontrar en la India, donde los brahmanes entrelazaron alegorías desconcertantes de una forma tan asidua como hacían los sacerdotes mejicanos; con el paso del tiempo éstos llegaron a ser confusos incluso para sus sucesores. En su nombre de Hyuitzilopochtli, el llamado «dios de la guerra» de Méjico era fundamentalmente el guardián del Sur.

El pájaro «a la izquierda» se encuentra en la India. Éste es el chátaka, un pájaro que se suponía que no bebía más agua que la de la lluvia. Siempre es «una figura destacada en la descripción

---

[466] *The Pacific States*, vol. III, pág. 311.

del tiempo húmedo y nuboso», e invariablemente se alude a que es «izquierdo», es decir, «al lado izquierdo». Una declaración interesante de un comentarista nativo a este respeco es:

> «Pavos reales, chákatas, cháshas (arrendajo azul) y otros pájaros machos, alguna vez también antílopes, van por la izquierda alegremente, dan buena suerte al anfitrión.»

El difunto profesor H. H. Wilson, que ocupaba la cátedra sánscrita en la Universidad de Oxford, escribió a este respecto:

> «Las ideas griegas están de acuerdo con las de Rámanátha, y consideraban el vuelo de los pájaros sobre el lado derecho como auspicioso; para los romanos era la izquierda; pero esta diferencia surgía de la situación del observador, ya que en ambos casos el punto auspicioso era el Este. En general, entre los hindúes, esos augurios que ocurren en el lado izquierdo no son favorables.» [467]

Rámanátha, el comentarista hindú que afirmaba que para que fueran auspiciosos los pájaros deberían estar «en el lado derecho, no en el izquierdo», ignoraba sin duda que en algunos cultos indios la izquierda era más sagrada que la derecha. El conflicto entre los cultos del Este y del Oeste era de gran antigüedad. En Méjico, el culto original de los aztecas a Huitzilopochtli parece haber preferido el Oeste, estando el Sur a la izquierda y el Norte a la derecha. El culto a Tlaloc mantiene que el Este es la región más sagrada. Podría ser que la lucha en el Viejo Mundo entre cultos antiguos del Este y del Oeste también se reflejaran en los mitos sobre Quetzalcoatl, quien algunas veces viene del Oeste y otras veces del Este.

No solamente era Huitzilopochtli el dios del Sur, del fuego y del sol de verano, él era también un traedor de lluvia que estaba relacionado con Tlaloc. En Méjico, como en China, el Sur era la región asignada al verano, y el Norte la región asignada al dios del invierno, de la sequía y de la muerte. Es durante la estación lluviosa cuando se hace activo el colibrí. Según una antigua creencia mejicana, el colibrí no tiene plumas durante el invierno y cuel-

---

[467] *Essays on Sanskrit Literature*, Londres, 1864, vol. II, págs. 325-326.

ga relajado y sin vida de un árbol; renueva su juventud en la estación lluviosa al principio del verano.

A Huitzilopochtli se le da además un significado estelar. Junto con Quetzalcoatl, Tezcatlipoca y otras deidades, él se encuentra incluido entre el grupo de dioses estrella cuyo gobernante es Itzpapalotl, el demonio hembra o diosa mariposa de obsidiana. Igual que la mariposa era una forma de fuego, parecería que su relación con la obsidiana se debía al uso del espejo de obsidiana con el fin de conseguir fuego.

El colibrí, que mete su largo pico en las flores y se alimenta de insectos devoradores de miel y lleva miel a sus pequeños, anida en la planta pita. Por tanto, no sorprende encontrar indicios de creencias en la miel como elixir de vida relacionados con ritos de Huitzilopochtli. En la India la oblación llamaba Argha o Arghya consistía en «agua, leche, las puntas de hierba Kusá, cuajada, mantequilla clarificada, arroz, cebada y mostaza blanca», o «azafrán, el Bel, grano en perfecto estado, flores, cuajada, hierba Dúrba, hierba Kusá y sésamo». La oblación al sol era «tila, flores, cebada, agua y sándalo rojo», o «agua mezclada con sándalo y flores». Los griegos ofrecían «libaciones de miel, leche, aceite y agua», y «las partes sólidas de una ofrenda consistían de hierbas, granos, frutas, flores e incienso» [468].

En Méjico se hacían imágenes de Huitzilopochtli de masa preparada con semillas y plantas comestibles, o de maíz, y se mezclaba con miel y sangre. Las imágenes se comían con ceremonia. En la India se suponía que los pasteles de arroz, que se ofrecían como sustitutos de seres humanos, eran transformados por los brahmanes, como lo eran las imágenes de masa de Huitzilopochtli por los sacerdotes mejicanos. El sacerdote hindú declara que «cuando (el pastel de arroz) consiste todavía de harina de arroz, es el pelo. Cuando vierte agua sobre ella, se convierte en piel. Cuando se mezcla se convierte en la carne porque entonces se hace consistente y consistente es también la carne. Cuando la cuece se convierte en hueso. Y cuando está a punto de sacarla (del fuego) y la rocía con mantequilla, él la transforma en médu-

---

[468] H. H. Wilson, *Essays on Sanskrit Literature*, vol. II, págs. 320-321.

la. Esto al completo es lo que ellos llaman el sacrificio animal quintuplicado» [469].

Las imágenes de Huitzilopochtli se hacían y comían dos veces al año (en diciembre, principio del invierno, y en mayo, principio del verano).

En el festival de diciembre se amasaban varias semillas y se mezclaban con la sangre de niños sacrificados, estando representados los huesos por trocitos de madera de acacia. El rey quemaba incienso delante de la imagen, igual que se quemaba incienso delante de momias egipcias para transmitir vitalidad al cadáver restableciendo el calor y olor del cuerpo. Al día siguiente, el sacerdote que se hacía pasar por Quetzalcoatl «mataba al dios para que su cuerpo pudiera ser comido» atravesando el pecho de la imagen de masa con una flecha de punta de pedernal. Luego se sacaba el corazón y se daba al rey, quien se lo comía. A hombres, jóvenes, chicos e incluso a niños varones les daban porciones de la imagen para que se las tragaran. Las niñas, sin embargo, no compartían el cuerpo del dios.

Otra versión afirma que la fiesta de diciembre se llamaba Panquetzaliztli («la elevación de los estandartes»). Se cocían pasteles y éstos se rompían en pedazos.

> «El sumo sacerdote los ponía en ciertas vasijas muy limpias, y con la espina del maguey, que se parece a una aguja gorda, él cogía bocados con toda veneración y los ponía en la boca de cada individuo, como si fuera comunión.» [470]

La ceremonia de mayo era de carácter elaborado. Dos días antes de la ceremonia del *teoqualo* («el dios es comido»), las monjas —sacerdotisas vírgenes aisladas del templo del dios de la guerra— preparaban una imagen de la deidad haciendo una masa al mezclar semillas de remolacha y maíz tostado con miel. Se formaba un gran ídolo con la masa, formándose los ojos con piedras verdes, azules y blancas y los dientes con granos de maíz. Vesti-

---

[469] *The Satapatha Bráhmana*, «Libros Sagrados del Este», vol. XII, parte I, pág. 51.
[470] Bancroft, *The Pacific States*, vol. III, pág. 323.

do con vestiduras ricas y sentado en una silla azul, la imagen era transportada por las monjas, que llevaban atuendos blancos y adornos nuevos, iban coronadas con guirnaldas de maíz y tenían las mejillas manchadas de bermellón y los antebrazos adornados con plumas de loro rojo. Las monjas eran las «hermanas» del dios. Ellas daban el ídolo a los jóvenes, quienes iban ataviados con togas rojas; lo llevaban a la base del templo en forma de pirámide y lo subían por los escalones con acompañamiento de música, mientras que los adoradores silenciosos se quedaban en el patio «con mucha veneración y temor».

Se depositaba la imagen en «un pequeño pabellón de rosas» en la cumbre del templo y se hacían ofrendas de flores. Luego las monjas traían de su convento trozos de masa, que tenían forma de huesos, y se los daban a los hombres jóvenes, quienes los depositaban a los pies del ídolo.

A partir de entonces los sacerdotes de varias órdenes, que estaban indicados por los colores de sus vestimentas sagradas, llevaban guirnaldas en la cabeza y cadenas de flores alrededor del cuello, adoraban a los dioses y a las diosas y cantaban y bailaban alrededor del ídolo, consagrando los huesos y carne masa. Luego se ofrecían sacrificios humanos, siendo arrancados los corazones de las víctimas. Posteriormente realizaban una danza sagrada los jovenes y monjas jovenes, quienes también cantaban canciones sagradas, mientras los grandes hombres del reino, formando un círculo alrededor de ellos, cantaban y bailaban también.

Todos los adoradores ayunaban hasta después del mediodía. La ceremonia terminaba partiendo el ídolo y comiéndolo. A los más grandes se les servía primero, y a todos los hombres, mujeres y niños les daban porciones para que se las tragaran. Cada uno de ellos recibía su porción con «lágrimas, temor y veneración... diciendo que ellos comían la carne y huesos de Dios, con lo que se afligían. Ya que cualquier gente enferma tenía necesidad de ello, lo llevaban con gran reverencia y veneración» [471]. El cuerpo

---

[471] J. de Acosta, *National and Moral History of the Indies*, Hakluyt Society, Londres, 1880, Libro V, cap. 24, vol. II, págs. 356-360.

del joven que se hacía pasar por Tezcatlipoca era comido por sus adoradores caníbales.

Sir J. G. Frazer expone en *The Golden Bough*[472] una gran cantidad de ejemplos de las costumbres de comer el maíz nuevo y los primeros frutos, etc., en un capítulo titulado «Eating the God»[473]. En algunos casos, como en Suecia, el grano de la última gavilla de la cosecha nueva se usa para hacer un pan en forma de chica. El pan se dividía entre los miembros de la casa y se lo comían. En el Kush hindú el maíz nuevo se tostaba y remojaba en leche. Los nandi del este de África preferían la leche igualmente. El aceite se usaba en otros pueblos. Se encendían fuegos nuevos por fricción en diferentes zonas en relación con esta ceremonia. Como hemos visto, Huitzilopochtli era en uno de sus aspectos un dios del fuego y era también el primero en dar fuego a los hombres.

Paynal o Paynalton («Pequeño Paynal») era un dios suplente que actuaba de Huitzilopochtli en casos de emergencia, o cuando el dios más mayor era incapaz de dar ayuda. La opinión de Sahagún es que Huitzilopochtli actuaba como capitán principal y el suplente Paynal, cuyo nombre significa «veloz» o «apresurado» cumplía sus órdenes. Un dios de la guerra que se suponía que permanecía en un estado de animación suspendida durante parte del año tenía necesidad de un sustituto. Aparentemente después de que los aztecas errantes se asentaran en Méjico como caciques de otras tribus, Huitzilopochtli se convirtió en una deidad muy compleja, habiendo absorbido los atributos de otros dioses. Él, sin embargo, nunca desplazó a Tlaloc, con quien estaba íntimamente relacionado. Los mejicanos justifican la asociación explicando que el dios de la guerra despierta a la actividad al dios de la lluvia.

En algunos aspectos Huitzilopochtli tiene un parecido con el dios hindú Siva, cuyo culto fue muy influyente durante un período en la India. Se ofrecían sacrifios humanos a Siva, quien estaba asociado con la diosa Kali negra, vengadora terrible, sedienta de sangre, que llevaba puesto un cinturón de calaveras y manos,

---

[472] «Comer al Dios». *(N. del T.)*.
[473] *Spirits of the Corn and of the Wild*, Londres, 1912, vol. II, págs. 48 y sigs.

y un gran collar de calaveras, mientras que su cuerpo estaba untado de sangre. Siva tenía asimismo un collar de calaveras. Huitzilopochtli tenía, como observa Bancroft, «un grupo de corazones y rostros humanos de oro y plata, mientras que varios huesos de hombres muertos, así como un hombre hecho pedazos, estaban representados en su vestido» [474].

La calavera como oráculo se conocía en Méjico como en otros lugares. Una calavera de Tezcatlipoca con un mosiaco incrustado se conserva en el Museo Británico. Representa a Tezcatlipoca como dios de la muerte, pero parece ser que era también una calavera que revelaba la voluntad de los dioses. Los muertos eran capaces de predecir acontecimientos como hacían los fantasmas a Odiseo y Eneas cuando visitaron el Hades.

Según Boturini, Huitziton («el pequeño colibrí»), que guió a los aztecas durante su período errante, murió antes de llegar al emplazamiento de ciudad de Méjico. Sin embargo, los mejicanos llevaron su calavera y huesos «y el demonio les habló —como expone el escritor español— por medio de esta calavera de Huitziton, pidiéndoles la inmolación de hombres y mujeres a menudo, de lo cual se originaron esos sacrificios sangrientos practicados posteriormente por esta nación con tanta crueldad sobre prisioneros de guerra... Esta deidad se llamaba, tanto en los primeros tiempos como después, Huitzilopochtli, porque los hombres principales creían que él estaba sentado a mano izquierda de Tezcatlipoca» [475].

Gran cantidad de calaveras estaban acumuladas en el templo de Huitzilopochtli.

La calavera como oráculo era de considerable antigüedad en Asia. Los semitas tenían la costumbre de matar a un hombre que fuera el primer hijo varón; ellos «le arrancaban la cabeza y la condimentaban con sal y especias y escribían sobre una lámina de oro el nombre de un espíritu impuro (un dios pagano) y lo adoraban». Davies habla en su *History of Magic* de la costumbre de hacer cabezas de bronce bajo ciertas constelaciones; éstas daban res-

---

[474] *The Pacific States*, vol. III, pág. 306.
[475] *Ibíd.*, pág. 291.

puestas. Se dice que Santo Tomás ha destruido una imagen de esta clase «porque no podía soportar su exceso de charla» [476].

Las ceremonias para conseguir lluvia se llevaban a cabo en Nueva Caledonia delante de calaveras ancestrales. Frazer da ejemplos del uso de calaveras en ceremonias armenias e indias para conseguir lluvia [477].

Los altares de Huitzilopochtli hedían a sangre humana, como lo hacían los de otras deidades. Tlaloc y su esposa reclamaban el sacrificio de muchos niños inocentes, así como la sangre y corazones de hombres. Pero la América precolombina no era el único pecador a este respecto. Los fenicios, griegos, celtas y romanos también sacrificaban seres humanos. No fue hasta el primer siglo antes de Cristo cuando se aprobó una ley romana que prohibía el sacrificio humano [478]. En una obra del poeta Ennius se prepara un banquete de carne humana. Los cartagineses sacrificaban seres humanos, incluyendo niños, a su dios Baal. Sir James Frazer da un número de ejemplos de sacrificios humanos entre pueblos que eran tan refinados y muy civilizados, como lo eran los mejicanos, así como entre salvajes [479]. Un antiguo historiador español dice de los peruanos que le han repugnado sus sacrificios... «Cada mes sacrifican a sus propios niños y untan con la sangre de las víctimas las caras de los ídolos y las puertas de los templos.» [480]

[476] Godwyn, *Moses and Aaron.*
[477] *The Golden Bough* (3.ª ed.), vol. I, págs. 163 y 285.
[478] Plinio, *Historia Natural,* XXX, 3, 4.
[479] *The Golden Bough,* «The Dying God» (3.ª ed.), pág. 160 y sigs.
[480] *Ibíd.,* pág. 185.

Capítulo XVII

MOTIVOS DE MIGRACIONES

Antiguos movimientos de pueblos.—Origen de la navegación.—En busca de sustancias preciosas.—Lado psicológico del problema.—Barreras naturales.—El océano, menos peligroso que la tierra.—El atractivo de las perlas.—Distribución de la concha de perla.—Creencias y costumbres de perlas y conchas en el Viejo Mundo y en el Nuevo.—Tintes de concha en Europa, Asia y América.—Artes, costumbres y creencias relacionadas con perlas y conchas.—El oro se encuentra en Perú.—Minería peruana.—Por qué el oro era valioso y se buscaba.—Bronce americano y europeo.—Metales usados principalmente para adornos en América.—No hay originalidad en el simbolismo del metal americano.—Búsqueda del elixir de la vida por todo el mundo.—Tradiciones americanas.—Lazos de unión entre Perú e Indonesia.—El oro como árboles y plantas.—Arboles gema.—Almas y dioses como gemas.—Ideas complejas sobre gemas, metales, flores, etc.— Mezcla cultural en América.—El mayor misterio de todos.

«Los movimientos de los pueblos que son suficientemente espectaculares para que el historiador ordinario los registre —escribe el Dr. A. C. Haddon— son a menudo de menor importancia que el movimiento casi constante de una población desde una zona a otra, como por ejemplo en la emigración de Europa a América en tiempos modernos... Aunque los pueblos inmigrantes pueden traer una cultura y un idioma que afecte constantemente a los pueblos conquistados, sin embargo la población aborigen, si se le permite sobrevivir en número suficiente, finalmente afectará a la pureza racial de los recién llegados y el tipo racial indígena tiende a reafirmarse y convertirse en dominante una vez más.» [481] El cambio de cultura puede o no puede

---

[481] *The Wanderings of Peoples*, págs. 4-5.

encontrarse acompañado de un cambio de idioma. «Nada es más corriente en la historia de los pueblos migratorios —comenta el profesor J. L. Myres a este respecto— que encontrar una levadura muy pequeña de intrusos enérgicos gobernando y organizando grandes poblaciones nativas, sin aprender el idioma de sus súbditos o imponiendo el suyo propio hasta bastante tiempo después, si no algo.» [482]

Hay razones claras para las migraciones tanto en la antigüedad como en los tiempos modernos, y, por supuesto, las migraciones estaban controladas en cierta medida por condiciones geográficas. Es necesario por tanto, al principio, cuando tratamos de la migración de los portadores de una cultura compleja que cruza Asia hacia el Pacífico, y cruza el Pacífico hacia América, descubrir los motivos que causaron incluso que minorías enérgicas se aventuraran a ir a zonas inexploradas y a vencer las barreras naturales que restringían los movimientos ordinarios de tribus crecientes en las etapas de civilización de la caza o del pastoreo.

«Los hombres no eran aficionados a la aventura marítima —como nos recuerda el profesor G. Elliot Smith— por placer que no conduce a nada o por aventura ociosa. Ellos salieron al mar sólo bajo la presión de los incentivos más fuertes.» [483] Tienen que haber sido inducidos, como expone Laufer en relación a la búsqueda de jade en la antigua Europa, por motivos «que extistían antes y que actuaban» en sus mentes; el impulso de buscar algo que se podía encontrar, y parece ser que se encontró en América, tiene que haberse recibido «de alguna parte». Ellos encontraron ese algo «solamente porque lo buscaron... Este es el lado psicológico del aspecto histórico del problema» [484].

En el primer capítulo se ha mostrado que los americanos precolombinos que buscaron y encontraron oro habían dado a ese metal inútil un valor arbitrario y religioso, y que lo utilizaban precisamente de la misma manera que los pueblos progresistas del

---

[482] *The Dawn of History*, pág. 199.
[483] *Ships as Evidence of the Migrations of Early Culture*, Manchester y Londres, 1917, págs. 5-6.
[484] *Jade*, pág. 4.

Viejo Mundo. No significa que estuvieran atraídos por el oro simplemente porque iba a encontrarse. Laufer, escribiendo sobre el jade, muestra que incluso un material útil puede ser bastante abundante en un país y sin embargo escapar a la atención de sus habitantes. Él da como ejemplo el caso de la arcilla caolín, como se ha mostrado, y aquí se puede dar la cita completa:

> «¿Por qué los romanos descubrieron que la Terra Sigillata en las orillas del Rin y otras partes de Alemania era desconocida para la población indígena? Porque estaban familiarizados con esta arcilla especial de sus hogares mediterráneos, porque ellos apreciaban mucho su cerámica y la deseaban en su nuevo hogar. Supongamos que no poseyéramos ningún documento relacionado con la historia de la porcelana. La principal sustancia de la que está hecha, el caolín, se encuentra ahora en este país (América), Alemania, Holanda, Francia e Inglaterra, todos ellos producen objetos de porcelana; en consecuencia la porcelana es autóctona en Europa y América, porque el material se encuentra allí. Por una casualidad afortunada de la historia sabemos que no se hacía en ningún país antes de principios del siglo XVIII, y que el incentivo llegado de China era el estímulo para el redescubrimiento de Boettger en Dresden. Por supuesto, alegando *a priori,* los pueblos de Europa y América podían haber hecho porcelana hacía años; el material estaba al alcance de su mano, pero queda la cruda realidad de que ellos no lo hicieron, que ellos perdieron la oportunidad y que solamente la importación e investigación de la porcelana china fueron el instrumento para buscar y encontrar la arcilla de caolín.»

Laufer escribe después sobre el jade:

> «Nada me puede inducir a creer que el hombre primitivo de Europa Central se embarcó de manera incidental y espontáneamente en la laboriosa tarea de extraer y trabajar el jade. El motivo psicológico para este hecho tiene que facilitarse y se puede deducir solamente de la fuente de hechos hitóricos... No hay razón, a la luz de hechos históricos y experiencias, para atribuir a las poblaciones prehistóricas e históricas antiguas de Europa algunas ideas espontáneas relativas al jade; ellos recibieron éstas, como cualquier otra cosa, de una fuente exterior; poco a poco aprendieron a apreciar el valor de esta sustancia resistente y compacta y luego empezar a buscar suministros naturales.» [485]

---

[485] *Jade*, págs. 4-5.

El americano precolombino buscó y encontró no sólo oro, sino plata, cobre y estaño. Aunque, sin embargo, el hierro existía y se hubiera encontrado y utilizado fácilmente, no lo buscaban ni lo usaban; lo dejaban *in situ*, como hacían los primeros europeos con la arcilla de caolín, y no fue hasta después de llegar los españoles cuando la descubrieron y la trabajaron.

Una dificultad experimentada por no pocos sobre la migración de incluso pequeños grupos de pueblos desde Asia a América, es la gran distancia que tenían que cubrir los antiguos marineros. El Pacífico era sin duda una barrera natural formidable. Sin embargo, era menos formidable que las cadenas montañosas y extensos desiertos del Viejo Mundo, e incluso que las barreras más formidables formadas por comunidades organizadas en valles fértiles, porque estas comunidades estaban armadas invariablemente y tenían que ser vencidas en batalla. En la naturaleza inexplorada del océano tenía que competirse con un enemigo menos formidable que el hombre. Que el océano lo atravesaron un número considerable de navegantes en la antigüedad está demostrado por el hecho de que Polinesia estaba habitada por indonesios y otros, y que incluso estaba colonizada la isla de Pascua. La distancia desde la península malaya a la isla de Pascua, como ya se ha indicado, es muchísimo mayor que desde la isla de Pascua a América.

En realidad, viajes más largos hicieron los polinesios dentro de los límites de Polinesia que aquellos que eran necesarios para cruzar desde sus islas al Nuevo Mundo. La barrera del Pacífico no era más extraordinaria que lo era la barrera del océano índico. Si el viaje era más largo, no era menos posible su logro, y la amplia distribución de las islas tiene que haber atraído y animado a exploradores para aventurarse cada vez más en el mar. Además, habiendo ganado experiencia en hacer largos viajes, probablemente los marineros exploradores no iban a haberse desanimado por el hecho de que sus viajes se fueran haciendo de mayor longitud. Después de haberse desarrollado la fabricación de barcos y la navegación, nació una raza de navegantes que emigraron con más rapidez y algunas veces en una cantidad mayor que la de sus compañeros que habitaban en llanuras y valles de ríos de los grandes continentes. Como se ha mostrado, eran frecuentes en Polinesia viajes desde cuatrocientas a setecientas millas, cuando los primeros misioneros cristianos empezaron a asentarse y predicar en las islas de coral. Ningún pueblo del interior podía haberse aventurado a ir tan lejos de su hogar con alguna esperanza de regresar alguna vez de nuevo. Bosques, desiertos y cadenas montañosas han restringido migraciones más que las peligrosas e inexploradas zonas del océano.

Ningún documento americano sobrevive, salvo en las tradiciones poco claras sobre «hombres blancos» del Oeste, aquellos misteriosos «pueblos serpiente», sobre los viajes hechos cruzando el Pacífico hacia América por antiguos marineros asiáticos. Sin embargo, no es imposible proporcionar los motivos de esas migraciones que parecen haber tenido lugar.

En primer lugar se debería considerar la distribución de la concha de perla. Se encuentra en el mar Rojo, en el golfo Pérsico y desde allí alrededor de las costas de la India, Birmania, Siam, en toda Indonesia, Melanesia y Polinesia, y desde Indonesia a las islas Filipinas. También se encuentra en Japón y en el Nuevo Mundo desde Perú por el Norte a lo largo de la costa de América Central hacia el litoral del noroeste de Méjico, alrededor del golfo de Méjico y hacia el Norte por los valles de río en los Estados Unidos hasta casi la frontera de Canadá. Las perlas y conchas de perla las buscaban y encontraban los antiguos marineros asiáticos.

Se ha mostrado que en Méjico, al igual que en China, Europa y el Antiguo Egipto, piedras verdes se enterraban con los muertos. De hecho, en Méjico se colocaban, al igual que en China, en las bocas de los muertos. Ahora bien, las perlas se usaban exactamente de la misma manera. Un texto chino del primer siglo, ya mencionado, dice al respecto:

> «Al rellenar la boca del Hijo del Cielo (el Emperador) de arroz ellos ponen jade dentro; en caso de un señor feudal introducen perlas; en el de un gran oficial y en descenso, como también en la de oficiales ordinarios, se usan cauries para este fin.» [486]

---

[486] De Groot, *The Religious System of China*, vol. I, pág. 277.

En la India se colocaban perlas igualmente en las bocas de los muertos, como ha escrito Marco Polo. En Japón, como en la India, se colocaban perlas en las bocas de incluso los muertos que eran quemados. Perlas, trozos de concha *Haliotis* y arroz eran enterrados con los muertos en Corea. En el Nuevo Mundo las perlas y conchas se usaban libremente en los entierros. Objetos con incrustaciones de concha *Haliotis* se han encontrado en tumbas de las islas de Santa Catalina y Santa Cruz. W. K. Moorehead, quien examinó los túmulos de Ohio, encontró perlas en las bocas de los muertos o en sus muñecas y tobillos. Las perlas se depositaban con los muertos en los túmulos de Illinois. En Virginia se usaban perlas, cobre, etc., para rellenar momias. G. B. Gordon, que exploró antiguas tumbas mayas en Copan al oeste de Honduras, encontró además de amuletos de jadeíta pulida «perlas y baratijas talladas en concha». En Yucatán y la Honduras británica, Thomas Gann encontró conchas de perla y amuletos en túmulos sepulcrales. Las perlas y conchas de perla eran muy apreciadas por los aztecas de Méjico. Según la Zalia Nuttall las mujeres de las clases más altas las llevaban puestas como pendientes de gota y colgantes. «Entre las antigüedades precolombinas encontradas en Ecuador relacionadas con enterramientos había una cajita o recipiente cortado de concha casis, cuya tapa era un fragmento de la valva de una ostra perlera.» Los peruanos valoraban las perlas y conchas de perla[487].

La púrpura de múrice, que tenía un valor religioso, se usaba tanto en el Nuevo Mundo como en el Viejo. Parece haberse introducido por primera vez en Creta ya en el 1600 a.C. En Leuke, una isla en la costa sureste y en el antiguo puerto de Palaikastro, el profesor Bosanquet descubrió un talud de concha de múrice machacada relacionada con la cerámica kamares[488]. Los fenicios de Tiro

---

[487] Kunz y Stevenson, «Folklore de Piedras Preciosas», en *Memoirs of the Interrantional Congress of Anthropologists*, Chicago, 1894, págs. 241, 255-259, 493, 510 y sigs.; W. K. Moorehead, *Prehistoric Implements*, Nueva York, 1900, pág. 376; G. B. Gordon, «La Misteriosa Ciudad de Honduras» en *The Century Magazine*, vol. IV, pág. 417, y W. H. Holmes, «Arte en Concha de los Americanos Antiguos», en *Second Annual Report of the Shells as Evidence of the Migrations of Early Culture*, Londres y Manchester, 1917, págs. 89-90, 100-101, 106, 114 y sigs. y 204.

[488] R. C. Bosanquet, *British Report*, 1913, pág. 817.

y Sidón adoptaron la industria y la «púrpura de Tiro» se hizo famosa. Se establecieron otros centros de tinte. La púrpura de Laconia en el golfo de Corinto era muy apreciada. Las conchas que producen púrpura se buscan por todas partes en el Mediterráno occidental. Tarentum, la moderna Otranto, se convirtió en una ciudad importante de tinte. Bede, «el padre de la historia inglesa», cuenta que en las costas británicas se encontraron no solamente mejillones que daban perlas de todos los colores, incluyendo rojo, púrpura, violeta, verde y blanco, sino también berberechos, «de los cuales se hacía el tinte escarlata: un color bonito que nunca pierde intensidad con el calor del sol o el lavado de la lluvia, sino que cuanto más viejo es más bonito se hace» [489]. «Túmulos púrpura» se han descubierto en Irlanda. Un gran número de conchas que producen púrpura, todas rotas, de una construcción de piedra circular prehistórica de Caithness, se exhibieron en el encuentro de la Asociación Británica en Edimburgo en 1921. «Residuos de basura» de Cornwall y otros lugares han dado testimonio asimismo de la antigua industria. Se cree que los fenicios obtenían en las islas Británicas un tono oscuro de concha púrpura llamada «púrpura negra» [490].

Las conchas que producen púrpura se buscaban, encontraban y usaban por el Este hasta China y Japón. Un hecho interesante sobre las conchas descubiertas en los túmulos de Omori, Japón, es que en muchas de ellas faltaba una parte de la espiral «como con el propósito de extraer el animal con más comodidad» [491]. Las conchas de la construcción de piedra circular prehistórica de Caithness estaban rotas de igual manera.

Indicios de la industria de la púrpura se han encontrado en el Nuevo Mundo, como ya se ha dicho. Zelia Nuttall ha publicado un artículo titulado «Supervivencia Curiosa en Méjico del uso de la Concha Púrpura para Teñir» [492]. Ella muestra que en el *Nuttall Codex* hay «cuadros de no menos de trece mujeres de categoría

---

[489] *Ecclesiastical History*, cap. I.
[490] *Manual of Ancient History of the East*, Londres, 1870, vol. II, pág. 217.
[491] Profesor E. S. Morse, *Memoirs of the Scientific Department of the University of Tokio*, vol. I, parte I, núm. 2.539, 1879.
[492] *Pullman Anniversary Volume*, 1909, págs. 368-384.

que llevan faldas púrpura y cinco con capas y chaquetas del mismo color. Además figuran cuarenta y seis jefes con fajines cortos, con flecos, rellenos de púrpura y había también tres ejemplos del uso de una gorra púrpura que se ajustaba». Algunos sacerdotes y otros personajes tienen caras pintadas de púrpura. Los romanos usaban la púrpura para pintarse las mejillas y los labios. Nuttall señala que «el tono de la pintura púrpura es idéntico al del tinte púrpura». Se han recogido conchas de púrpura rotas en tumbas incas en el norte de Chile y conchas rotas que producen púrpura en «residuos de basura» de Norteamérica. J. Silfrid Jackson, que ha recogido muchos testimonios importantes sobre las conchas y los usos religiosos que tenían en la antigüedad, escribe lo siguiente sobre los hallazgos del Nuevo Mundo [493]:

> «Esta industria de la púrpura está muy relacionada, tanto en el Viejo Mundo como en el Nuevo, con la valoración de las perlas y el uso de la trompeta de concha creada de manera artificial. Cada uno de estos elementos culturales tuvieron su origen en los emplazamientos del Mediterráneo oriental de la industria de la púrpura... y la establecieron los primeros marineros mediterráneos en varios lugares del Viejo Mundo. Además encontramos que existía una relación muy próxima entre este arte y la habilidad para tejer, así como la minería, trabajo y tráfico de metales como el oro, la plata y el cobre. En el Nuevo Mundo la industria de la púrpura está relacionada con actividades similares.»

La opinión de Nuttall a este respecto es de especial interés. Ella escribe: «Parece casi más fácil creer que ciertos elementos de una cultura europea antigua fueron transmitidos en algún momento, y quizá solamente una vez, por el pequeño grupo tradicional de... navegantes mediterráneos, que explicar cómo, con condiciones totalmente diferentes de raza y clima, hubieran surgido idénticas ideas y costumbres.» El profesor G. Elliot Smith escribe sobre la industria del múrice:

---

[493] *Shells as Evidence of the Migrations of Early Culture*, Manchester y Londres, 1917, pág. 27.

«Si se ha de discutir que la púrpura fue inventada independientemente en el Nuevo Mundo, se ha de recordar que el método de su producción es un proceso complejo y difícil que en sí mismo es suficiente para que surja la duda de la posibilidad de que tal descubrimiento se hiciera más de una vez.»

Él demuestra que el mismo pueblo asentado en lugares aislados «trabajaban el oro y el cobre, y de forma casual erigieron tumbas y templos megalíticos; también buscaban perlas y hacían uso de trompetas de concha», y añade:

«Hay razones para creer que todos estos usos especiales de las conchas se extendieron ampliamente junto con la mezcla compleja de artes, costumbres y creencias relacionadas con la construcción de monumentos megalíticos.

»El uso más antiguo de la trompeta de concha fue en el culto minoico de Creta. De ahí se extendió por todas partes hasta que llegó a representar un papel importante en los servicios religiosos, cristianos y judíos, brahamanes y budistas, sintoístas y chamanes, en partes del mundo muy diferentes: en el Mediterráneo, en la India, en Asia Central, en Indonesia y Japón, en Oceanía y en América. En muchos de estos lugares se suponía que tenía el firme objetivo ritual de llamar a la deidad.... Como el cauri se usaba en ceremonias de matrimonio y enterramiento, en relación con ritos de cosecha y circuncisión [494], en el ritual de iniciación en sociedades secretas, en las ceremonias ante imágenes sagradas, en los ritos de beber (como el culto del soma y kava) y de la caza de cabezas. También se usaba en la India como recipiente para libaciones que... era uno de los procedimientos rituales fundamentales para animar a los muertos y con el paso del tiempo para realizar el mismo acto de devoción para la deidad. Así estaba entretejido íntimamente en la misma textura de la sorprendente cultura compleja de la cual estas prácticas representaban unos cuantos ingredientes.»

El profesor Elliot Smith continúa diciendo que «al intentar formar alguna idea del modo de extenderse hacia el Este estos desarrollos culturales que se originaron en el Mediterráneo oriental y en el mar Rojo, es importante recordar que eran los mismos pes-

---

[494] La circuncisión se practicaba en la América precolombina. Este rito se originó en el Antiguo Egipto en tiempos anteriores a las Dinastías.

cadores de perlas los que representaron el papel principal en las Andanzas» [495].

La importancia unida a la púrpura de múrice no se puede justificar en otro campo que no sea el religioso. Antes de que la púrpura atrajera la atención del Viejo Mundo, se ha de tener en cuenta que la concha misma había adquirido un valor religioso. En Egipto y en otros lugares había estado relacionada con la diosa madre (la virgen que dio origen a toda la vida y alimentaba a los niños, especialmente con leche). Ella era, como se ha mostrado, la madre vaca en Egipto, la madre cerda en Troya, Creta y Grecia, la madre loba en Roma, la madre tigre en China, la madre osa en el noreste de Asia y en el noroeste de América. Como se ha puesto de manifiesto en el capítulo que trata de la diosa mejicana Mayauel, ella estaba relacionada con las plantas y árboles «productores de leche».

En Japón, la India y en otros lugares, el elixir de leche no sólo se obtenía de las plantas y árboles de la diosa, sino de sus conchas. En el libro sagrado japonés, el *Ko-ji-ki* [496], el dios asesinado Ohonamochi regresa a la vida por un elixir preparado quemando y moliendo concha de berberecho y mezclando el polvo con agua. La mezcla se llama «leche de madres» o «leche de nodrizas». Un «elixir» similar se prepara todavía en las Highlands escocesas para los niños débiles.

Se descubrió primero en la antigua Creta que el animal de la concha de múrice segregaba un líquido en una *bolsa* o vena. «La sustancia —dice Rawlinson— es un líquido de una consistencia cremosa y, mientras está en la *bolsa* o vena, es de un color blanco amarillento; sin embargo, al extraerlo y exponerlo a la luz, se vuelve verde primero y púrpura luego... La estación para recoger tinte de púrpura era a finales del invierno o muy al principio de la

---

[495] Introducción a *Shells as Evidence of the Migration of Early Culture,* de Jackson. Ver también Elliot Smith, *Ships as Evidence of Migrations of Early Culture,* Manchester y Londres, 1917, y *Migrations of Early Culture,* 1915; W. J. Perry, *Relationship between the Geographical Distribution of Megalithic Monuments in Ancient Mines,* Manchester, 1915, y *The Megalithic Culture of Indonesia,* Londres y Manchester, 1918.

[496] *Myths of China and Japan,* índice, bajo «Ohonomochi».

primavera, justo antes de que los moluscos por naturaleza hayan empezado a trabajar para poner sus huevos.» [497]

Aparentemente los antiguos estaban muy impresionados por el hecho de que el animal de la concha produjera un líquido lechoso durante la misma estación en la que la higuera exudaba su «leche», es decir, en la primavera cuando la diosa madre, habiendo dado a luz a sus «niños» en el mundo de la vegetación, proporcionaba como alimento para ellos la «leche» que fluía de la «Vía Láctea» y aparecía en los ríos como espuma y como un lodo amarillento o blanquecino, y también la exudaban varias plantas y árboles.

Se descubrió que la «leche» del animal de la concha, después de ser expuesta a la luz, primero se volvía verde y luego, aunque Raxlinson no menciona el hecho, tomaba un tinte azulado antes de convertirse finalmente en rojo púrpura fijo.

Las doctrinas del simbolismo del color ya se habían establecido bien. Según éstos, los atributos de una deidad y las propiedades e influencias de todas las sustancias relacionadas con deidades, se revelaban por colores. Los colores eran en sí mismos influyentes. Por tanto se da importancia a la revelación hecha por la leche del animal de la concha que tomaba varios colores.

Bernier ha sugerido que el púrpura de la concha, que «era considerado un color noble y sagrado por los antiguos y emblemático del poder de los dioses», era apreciado porque se parecía «al color de la sangre, el principio de vida» [498]. La explicación completa del escritor es que al rojo púrpura se daba, en primer lugar, un valor religioso porque se producía por la forma de la diosa de animal de la concha, y, en segundo lugar, porque era considerada su leche. Los colores del líquido sugirieron a los antiguos que esta «leche» de la concha tomaba finalmente las propiedades de la sangre de vida. La «leche» de la deidad «hacía» sangre.

En el Antiguo Egipto el misterio de la vida se leía en el Nilo que, al crecer hasta inundar, se volvía verde, rojo, amarillo y azul.

---

[497] G. Rawlinson, *Phoenicia* (Serie «Historia de las Naciones»), págs. 277-278.
[498] Citado por Jackson en *Shells as Evidence of the Migrations of Early Culture*, págs. 7-8.

El líquido de la concha de múrice revelaba igualmente por su secuencia de colores los atributos varios de la deidad que había tenido su origen en el agua, estaba relacionada con conchas, plantas y árboles y era la fuente de leche que hace sangre. Sus árboles, que producían «leche», también producían «sangre» como savia; su concha, se descubrió, mostraba propiedades parecidas. La santidad de la púrpura de concha parece así haber tenido su origen en la idea de una diosa productora de leche que estaba relacionada con el agua que da vida, el cielo y los cuerpos celestiales, y cuya «leche» alimentaba la vegetación y seres humanos, y producía savia, sangre y carne.

En América, como se ha mostrado en el capítulo de Mayauel, el culto de la diosa productora de leche estaba bien establecido. Los indios zuñi, como los mejicanos, estaban totalmente familiarizados con las ideas complejas relacionadas con la antigua concepción del Viejo Mundo de la madre que todo lo alimenta cuya leche, sangre y carne estaban en toda vegetación. Este hecho se pone de manifiesto claramente en el siguiente extracto del mito zuñi de la creación:

> «El grano será el que dé leche a la juventud y carne a los ancianos, igual que nuestras mujeres son las dadoras de la vida a nuestros jóvenes y las que mantienen la vida en nuestra vejez; porque de la leche de la madre de las Amadas Doncellas está lleno, y de su carne la sustancia.»

Nada podía estar más claro y más enfatizado. La leche de la madre, o grupo de madres, era para los indios zuñis, como para los hindúes, griegos, egipcios y otros, el fluido de vida que mantenía a los seres humanos y, en realidad, a todas las criaturas vivientes. Como hemos visto, Mayauel daba leche incluso al pez como la Neith egipcia daba la suya a cocodrilos.

El dios de la lluvia Tlaloc, que proporcionaba fluido de vida, incluyendo «leche», en forma de lluvia, se muestra encerrado en su concha (*Codex Bologna*, 8) y en una ilustración (*Codex Vaticanus*, núm. 3.773) la concha especial que encierra a la deidad es el *Murex trunculus*. Una concha con el vértice sustituido por la cabeza de una serpiente —la forma serpiente-dragón del dios de la lluvia— se encuentra en el *Codex Vaticanus B* (6). En el *Dresden MS*. 38,6, una deidad maya se ve saliendo de una concha. El dios luna mejicano salía igualmente de una concha.

La forma de concha de la madre la llevaban puesta las mujeres tanto en el Viejo Mundo como en el Nuevo para asistir al nacimiento, así como para dar protección. Este hecho se pone de manifiesto claramente en la explicación de la lámina XXVI del *Codex Vaticanus* traducido en *Antiquities of Mexico* (vol. VI, pág. 203) de Kingsborough:

> «Ellos creían que la luna presidía la generación humana, y por consiguiente ellos siempre la ponían por el signo del sol. Ellos colocaban sobre su cabeza una caracola para indicar que de la misma manera que este animal marino sale de su tegumento o concha, así el hombre sale del útero de su madre.»

El intérprete del *Codex Telleriano-Remensis* (lámina XI, Kingsborough, *op. cit.*, pág. 122) dice que Mexitli se llamaba además Tectziztecatl:

> «porque de la misma manera que un caracol sale de una concha así procede el hombre del útero de su madre. Ellos colocan a la luna enfrente del sol porque su curso se cruza con el suyo continuamente, y ellos creían que era la causa de la generación humana.»

La diosa de la concha estaba relacionada en el Viejo Mundo con la luna, así como con el cielo estrellado. Es increíble que las mismas relaciones arbitrarias hubieran tenido origen espontáneo en el Nuevo Mundo. Complejidades que tienen una historia en el Viejo Mundo posiblemente no pueden haber «aflorado» por accidente en el Nuevo Mundo. Era seguramente algo más que una «coincidencia» que los americanos precolombinos relacionaran conchas, conchas de púrpura, perlas, piedras preciosas y metales preciosos con sus deidades exactamente igual que los pueblos en progreso. Las doctrinas sobre «la leche de concha», «la leche de río» y la «leche» de la vegetación surgieron en Egipto, donde la vaca doméstica estaba relacionada con el sicomoro y con las conchas. ¿Cómo sucedió que las mismas doctrinas fueran promovidas en Méjico? Éstas no pudieron haberse originado allí entre una gente que no tenía animales domésticos; tenían que haberse importado con mucho más porque eran doctrinas fundamentales: la misma «savia» del árbol mitológico.

La relación entre el trabajo del metal y la recogida de perlas, como entre las creencias asociadas a metales y perlas, impera en tiempos precolombinos tanto en Sudamérica como en Norteamérica. En 1920, el Museo Americano consiguió doce objetos de oro de fabricación peruana antigua, encontrados por buscadores de tesoros en Perú, que habían sido ofrecidos a la venta en Nueva York. En un principio éstos se habían llevado puestos como adornos de valor religioso o se habían usado con fines religiosos, e incluían petos, discos y pequeñas jarras de agua con mango y pitorro combinados.

> «El material del cual estaban compuestos estos objetos es una aleación de oro, plata y cobre, variando algo las proporciones pero con un promedio de alrededor de un 60 por 100 de oro, del 20 al 30 por 100 de plata y del 6 al 20 por 100 de cobre. Uno de los petos con franjas alternas de metal claro y oscuro dio unos resultados interesantes en el análisis. El metal más amarillo era un 80 por 100 oro, 13 por 100 plata y el 7 por 100 de cobre, mientras que las franjas más claras eran el 47 por 100 de oro, el 44 por 100 de plata y el 8,5 por 100 de cobre. Tales aleaciones son bastante duras y no se pueden batir con la misma facilidad que el oro más puro. Parece ser que estos objetos se fundían primero en un molde preparado y luego se terminaban con el martillo, y quizá se retocaban con una herramienta de grabado.»[499]

Sólo estos hallazgos proporcionan testimonio suficiente para demostrar que los peruanos eran muy hábiles y experimentados en las ciencias de la minería y la metalurgia. Sin embargo, no hay ningún testimonio documentado que indique cómo y por qué los americanos precolombinos empezaron a recoger y utilizar este metal precioso y, en realidad, cualquier otro metal. Desde el principio parecen haber buscado metales igual que los primeros europeos buscaban jade —es decir, «no por casualidad ni espontánea-

---

[499] *Natural History (Journal of the American Museum of Natural History)*, Nueva York, septiembre-octubre, 1921, vol. XXI, núm. 5.

mente», sino porque una influencia actuaba desde «una fuente externa» que dirigía su atención a los metales y al mismo tiempo proporcionaba las instrucciones necesarias para conseguirlos—. «Su minería —dice un escritor al hablar de los mejicanos— se llevaba a cabo sin duda por el proceso del fuego y el agua usado por la gente del Norte, mientras que el oro de los lechos de los ríos se obtenía posiblemente de la misma manera que me han contado que lo conseguían los amerindios de Perú. Al seleccionar un río que se sabía que era rico en el metal, se disponía una serie de "ranuras de artesa" de piedra en el mejor lugar de la fase más baja del agua. Luego, cuando las corrientes de agua venían y barrían la grava de estas cosas rudimentarias el oro se quedaría depositado allí y en el hundimiento de la corriente se podría sacar fácilmente.» [500]

«Rudimentarios» como deben haber sido las ranuras de artesa, ellos denotan una destreza avanzada y conocimiento de la recogida de oro, y esto se pone de manifiesto además por la declaración de que el río seleccionado «se sabía» que proporcionaba oro.

En un interesante artículo sobre «Minería prehistórica en Sudamérica occidental», Charles W. Mead escribe [501]:

> «Muchos de los filones de cuarzo de mineral de oro los trabajaban al principio los incas o sus predecesores, como muestran los restos de sus antiguos trabajos. Estas excavaciones eran a menudo de una extensión considerable pero no bajan de la zona oxidada. Hallazgos en estas obras muestran cómo se extraía el oro. El machacamiento se hacía sobre un gran bloque de granito vaciado con una piedra de roca dura de tres y cuatro pies de diámetro [502]. Para manejar esta roca dura se necesitaba la labor de más de un hombre. Los indios actuales hacen uso de tal «sello» prehistórico siempre que encuentran una. Los primeros historiadores nos cuentan que en la estación seca los indios cubrían con piedras una parte de los lechos de las corrientes para detener las partículas de oro que bajaban en las inundaciones durante la

---

[500] F. L. Dellenbaugh, *The North Americans of Yesterday*, Nueva York y Londres, 1901, pág. 299.

[501] *Natural History*, Nueva York, 1921, vol. XXI, núm. 5, págs. 453 y sigs.

[502] El pueblo de Luzón en Indonesia machacaba mineral por medio de «una roca resistente en ciertos recipientes grandes fijados firmemente al suelo». W. J. Perry, *The Megalithic Culture in Indonesia*, págs. 171-172.

estación lluviosa. A la vuelta de la estación seca se lavaba o cribaba la grava entre estas piedras y se conseguía el oro. Antes de la llegada de Pizarro los peruanos habían alcanzado un grado muy elevado de habilidad en el trabajo del oro.»

Mead no habla de la cuestión de cómo los peruanos llegaron a demostrar tanto interés en un metal tan inútil como el oro. Sin embargo, el problema lo menciona Pliny Goddard en la misma publicación[503]. Muestra que los peruanos habían alcanzado un alto estado de civilización; cultivaban «maíz, judías, calabazas, zapallos, la patata, mandioca, algodón y otras muchas plantas»; tenían sistemas de irrigación «que requería una gran laboriosidad y una considerable destreza en ingeniería»; tenían muchas artes «muy desarrolladas», habilidad maravillosa como arquitectos y constructores en piedra, mientras que hacían cerámica maravillosamente decorada y eran excelentes tejedores y tintoreros. Él prosigue:

> «No sorprende entonces que la gente de esta región en particular haya hecho un considerable progreso en el trabajo con metales. El oro parece haber sido normal en general en las arenas de las corrientes que bordean la costa. Su destello atraía sin duda la mirada de la gente, y, cuando se descubrió que era fácilmente maleable, se apreció su uso en las artes. Puede ser que el cobre se encontrara primero en un estado puro. Sin embargo, en la época en la que los españoles entraron en la región, se había hecho un considerable progreso en la extracción de plata y mineral de cobre de la roca de las montañas y en rebajar los metales por medio de altos hornos.»

Goddard supone, por lo tanto, que desde el principio el oro atraía el sentido estético de los antiguos peruanos y él parece considerar que esta opinión se fortalece por el hecho de que se usara para adornos. Es difícil creer, sin embargo, que hombres y mujeres perforaran sus orejas, narices y labios para desfigurar sus caras con joyas incluso trabajadas de manera exquisita en respuesta a un sentido estético latente o cultivado. El hecho de que les atrajeran los colores brillantes de las gemas, o de que produjeran boni-

---

[503] «Oro peruano del reino chino», en *Natural History*, vol. XXI, núm. 5, pág. 449.

ANTIGUOS MUROS DE LA FORTALEZA INCA DE CUZCO, PERÚ

No se usó ningún cemento en la construcción de estos muros, tan maravillosamente preciso era el trabajo de mampostería de los enormes bloques de los que están compuestos.

tos tintes, no añade peso a tal hipótesis, porque, como se ha mostrado, las gemas poseían un valor religioso y los colores simbolizaban ideas, y se suponía que por sí mismas irradiaban influencias. El oro, como el *chalchiuitl,* era un depósito de sustancia de vida. Como hemos visto, poseía el mismo valor arbitrario para los mejicanos, y para americanos menos altamente civilizados, incluyendo, se podría añadir aquí, los istmeños. «Según Peter Martyr —escribe Bancroft— los cuerpos de antepasados embalsamados y enjoyados eran adorados en Comagre, y en Veragua el oro estaba investido de cualidades divinas; por tanto, se ocupaban de su recogida con ayuno y penitencia.» [504]

Al tratar del origen del trabajo con el oro en América, se ha de tener en consideración el uso religioso, así como estético, del oro y de otros metales. ¿Cómo ocurrió que en el Nuevo Mundo, al igual que en el Viejo, acompañaran al oro exactamente las mismas creencias y fuera recogido y utilizado exactamente de la misma manera? Los altos hornos eran similares a aquellos usados desde Japón a la India y desde la India a Gran Bretaña y en el Antiguo Egipto. De éstos ha tratado en detalle el profesor Gowland [505]. La caña de soplador también se usaba en América.

Además del oro, los peruanos trabajaban la plata, siendo las minas de Porco una de las principales fuentes de suministro. También usaban el cobre y fabricaban bronce. «El análisis de 171 objetos de cobre y bronce, en la colección del Museo Americano, descubiertos en antiguas tumbas peruanas —escribe C. W. Mead, el conservador ayudante de arqueología peruana— muestra que las piezas de bronce tienen un promedio entre un 6 y un 7 por 100 de estaño.» Éste es menor que el promedio europeo, que es de un 10 por 100, pero proporciones de estaño tan bajas como 1,09, 2,78, 4,56, 5,09, 5,15 y 7,19 se han descubierto en bronces antiguos británicos e irlandeses [506]. La proporción de estaño empleado dependía, sin duda, de la habilidad poseída por artesanos individuales,

[504] *The Pacific States*, vol. III, pág. 500.
[505] «Los Metales en la Antigüedad», en *The Journal of the Royal Anthropological Institute*, Huxley Memorial Lecture, 1912, vol. XLII, pág. 244.
[506] Dr. Daniel Wilson, *Prehistoric Man*, pág. 198.

los usos a los que se iban a destinar los artefactos de bronce y la calidad del cobre, porque algunos cobres son más blandos que otros.

De mayor importancia que la proporción de estaño empleado por los peruanos en la fabricación del bronce es el hecho destacado de que ellos lo usaban algo. «Ninguna vasija ni otros objetos hechos de estaño en su totalidad —escribe Mead— se han encontrado en las tumbas antiguas.» Si los americanos hubieran sido creadores y no copiadores, seguramente habrían mostrado alguna originalidad a este respecto.

«Los amerindios —nos recuerda Frederick L. Dellenbaugh— lo eran prácticamente todo en la llamada Edad de Piedra de la cultura; es decir, ellos desconocían el *uso normal* de los metales. Algunas tribus trabajaban la plata, el oro y el cobre hasta cierto límite y de una forma ornamental.» [507] Armas e instrumentos de pedernal, que estaba desportillado, de obsidiana y de piedra eran extremadamente comunes. El antiguo «palo de tirar» egipcio lo usaban algunas tribus. Sin embargo los metales se usaban principalmente para fines religiosos, es decir, para proteger y animar a los vivos y a los muertos; se acumulaban, como se ha mostrado en el primer capítulo, porque poseían «mérito» y se ofrecían con gemas a las deidades.

El indicio más antiguo de esta costumbre de ofrecer metales que dan vida y mantienen la vida a los dioses y a los muertos se encuentra en el Antiguo Egipto. En un capítulo de Osiris solar del *Libro de los Muertos* se informa al alma del faraón muerto que va a ser iniciado en los misterios del Mundo de los Muertos:

> «Lo que te traemos son bloques de plata y (montones) de malaquita. Hator, señora de Byblos, hace los timones de tu barco... Te dicen los Grandes que están en el Templo: "Entra en la espaciosa entrada." Desnudos ante ti están los Cuatro Pilares del Cielo, tú ves los secretos que hay aquí, tú extiendes las dos piernas sobre los Pilares del Cielo y el viento es dulce a tu nariz.» [508]

---

[507] *The North Americans of Yesterday*, Londres y Nueva York, 1901, pág. 248.
[508] Breasted, *Religion and Thought in Ancient Egypt*, pág. 279.

Ningún indicio de originalidad en el tema del simbolismo del metal, o en el del simbolismo del color, se va a descubrir en el Nuevo Mundo que, en realidad, aparece sencillamente «como un apéndice de Asia». Para citar de Laufer una vez más: «La originalidad es seguramente lo más raro del mundo, y en la historia de la humanidad los pensamientos originales son terriblemente escasos.» Como encuentra imposible atribuir a los primeros europeos «cualquier idea espontánea relativa al jade», así el escritor encuentra imposible, especialmente en vista del testimonio tratado en los capítulos anteriores, atribuir a los americanos precolombinos «cualquier idea espontánea» relativa a metales preciosos, perlas, conchas de perla, piedras preciosas, jade o jadeíta y hierbas y plantas que producen leche. Todas estas cosas se buscaban en el Nuevo Mundo tanto como en el Viejo por las mismas razones, y éstas las expone claramente el profesor Elliot Smith, quien escribe:

> «Al profundizar en la historia remotamente distante de nuestra especie no podemos dejar de impresionarnos por la persistencia con la cual, a través de toda su carrera, el hombre (de la especie *sapiens*) ha estado buscando un elixir de vida, para dar "vitalidad" añadida a los muertos (cuya existencia no se consideraba terminada deliberadamente), para prolongar los días de vida activa a los vivos, para restaurar la juventud y proteger su propia vida de toda agresión, no simplemente del tiempo, sino también de la circunstancia. En otras palabras, el elixir que buscaba era algo que traería "buena suerte" en todos los acontecimientos de su vida y su continuación. La mayoría de los amuletos, incluso de los tiempos modernos, las baratijas de la suerte, los que evitan el "Mal de Ojo", las prácticas y recursos para asegurar la buena suerte en el amor y en el deporte, en curar las enfermedades del cuerpo, en la angustia mental, en conseguir prosperidad material o una continuación de la existencia después de la muerte, son supervivencias de esta lucha antigua y persistente por alcanzar aquellos objetos que nuestros antepasados más antiguos llamaban en conjunto los "dadores de vida".»[509]

A la perla y el coral le llamaban *margan* (dador de vida) los persas y árabes, y el oro asimismo aseguraba la inmortalidad, como dicen claramente textos hindúes y chinos:

---

[509] *The Evolution of the Dragon*, pág. 145.

332

«El oro, del bello color del sol, que los hombres de la antigüedad buscaban con su progenie... que, brillando, te unirá con esplendor; larga vida tendrá el que lo lleve.» [510]

De Groot cita textos que muestran que en China los pueblos antiguos «estaban totalmente imbuidos en la creencia de que el jade y el oro podían prolongar la vida fortaleciendo la energia vital y así proteger al cuerpo contra el deterioro. De hecho, los dos minerales han mantenido durante una larga serie de años un lugar destacado en la alquimia, o el gran arte de preparar el elixir de vida y la piedra filosofal... Las mismas razones por las que el oro y el jade se usaban para rellenar la boca de los muertos se mantuvieron para el uso de las perlas» [511].

Sahagún [512] cuenta, como se ha dicho, que los antepasados de los nahuas cruzaron el océano y se trasladaron hacia el Sur en América buscando el paraíso terrenal. Según Torquemada, los extranjeros eran plateros y orfebres, y artesanos consumados, y recogían y trabajaban piedras preciosas. Como se ha mostrado en el capítulo dedicado a Quetzalcoatl, ellos introdujeron creencias y prácticas religiosas de carácter distintivo del Viejo Mundo. Los mitos del dragón y naga fueron importados entre otras cosas, como se muestra en el capítulo de Tlaloc. El dios B maya era sin duda de origen indio y estaba relacionado con el dios de cabeza de elefante Ganesha y el dios Indra, como se ha mostrado.

En Perú, los buscadores de oro sagrado practicaban la irrigación. Los buscadores de oro sagrado de Indonesia hacían lo mismo, relacionando al oro con los jefes y el mundo celestial; exactamente igual estaba relacionado con los incas, «los niños del sol» y el mundo celestial en Perú [513].

Tanto en el Nuevo Mundo como en el Viejo se creía que el oro crecía como un árbol y que en realidad era un árbol, igual que el coral era para los chinos y otros una forma de árbol de mar de la

---

[510] Whitney, *Atharva Veda Samhita*, Cambridge, Mass, 1905, XIX, 26, pág. 937.
[511] *The Religious System of China*, vol. I, págs. 273-275.
[512] Citado por Brasseur de Bourbourg, *Popol Vuh*, París, 1861, págs. lvii, lviii, lxxiv y cliii.
[513] W. J. Perry, *Megalithic Culture in Indonesia*, págs. 135, 170-173.

diosa madre [514]. Un autor árabe, citado por Chènier, escribe lo siguiente sobre el Paraíso:

«Adán, después de haber comido del fruto prohibido, buscó donde esconderse debajo de la sombra de los árboles que forman las enramadas del Paraíso: los árboles del Oro y la Plata negaron su sombra al padre de la raza humana. Dios les preguntó: ¿Por qué lo hicisteis? "Porque —contestaron los Árboles— Adán ha pecado contra tu mandamiento." "Habéis hecho bien —contestó el Creador— y vuestra fidelidad será recompensada; mi decreto es que los hombres se convertirán a partir de ahora en vuestros esclavos, y que en vuestra busca ellos cavarán en las mismas entrañas de la tierra."»

Peter Martyr escribió sobre los «árboles de oro» americanos:

«Ellos han descubierto por la experiencia que la veta de oro es un árbol vivo y que el mismo, por todos los caminos que se extienda y surja desde la raíz por los poros blandos y pasajes de la tierra, alarga ramas, incluso sobre las partes más altas de la tierra y no cesa hasta descubrirse a sí mismo a cielo abierto: en ese momento muestra ciertos colores bellos en lugar de flores, piedras redondas de tierra dorada en vez de frutos y láminas delgadas en vez de hojas. Ellos dicen que la raíz del árbol dorado se extiende hacia el centro de la tierra y allí toma alimento para crecer: porque cuanto más profundo cavan ellos encuentran que los troncos allí son mucho más grandes, tanto como pueden, por la abundancia de agua que sale de las montañas. De las ramas de este árbol, ellos encuentran algo tan pequeño como una hebra y otras tan grandes como el dedo de un hombre, según la largura y rectitud que tengan las fisuras y hendiduras. Algunas veces tropiezan por casualidad con cuevas enteras, mantenidas o soportadas como si fueran pilares de oro, y esto por los caminos por los cuales ascienden las ramas; las cuales estando rellenas de la sustancia del tronco que sube desde abajo, la rama hace su propio camino por el cual pueda salir.. Con frecuencia está dividido, por encontrarse con alguna clase de piedra dura, sin embargo en otras hendiduras es alimentado por las exhalaciones y virtud de la raíz.»

---

[514] Laufer, *Sino-Iranica*, pág. 524, nota 8. El árbol de coral o la isla de coral ocupa el lugar del sicomoro egipcio de la vida en la isla del Paraíso Celestial. Este árbol era una forma de la diosa madre Hator.

Herrera escribió en un tono parecido:

> «Los metales son como plantas ocultas en las entrañas de la tierra, con su tronco y ramas que son las venas; porque parece en cierta manera que como plantas continúan creciendo, no porque tengan alguna vida interior, sino porque son producto de las entrañas de la tierra por la virtud del sol y de las plantas, y así siguen aumentando. Y como metales son así, como plantas ocultas en la tierra; por tanto, las plantas son animales fijos en un lugar, mantenidas por el alimento que la Naturaleza les ha proporcionado en su nacimiento. Y a los animales, como tienen un ser más perfecto, un sentido y conocimiento, se les ha dado para que vayan a buscar el alimento... La tierra árida es el soporte del metal y la tierra fértil de las plantas, y plantas de animales: el menos perfecto sirva al más perfecto.»

El Paraíso tiene sus árboles de gemas en la literatura budista, como se ha visto, y éstos estaban vigilados por dragones. Sin embargo, estos árboles eran mucho más antiguos que el Budismo. En el poema épico babilonio de Gilgamesh un árbol maravilloso crece en la orilla del Paraíso del Oeste.

> «Piedras preciosas lleva como fruto,
> Ramas cuelgan de él que son bellas de contemplar.
> La cima del árbol es de *lapis lazuli*,
> Y estaba cargado de fruto que deslumbra el ojo de aquel
>   que lo contempla.» [515]

En la India, plantas y conchas y flores y piedras preciosas están relacionadas como símbolos de deidades cuyas influencias radiaban de ellas, porque la «sustancia de vida» divina estaba contenida en ellas. Así en ciertas ceremonias «la flor Dhátri, la piedra Sálagrám, varias clases de Sálagrámas, la caracola, la planta Tulasi, varios perfumes como sándalo, agáloco y diferentes flores fragantes... están dedicados a Visnú y están para ser adoradas o para ofrecer en adoración» [516].

De tanta importancia en la India como el ayuno, la oración en silencio y beber agua sagrada, era que los adoradores de Visnú «llevaran

---

[515] King, *Babylonian Religion*, pág. 167.
[516] Wilson, *Essay on Sanskrit Literature*, vol. I, pág. 66.

collares y guirnaldas de las maderas y semillas del Tulasi». Las ofrendas incluían «flores, frutas, pasteles, vasijas, gemas, oro, etc.»[517]

Las almas podían asumir formas de animal, planta o gema. Torquemada (Libro VI, cap. 47) cuenta que «los tlascaltecas creían que las almas de jefes y príncipes se convertían en nubes o en hermosos pájaros, o en piedras preciosas; mientras que las de la gente corriente se transformaban en escarabajos, ratas, ratones, comadrejas y todos los animales viles hediondos». La piedra preciosa, como la gema transparente de la cueva de Votan, podían contener la deidad, como en Japón el espíritu de la deidad podía habitar en el *tama* (perla). Según la creencia hebrea, el arca de Noé estaba alumbrada por una gema, porque el día y la noche cesaron durante la inundación. «El espíritu universal, fijado en un cuerpo transparente, brilla como el sol en la gloria —ha escrito un comentarista—, y ésta era la luz que Dios ordenó a Noé que hiciera.»

La asociación arbitraria de gemas, metales, plantas, etc., con los cuerpos celestiales y la fuente de vida produjo mitos y creencias que llegaron a ser muy frecuentes y se pueden detectar en el simbolismo religioso y en textos religiosos y en las tradiciones populares de diferentes pueblos y diferentes tierras. Perlas y piedras preciosas tenían en los mitos una luminosidad nocturna porque estaban identificados con las estrellas, la luna o el sol ·y con las deidades de las cuales eran manifestaciones. También estaban relacionados con plantas y a la luz de la joya se la consideraba una manifestación de sustancia de vida, que en la planta se revela a sí misma por los colores y existía como savia y el fuego obtenido por fricción. La savia era considerada idéntica a la sangre de vida[518] y al agua fertilizante que cae del cielo como

---

[517] *Ibíd.*, pág. 57, 73 y 104.
[518] Kingsborough proporciona testimonios americanos interesantes a este respecto que son parecidos precisamente al testimonio del Viejo Mundo. En su traducción de la explicación de las pinturas mejicanas del *Codex Vaticanus* (*Antiquities of Mexico*, vol. VI, lámina XLVI, pág. 211) él trata del Árbol de la Rosa llamado Xuitlicastan y cita: «Ellos pintaban a este árbol destilando sangre». Era un árbol que daba sangre como otros árboles eran "árboles productores de leche" y como la planta de pita era una "planta de leche", siendo la "leche" el pulque. La sangre se echaba de la vasija de pulque, como se ha mostrado. Leche, sangre, agua, savia, aceite y miel eran todos líquidos impregnados de "sustancia de vida".»

lluvia, sale borboteando de la tierra formando un pozo sagrado o baja de las montañas como un río. Espuma y nieblas son asimismo formas asumidas por la «sustancia de vida» depositada en gemas, en plantas y en animal, insecto y vida reptil. Era porque el fuego y el calor estaban identificados con colores, con la luz del sol, con la luz de la luna, con la luz de las estrellas y el rayo, que los mejicanos, al igual que los escoceses de habla gaélica consideraban a la mariposa como una forma de insecto asumida por el fuego y simbolizaba la llama producida por fricción de palos de fuego como una mariposa roja. Como hemos visto, la mariposa podía ser un dios o un alma humana. Era una manifestación del principio de vida, como también lo era el guijarro verde o la perla colocada en la boca de los muertos y considerada como sustituto del corazón, el asiento de la vida. Los pájaros que anidaban en árboles o se alimentaban de miel, la esencia vital de las flores —formas asumidas por «el fuego de la vida»— estaban relacionados con las plantas sagradas y la deidad de las plantas, y sus plumas de muchos colores eran tan sagradas como las gemas porque se suponía que estaban impregnadas de «sustancia de vida». Los devotos mejicanos llevaban puestas plumas por la misma razón que las flores, conchas y joyas. En Polinesia, un tronco de madera en el que se clavaban plumas era considerado como el dios Oro. Ramos de plumas eran en América «insignias» de deidades cuyos atributos y humores revelaban por sus colores. No era sencillamente porque las joyas verdes y azules sugirieran agua y vegetación por lo que eran sagradas; al igual que el agua, ellos suponían que contenían «sustancia de vida».

Seler, tratando de las formas y símbolos de la diosa Chalchiuhtlicue como revelan las ilustraciones de los Códices, muestra que ella lleva puestas flores o plumas, o símbolos de colores algunas veces como sustitutos unos de otros o por joyas, y que joyas, plumas y flores pueden simbolizar agua o sangre. El siguiente extracto es importante a este respecto:

«Como símbolo del elemento, del cual Chalchiuhtlicue es la imagen y personificación, vemos al lado de la figura del *Codex Borgia* (figura 429) una joya *(chalchiuitl)* desde dentro de la cual sale a borbotones una corriente de agua. Pero aquí esta corriente de agua no es un conjunto de extremos en la forma normal con caracolas blancas redondas o alargadas, sino con objetos parecidos al *cuitatl* amarillo que, como sabemos, denotan inmundicia, suciedad, mugre y metafóricamente "pecado". Esto significa que aquí esta *chalchiuhatl*, o "agua joya" se concibe de nuevo, no como la humedad que fertiliza los campos, sino como el "agua joya" mostrada con el *chalchiuhtotlin*, emblema del decimoctavo día, como la humedad que limpia la suciedad del pecado, es decir, la sangre de mortificación. Este significado metafórico se presenta continuamente cada vez más a los artistas de estos cuadros escritos. Según nuestro manuscrito (fig. 430), al lado de la Diosa del Agua, vemos representado un anillo de flores de cuyo interior sale un árbol floreciendo. El tallo de este árbol floreciendo está pintado sin duda del color del agua, es decir, azul. Pero como en estos manuscritos la flor ocupa el lugar de la sangre tan a menudo, aquí tenemos que pensar también en el significado metafórico de la *chalchiuhatl*. Y si todavía nos sintiéramos inclinados a dudar de esta opinión, todas las dudas se disiparán con el cuadro del *Codex Fejérváry* (fig. 431). Porque aquí al lado del árbol floreciendo y creciendo del cuenco enjoyado vemos reproducida de manera realista la sangre misma, con un corazón incluido en ella.» [519]

Seler muestra también que la deidad del lucero de la tarde, Xipe, dios de la tierra (y oro) y la diosa Chalchiuhtlicue, la diosa del agua, «son todos parecidos, de igual significado para el punto cardinal del Oeste»: la estrella, el oro, la gema, la humedad y los productos de la humedad, y la tierra, y los colores verde y azul, todos están relacionados en el complejo simbolismo mejicano, mientras que, como se ha mostrado en el largo extracto de Seler, sangre, agua, joyas, plumas, flores y plantas están considerados como manifestaciones de sustancia de vida, que es un purificador del pecado, siendo el pecado un subproducto de la muerte y, por tanto, una mala influencia.

Las cosas sagradas que limpiaban a los seres humanos del pecado también los protegían y, por consiguiente, se llevaban puestos como «adornos» o se colocaban sobre armas y armadura. Peter

---

[519] *Codex Vaticanus B*, págs. 204-205.

Martyr nos informa que entre los presentes que Cortés envió a España había:

> «dos cascos cubiertos de piedras preciosas azules; uno con un borde de cascabeles dorados y muchas láminas de oro; dos tiradores de oro sostenían los cascabeles. El otro, cubierto de las mismas piedras pero con un borde de 25 cascabeles de oro, coronado con un ave verde colocada en la parte superior del casco, cuyas patas, pico y ojos eran todo de oro, y varios tiradores de oro sostenían cada cascabel.»

Como las voces de los pájaros eran las voces de los dioses, los tintineos de los cascabeles eran llamadas hechas por la deidad, quien estaba en el oro y se manifestaba por el pájaro de ojos dorados. En el Antiguo Egipto la deidad estaba coronada con el sistro.

La serpiente era, en América, una forma de la deidad y la joya serpiente contenía sustancia de vida, o «alma externa» de la deidad. Estas joyas serpiente eran las mismas que las perlas dragón chinas y las gemas asiáticas y europeas producidas por serpientes, ranas, nutrias, etc. Los mortales que conseguían una de estas gemas la usaban para encantamientos, como nos informa el poeta Gower, para protegerse ellos mismos de las heridas, mala salud, etcétera, o para guiarles por medio de su luz en lugares oscuros. Las joyas y las plumas están relacionadas. Los mejicanos hacían plumas artificiales de gemas y de oro igual que hacían flores doradas. No era simplemente por razones estéticas que las joyas se fabricarán imitando a flores, conchas, etc.

Como las gemas permitían al hombre obrar encantamientos, o convertirse en profetas o videntes, porque esas gemas poseían sustancia de vida y despedían luz, de igual manera las hierbas les inspiraban con sabiduría y conocimientos divinos. Se preparaban estupefacientes sagrados de hierbas sagradas. Los primeros misioneros cristianos en Méjico se suponía que preguntaban a miembros de su grey:

> «¿Has bebido *peyolt*, o se lo has dado a otros para que bebieran, con el fin de averiguar secretos o de descubrir dónde había objetos robados o perdidos? ¿Sabes cómo hablar a las víboras con tales pala-

bras que ellas te obedezcan?»

Sahagún ha hecho constar que el estupefaciente *peyolt* estaba hecho de una planta con una raíz tuberosa blanca, y dice:

> «Aquellos que coman o beban de este *peyolt* ven visiones, que algunas veces son horrorosas y otras veces son absurdas. La intoxicación que causa dura varios días. Los chichimecas creían que les daba valor en tiempos de peligro y disminuía las punzadas del hambre y la sed.»

El padre Agustin de Betancurt, que vivió en Méjico a mediados del siglo XVII, cuenta que los sacerdotes paganos hacían un ungüento estupefaciente de las cenizas de insectos y gusanos, y de hojas verdes y semillas. La influencia ejercida por esta mezcla era «atribuida por ellos a agencia divina». En el sur de Méjico y Yucatán una bebida estupefaciente se preparaba de la corteza de un árbol. Los nativos «le atribuían un carácter sagrado, llamándola *yax ha,* el primer agua, el fluido primero». «Ellos dicen —expone el magistrado sacerdotal— que era el primer líquido creado por Dios y cuando Él regresó a su hogar celestial dejó esta bebida y su producción a cargo de los dioses de las lluvias, los cuatro Pah-Ahtuns (es decir Chacs).» Las gemas *(chalchiuitl),* normalmente jadeíta, turquesa, esmeralda, clormelanita o serpentina preciosa, no sólo protegían a los seres humanos, sino que les proporcionaba alimento. Los misioneros españoles preguntaban en el confesionario:

> «¿Crees y tienes por mucha verdad que estas piedras verdes te dan comida y bebida, incluso como tus antepasados creían, quienes murieron en su idolatría? ¿Crees que ellos dan éxito y prosperidad y cosas buenas y todo lo que tú tienes o deseas?»

Brinton, de quien se hacen estas anotaciones [520], expone que «hasta una fecha bastante reciente, y quizá hoy todavía, estas pie-

---

[520] *Nagualism,* Filadelfia, 1894, págs. 6-9 y 43-47.

dras verdes se empleaban en ciertas ceremonias entre los indios de Oaxaca con el fin de asegurar una cosecha de maíz abundante. Se selecciona la espiga de maíz más grande del campo y se envuelve en una tela con algunas de estas chalchiuitles. En la siguiente plantación de maíz se lleva al campo y se entierra en el suelo». En su *The Evolution of the Dragon* (págs. 225 y sigs.) el profesor Elliot Smith muestra que la diosa madre era la piedra de trueno, la piedra meteórica, la piedra luna, etc. Todas ellas eran «dadoras de vida». Como sustitutas de la Gran Madre ellas fomentan la fertilidad.

Ideas y prácticas parecidas estaban extendidas en el Viejo Mundo, y no podemos descartarlas como «sencillas», «naturales» o «inevitables» de la forma en la que algunos teóricos de confianza son tan propensos a hacer. Las complejidades varias tienen una historia; fueron sin duda los productos de experiencias prolongadas y diversas en varios centros de civilización en los cuales se encuentran cultos y se mezclan e intentan armonizar sus credos. Los cultos varios tenían una cosa en común. Todos sus miembros temían a la muerte y al dolor, y buscaban el elixir de la vida para animar y prolongar la vida (el fluido divino o sustancia que contenía el principio vital, las hierbas, piedras, metales, etc.), que poseían los colores, la luz (por ejemplo el fuego), las formas, olores, etcétera, de la vida divina. Las gemas eran sangre de vida coagulada, o «sustancia de vida», como el jaspe rojo llamado por los egipcios «Sangre de Isis»; los jades varios que suponían los chinos que era «grasa» endurecida que salía de la roca; el cristal que suponía Camillus Teonardus, médico de Pizarro, como expone en su *Mirror of Stones*, que era «nieve convertida en hielo que ha estado endureciéndose treinta años»; las piedras preciosas «e incluso el pedernal en pequeñas cantidades» que Buffon consideró como «sólo exudaciones» de roca, y la jadeíta americana, etc., que, como hemos visto, exudaba agua que era sangre (agua joya). Plumas, flores, oro, plantas, etc., tenían asimismo su origen, como se suponía, en el fluido divino y producía ese fluido, o radiaba el poder protector y animador de la «sustancia de vida» coagulada. Fue después de que el oro se hubiera identificado con la sustancia de vida cuando se buscó tanto.

Estas concepciones y prácticas están situadas detrás de las grandes mitologías de la América precolombina, como estaban detrás de muchas mitologías del Viejo Mundo. Realmente eran de más importancia que las deidades mismas. Los dioses pueden diferir en apariencia; pueden hablar diferentes idiomas, pero todos están íntimamente relacionados en Méjico, como en China o la India, con la tradición compleja sobre el elixir de la vida.

Considerado aparte de la tradición del Viejo Mundo o junto con ella sobre metales preciosos, piedras preciosas, etc., el testimonio americano no parece sino una parte de un todo, y no un sistema completo y aislado en sí mismo. Se puede dudar poco de que la tradición del Viejo Mundo y las creencias y prácticas asociadas fueron introducidas en América por los buscadores de elixires de vida en la forma de metales preciosos, piedras, perlas, pozos, plumas, plantas, etc. Antes y después de que los antiguos marineros llegaran a América el proceso de mezcla cultural estaba en activo. La India heredó mucho y contribuyó mucho, y como las olas migratorias de la humanidad barrieron en China y más allá, y en Indonesia y Polinesia hacia el continente americano, se añadió material fresco y creencias y costumbres estuvieron localizadas e influenciadas por fenómenos locales.

En la mitología mejicana, como en otras mitologías americanas, se puede seguir la pista a influencias de varios cultos locales. Sin embargo no significa, cuando se está haciendo una asignación para el desarrollo en América, que las concepciones más elevadas fueran necesariamente las últimas, o que los teólogos del Nuevo Mundo no fueran estimulados por influencias externas. El panteón de los aztecas, por ejemplo, tenía —como se ha indicado— su aspecto político y tribal; después de llegar a fusionarse teólogos de conquistadores y de conquistados, se reflejó en la política local, así como en las opiniones de los cultos varios. Este proceso de fusión arbitraria está reflejado en muchas complejidades, oscuridades y contradicciones. Algunas veces los dioses caminan a los talones de otros y sus localizaciones precisas se hacen inciertas. Además, en el panteón mejicano se encuentra que se incluye a un dios que odiaba la guerra y los sacrificios humanos, mientras que las deidades tribales aztecas requerían mucha sangre humana y

342

fomentaban la guerra para que se pudieran conseguir víctimas. Las ideas refinadas de los buscadores de elixires en la forma de metales preciosos y piedras preciosas estaban mezclados con las ideas más antiguas y más salvajes de los bebedores de sangre y cazadores de cabezas, que consideraban a la sangre como el elixir.

Este proceso de mezcla cultural no es particular de América. Tanto en China como en Japón existió mucha confusión y malestar espiritual durante los primeros siglos de nuestra era como consecuencia de la importación de toda clase de ideas religiosas. Cultos y sectas rivales ejercían una influencia tan nefasta sobre la vida social que se hizo absolutamente esencial imponer sistemas que armonizaran por ley. Los profesores individuales, acostumbrados a «un embrollo de nociones religiosas», intentaban introducir la armonía algunas veces fomentando un culto que acercara varios sistemas religiosos. Cubricus, el babilonio, quien se llamaba a sí mismo Manes y fundó en el siglo III el culto del Maniqueísmo, fue uno de ellos. Él mezcló la antigua religión babilónica con el Budismo, Zoroastrismo y el primer Cristianismo, y después de su muerte su fe se extendió por todas partes alcanzando China, Japón, Tíbet, el sur de la India y Ceilán, y por el Oeste hasta Siria, Anatolia, Egipto e incluso Francia y España. San Agustín era un maniqueo antes de convertirse al Cristianismo. Es muy probable que maestros individuales plantearan de igual forma en América fomentar nuevos sistemas formados de cultos existentes. Pudiera ser que, como resultado de los disturbios religiosos en Asia, hubiera compañías de maestros perseguidos que buscaron refugio en el Nuevo Mundo en la primera parte de la era cristiana, como hicieron los puritanos de Inglaterra posteriormente.

Aquellos que sostienen que las mitologías precolombinas y sistemas religiosos fueron de generación espontánea, o, como ellos dicen, de «origen independiente», basan su hipótesis en un conocimiento insuficiente de las actividades, movimientos, prácticas religiosas y mitologías de pueblos del Viejo Mundo, así como sobre asunciones peligrosas sobre ese mayor de todos los misterios, las obras de la mente humana.

ÍNDICE